BLUE BOX

1

presented by KOUJI MIURA

Chinatsu-Senpai

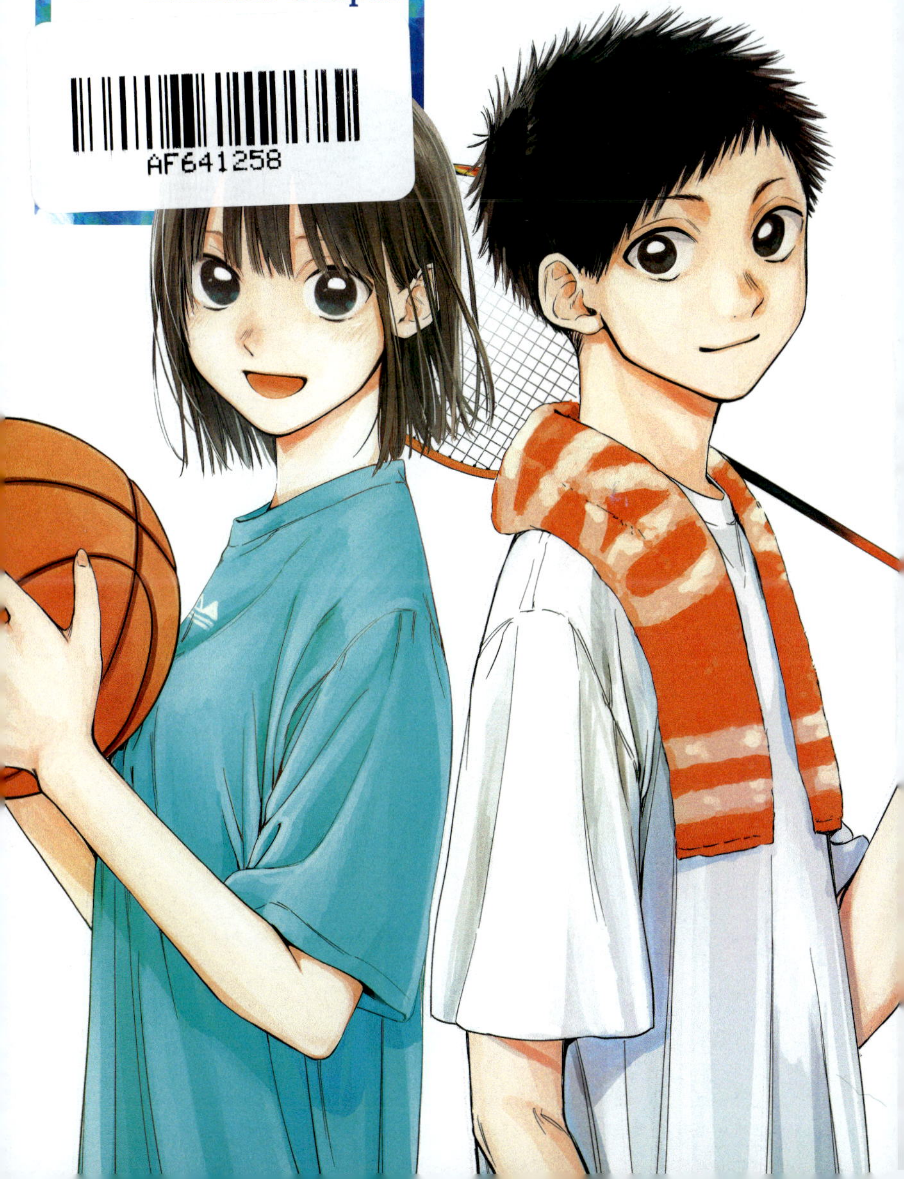

1

Inhalt

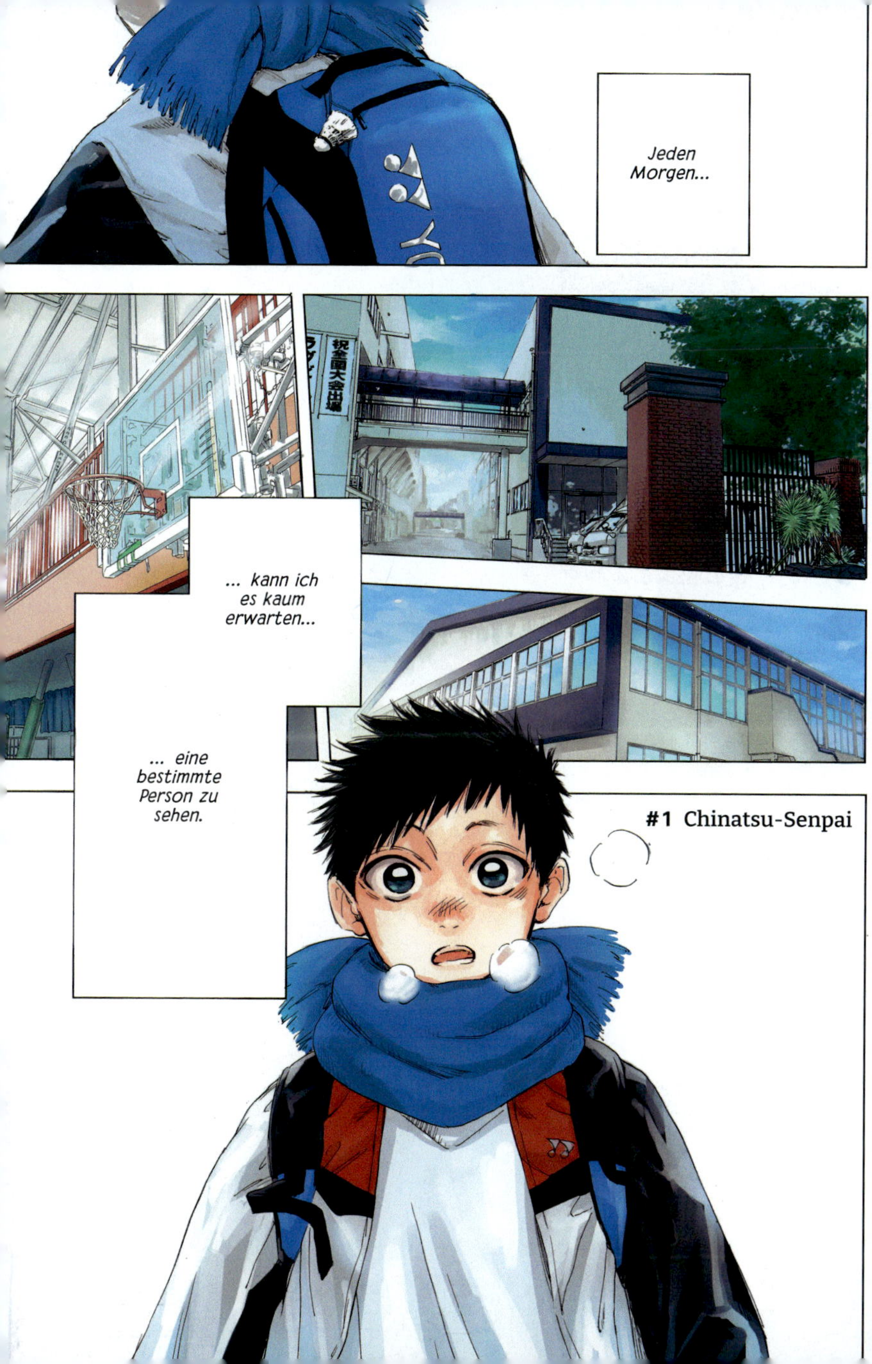
Jeden Morgen...
祝全国大会出場
... kann ich es kaum erwarten...
... eine bestimmte Person zu sehen.
#1 Chinatsu-Senpai

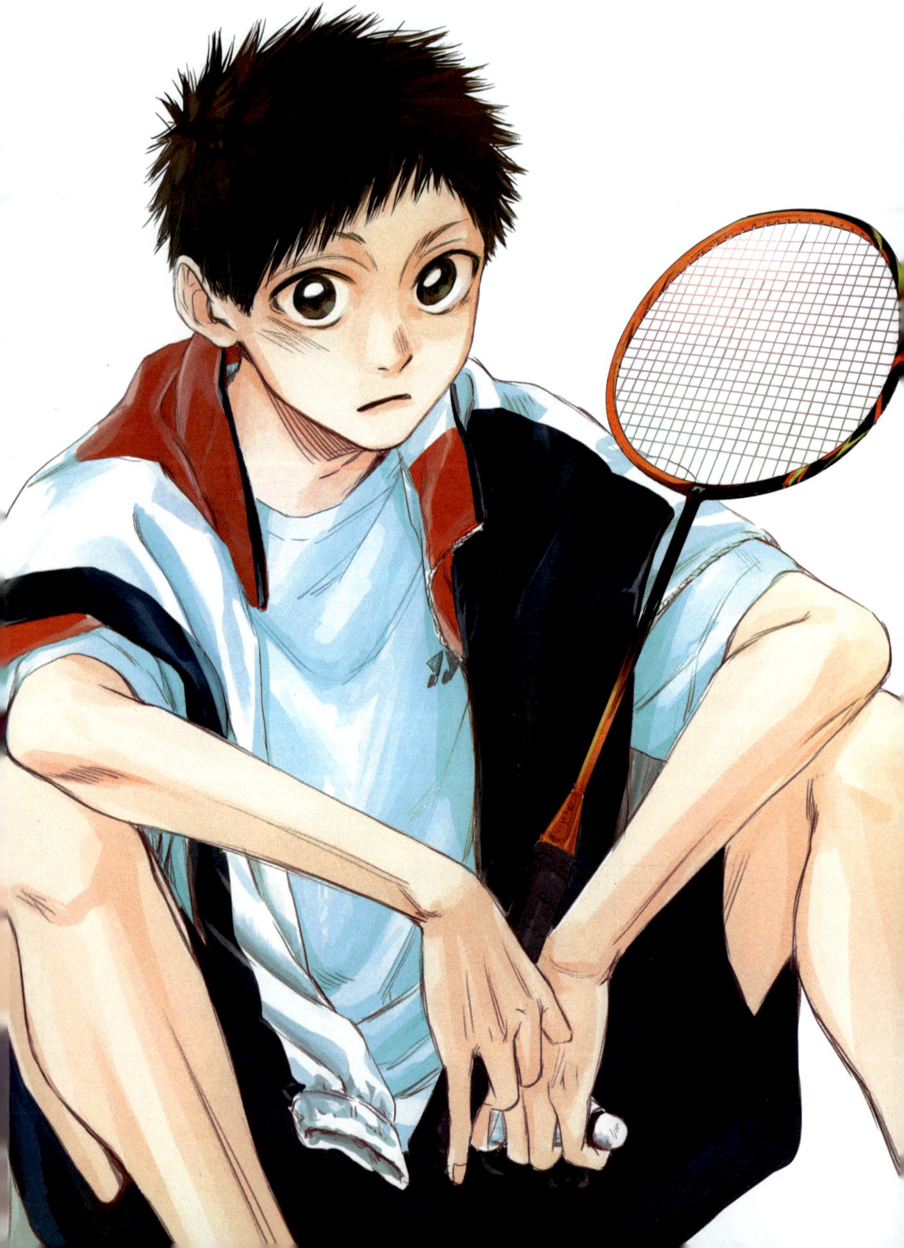

#1 Chinatsu-Senpai

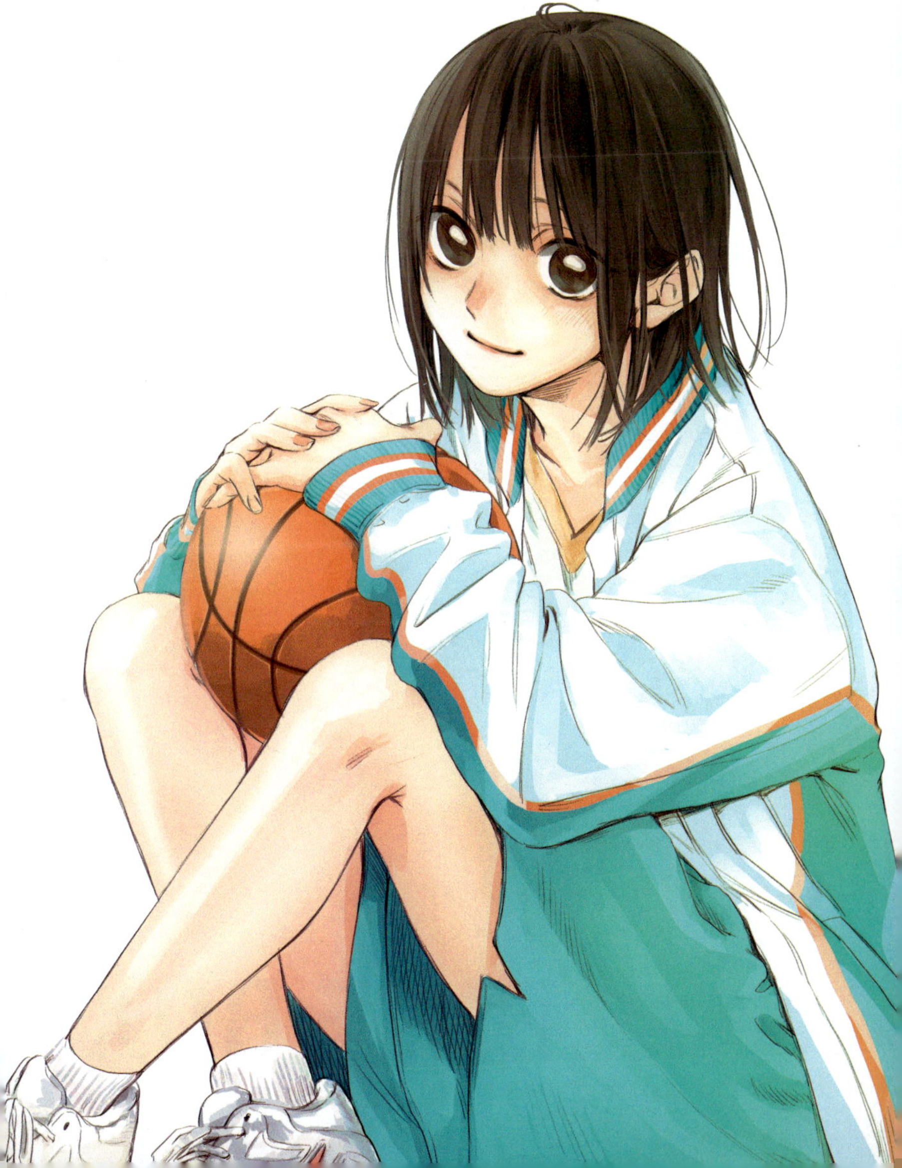

BLUE BOX

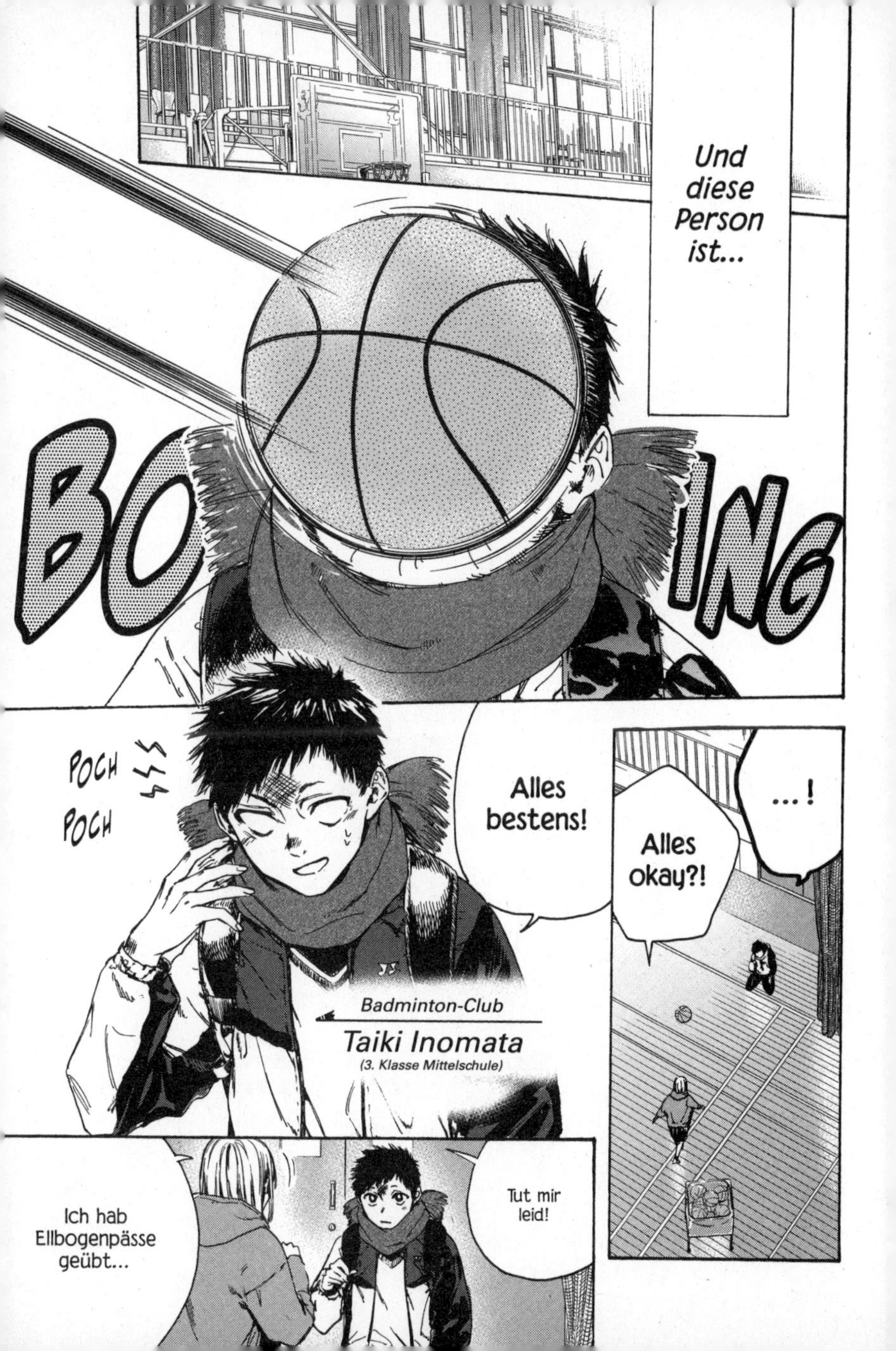

Und diese Person ist...
BO ING
...!
Alles okay?!
Alles bestens!
POCH POCH
Badminton-Club
Taiki Inomata
(3. Klasse Mittelschule)
Tut mir leid!
Ich hab Ellbogenpässe geübt...

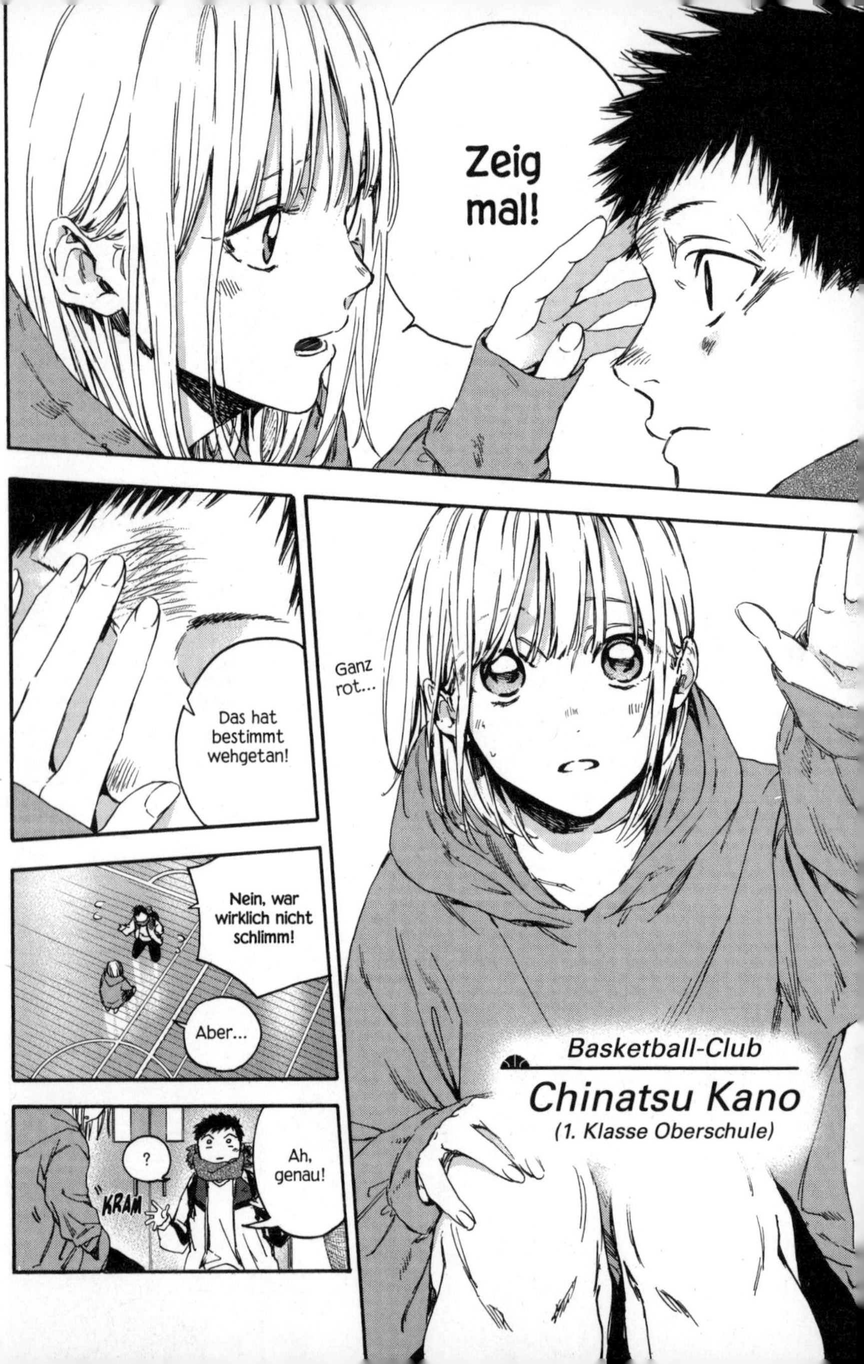
Zeig mal!
Ganz rot...
Das hat bestimmt wehgetan!
Nein, war wirklich nicht schlimm!
Aber...
Ah, genau!
?
KRAM
Basketball-Club
Chinatsu Kano
(1. Klasse Oberschule)

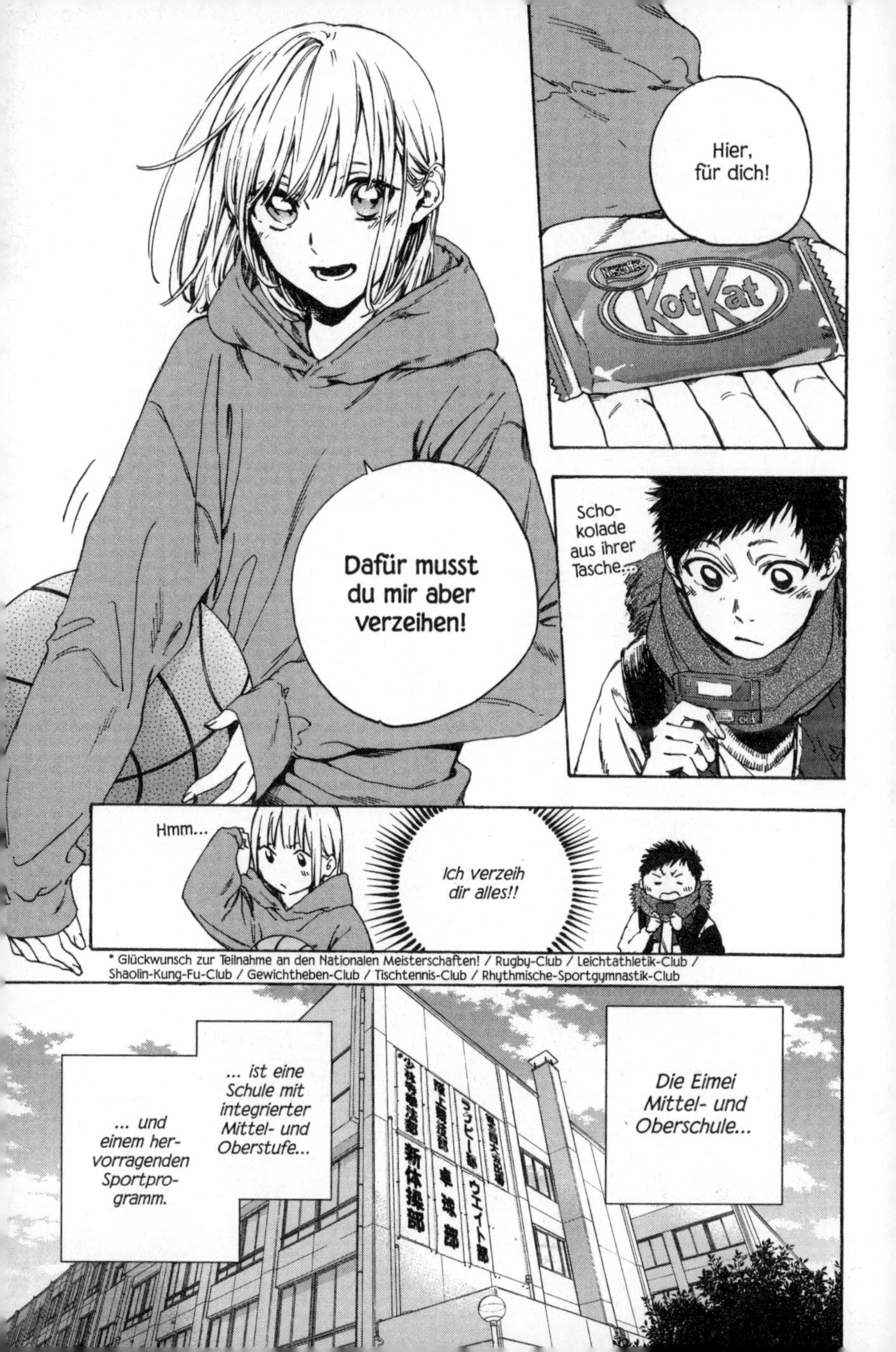

Hier, für dich!
Dafür musst du mir aber verzeihen!
Schokolade aus ihrer Tasche...
Hmm...
Ich verzeih dir alles!!
* Glückwunsch zur Teilnahme an den Nationalen Meisterschaften! / Rugby-Club / Leichtathletik-Club / Shaolin-Kung-Fu-Club / Gewichtheben-Club / Tischtennis-Club / Rhythmische-Sportgymnastik-Club
Die Eimei Mittel- und Oberschule...
... ist eine Schule mit integrierter Mittel- und Oberstufe...
... und einem hervorragenden Sportprogramm.

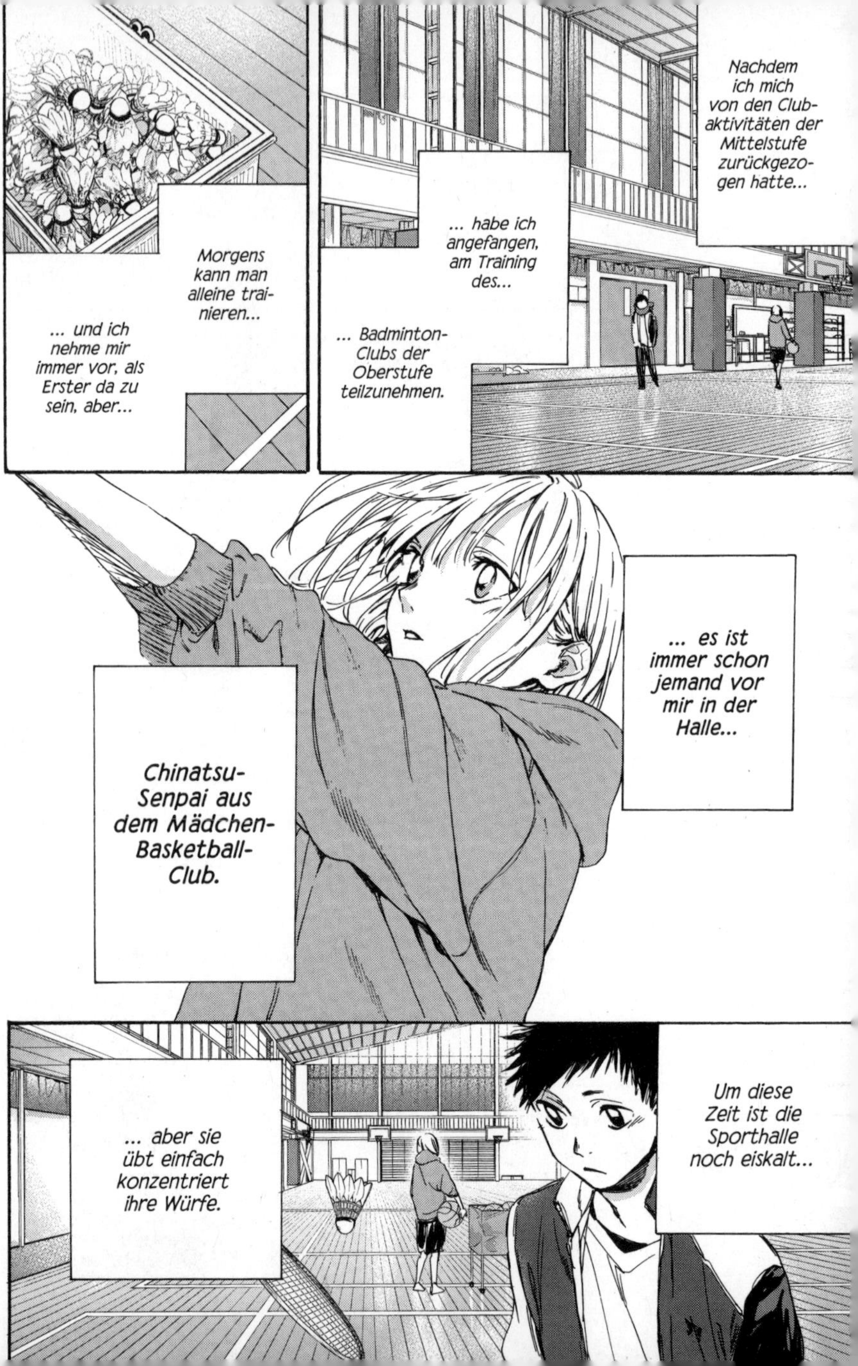
Nachdem ich mich von den Club-aktivitäten der Mittelstufe zurückgezo-gen hatte...
... habe ich angefangen, am Training des...
... Badminton-Clubs der Oberstufe teilzunehmen.
Morgens kann man alleine trai-nieren...
... und ich nehme mir immer vor, als Erster da zu sein, aber...
... es ist immer schon jemand vor mir in der Halle...
Chinatsu-Senpai aus dem Mädchen-Basketball-Club.
Um diese Zeit ist die Sporthalle noch eiskalt...
... aber sie übt einfach konzentriert ihre Würfe.

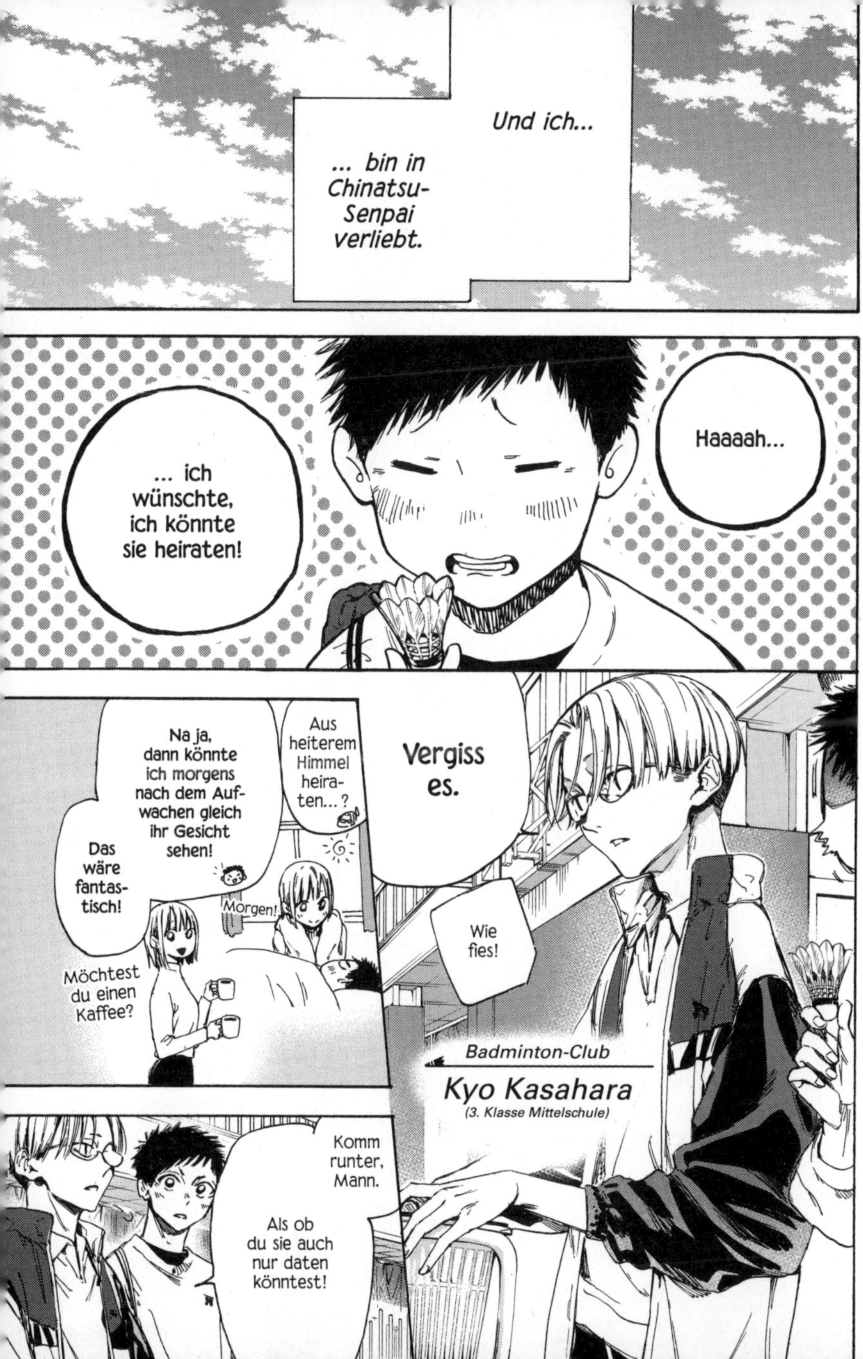

Und ich...
... bin in Chinatsu-Senpai verliebt.
Haaaah...
... ich wünschte, ich könnte sie heiraten!
Vergiss es.
Aus heiterem Himmel heira-ten...?
Na ja, dann könnte ich morgens nach dem Auf-wachen gleich ihr Gesicht sehen!
Das wäre fantas-tisch!
Morgen!
Möchtest du einen Kaffee?
Wie fies!
Badminton-Club
Kyo Kasahara
(3. Klasse Mittelschule)
Komm runter, Mann.
Als ob du sie auch nur daten könntest!

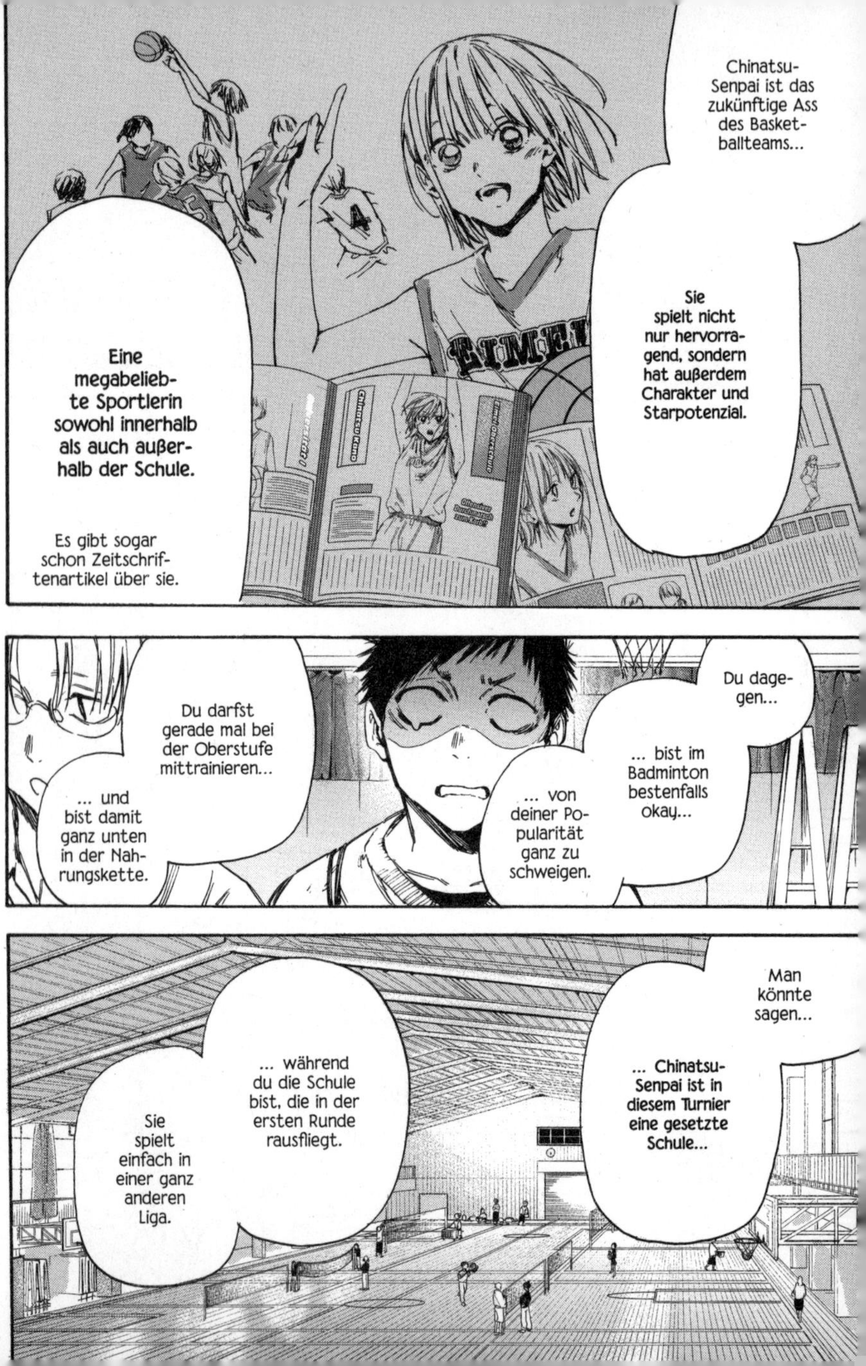

Chinatsu-Senpai ist das zukünftige Ass des Basketballteams...
Sie spielt nicht nur hervorragend, sondern hat außerdem Charakter und Starpotenzial.
Eine megabeliebte Sportlerin sowohl innerhalb als auch außerhalb der Schule.
Es gibt sogar schon Zeitschriftenartikel über sie.
Du dagegen...
... bist im Badminton bestenfalls okay...
... von deiner Popularität ganz zu schweigen.
Du darfst gerade mal bei der Oberstufe mittrainieren...
... und bist damit ganz unten in der Nahrungskette.
Man könnte sagen...
... Chinatsu-Senpai ist in diesem Turnier eine gesetzte Schule...
... während du die Schule bist, die in der ersten Runde rausfliegt.
Sie spielt einfach in einer ganz anderen Liga.

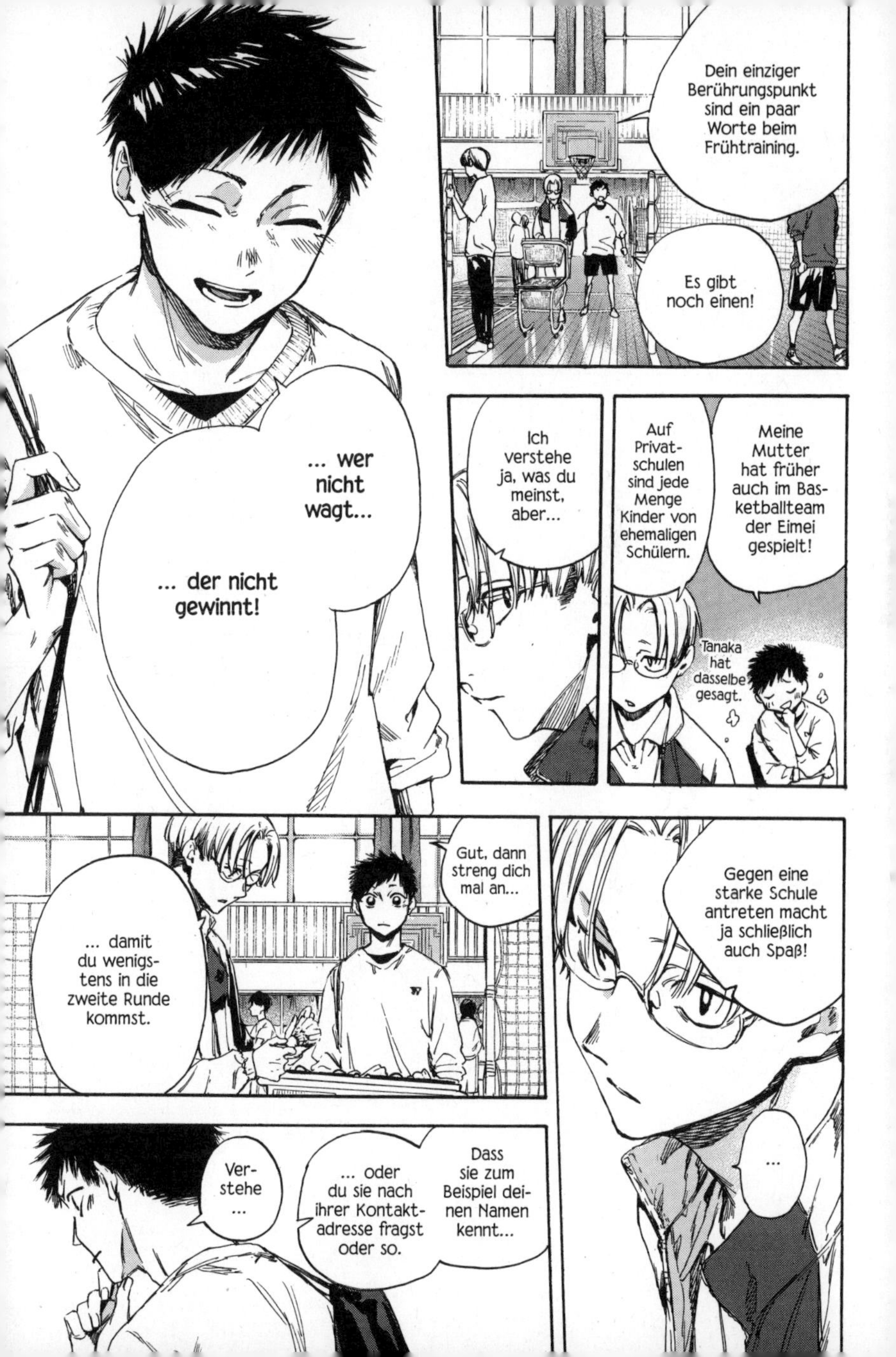
Dein einziger Berührungspunkt sind ein paar Worte beim Frühtraining.
Es gibt noch einen!
... wer nicht wagt...
... der nicht gewinnt!
Meine Mutter hat früher auch im Basketballteam der Eimei gespielt!
Auf Privat-schulen sind jede Menge Kinder von ehemaligen Schülern.
Tanaka hat dasselbe gesagt.
Ich verstehe ja, was du meinst, aber...
Gegen eine starke Schule antreten macht ja schließlich auch Spaß!
...
Gut, dann streng dich mal an...
... damit du wenigs-tens in die zweite Runde kommst.
Dass sie zum Beispiel dei-nen Namen kennt...
... oder du sie nach ihrer Kontakt-adresse fragst oder so.
Ver-stehe ...

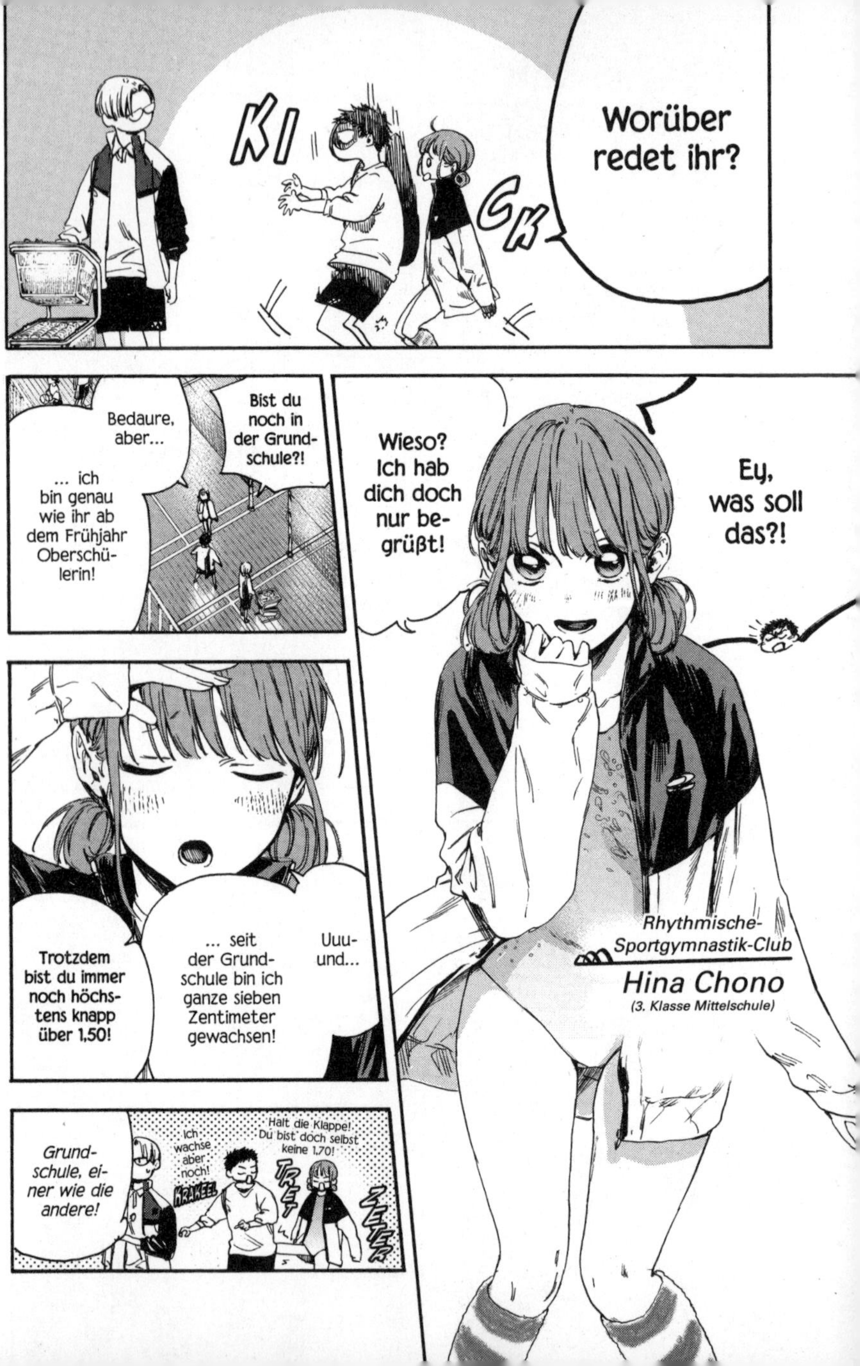
Worüber redet ihr?
KICK
Ey, was soll das?!
Wieso? Ich hab dich doch nur begrüßt!
Rhythmische-Sportgymnastik-Club
Hina Chono
(3. Klasse Mittelschule)
Bist du noch in der Grundschule?!
Bedaure, aber...
... ich bin genau wie ihr ab dem Frühjahr Oberschülerin!
Uuu-und...
... seit der Grundschule bin ich ganze sieben Zentimeter gewachsen!
Trotzdem bist du immer noch höchstens knapp über 1,50!
Halt die Klappe! Du bist doch selbst keine 1,70!
ZETER
TRET
Ich wachse aber noch!
KRAKEEL
Grundschule, einer wie die andere!

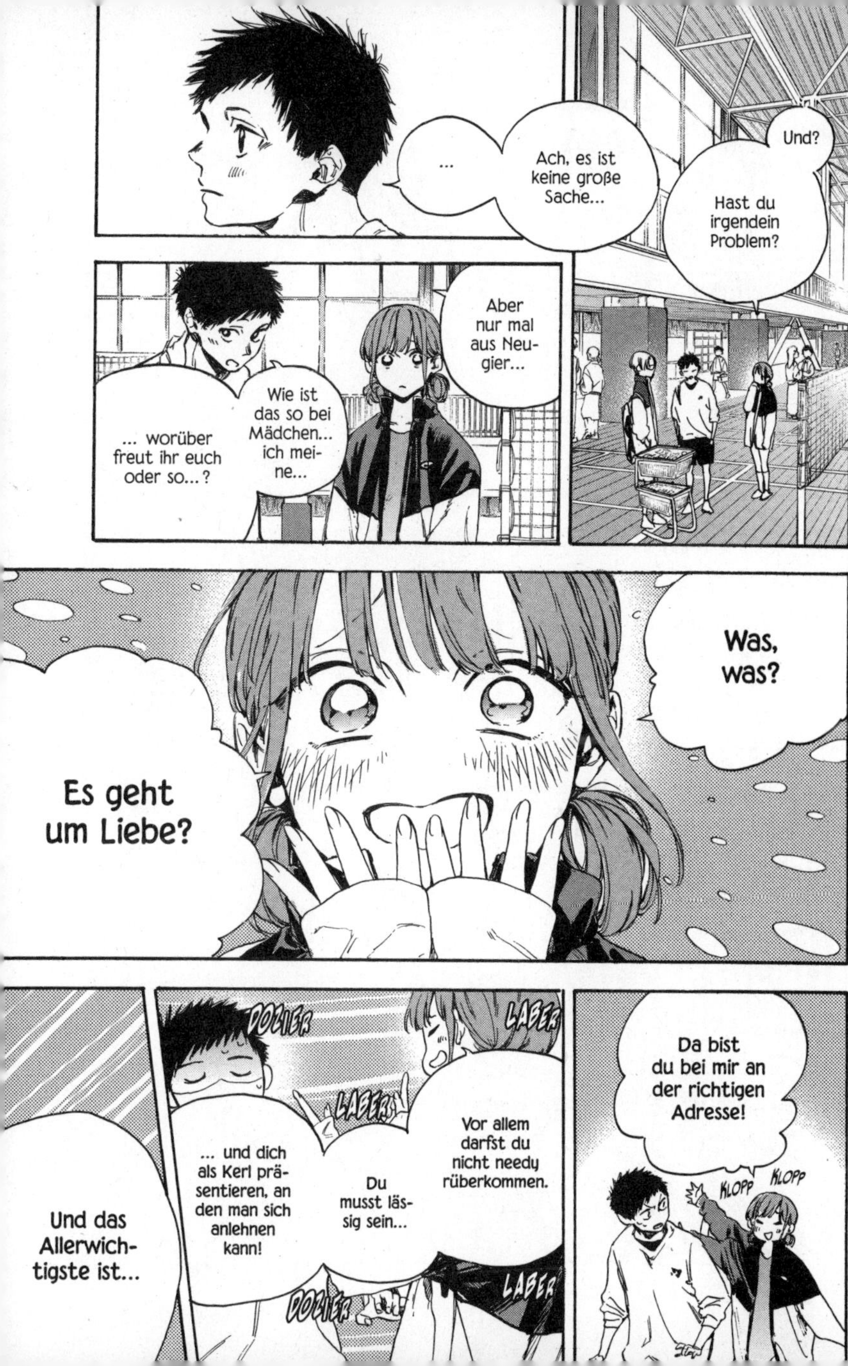

Und?
Hast du irgendein Problem?
Ach, es ist keine große Sache...
...
Aber nur mal aus Neugier...
Wie ist das so bei Mädchen... ich meine...
... worüber freut ihr euch oder so...?
Was, was?
Es geht um Liebe?
Da bist du bei mir an der richtigen Adresse!
KLOPP
KLOPP
LABER
DOZIER
LABER
Vor allem darfst du nicht needy rüberkommen.
Du musst lässig sein...
... und dich als Kerl präsentieren, an den man sich anlehnen kann!
LABER
DOZIER
Und das Allerwichtigste ist...

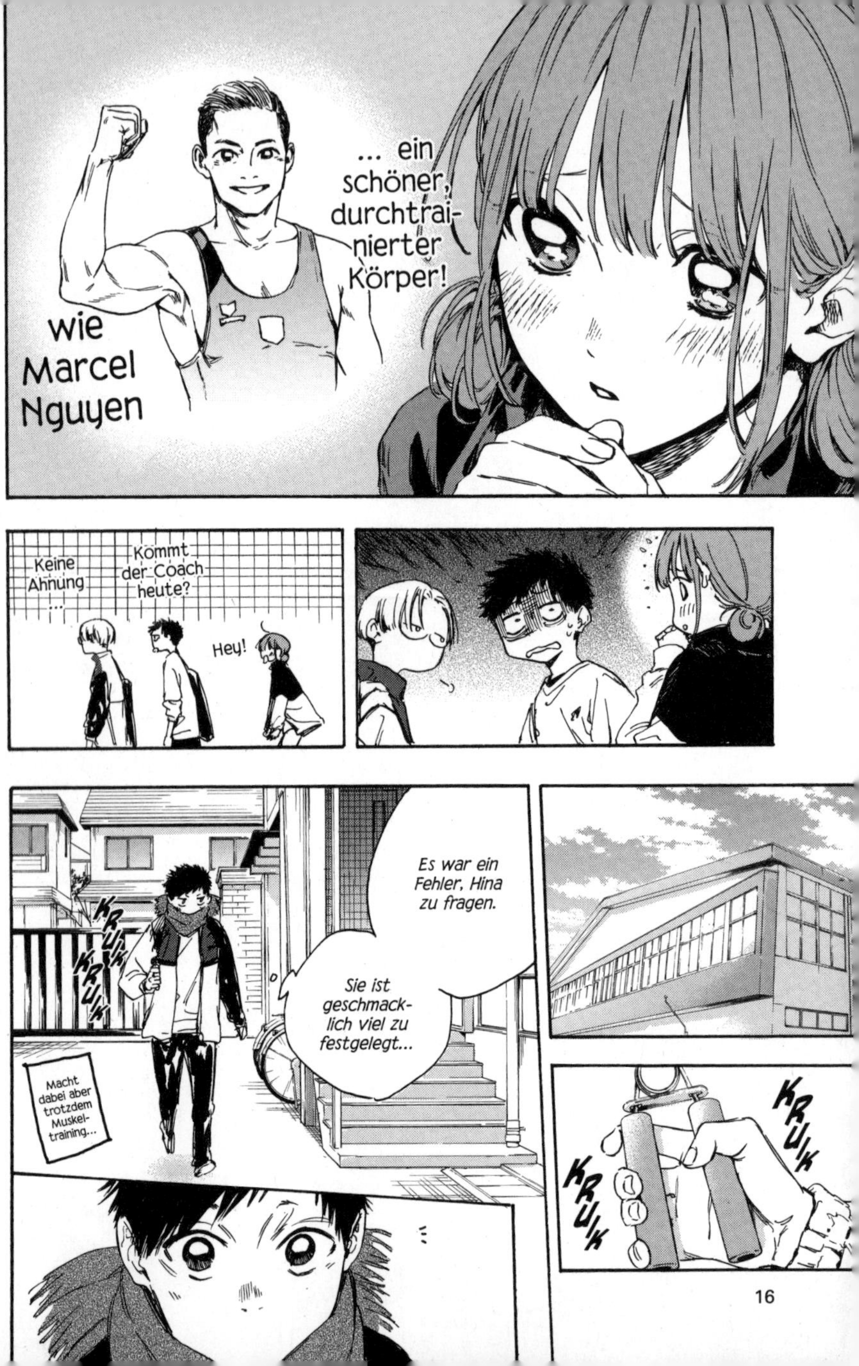

... ein schöner, durchtrainierter Körper!
wie Marcel Nguyen
Kommt der Coach heute?
Keine Ahnung ...
Hey!
Es war ein Fehler, Hina zu fragen.
Sie ist geschmacklich viel zu festgelegt...
KRUK KRUK KRUK
Macht dabei aber trotzdem Muskeltraining...
KRUK KRUK

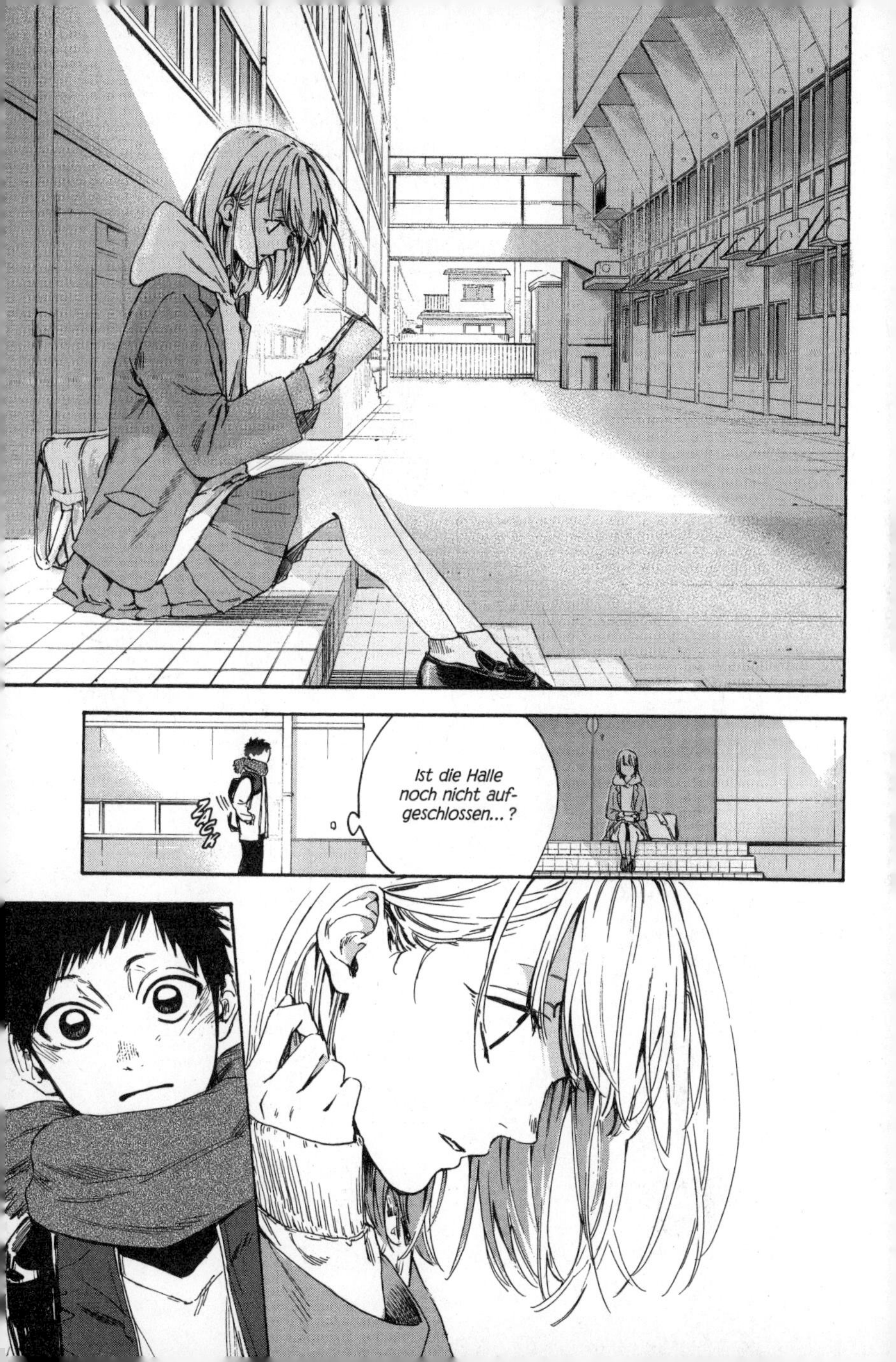
Ist die Halle noch nicht auf-geschlossen…?
ZACK

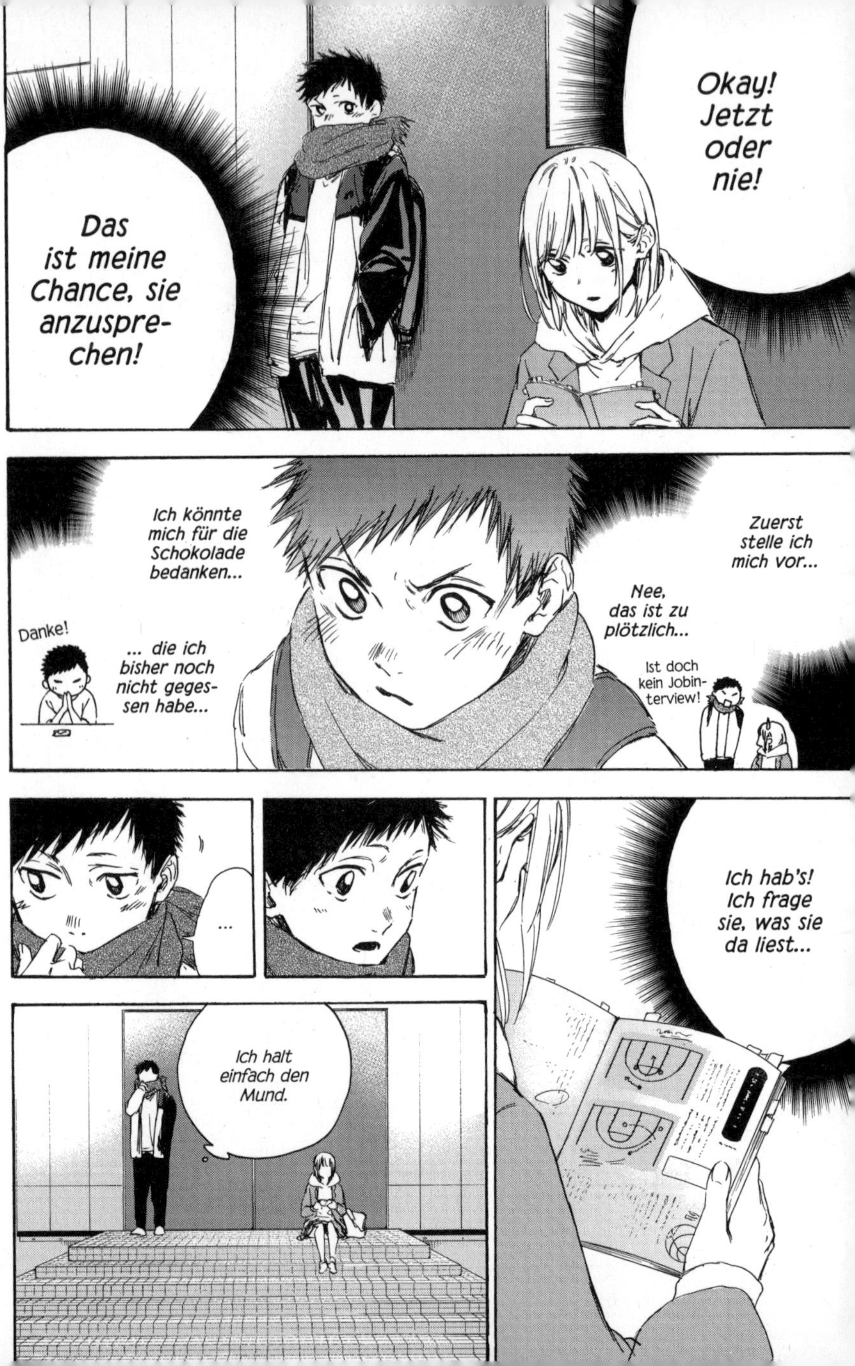
Okay! Jetzt oder nie!
Das ist meine Chance, sie anzusprechen!
Zuerst stelle ich mich vor...
Nee, das ist zu plötzlich...
Ist doch kein Jobinterview!
Ich könnte mich für die Schokolade bedanken...
... die ich bisher noch nicht gegessen habe...
Danke!
Ich hab's! Ich frage sie, was sie da liest...
...
Ich halt einfach den Mund.

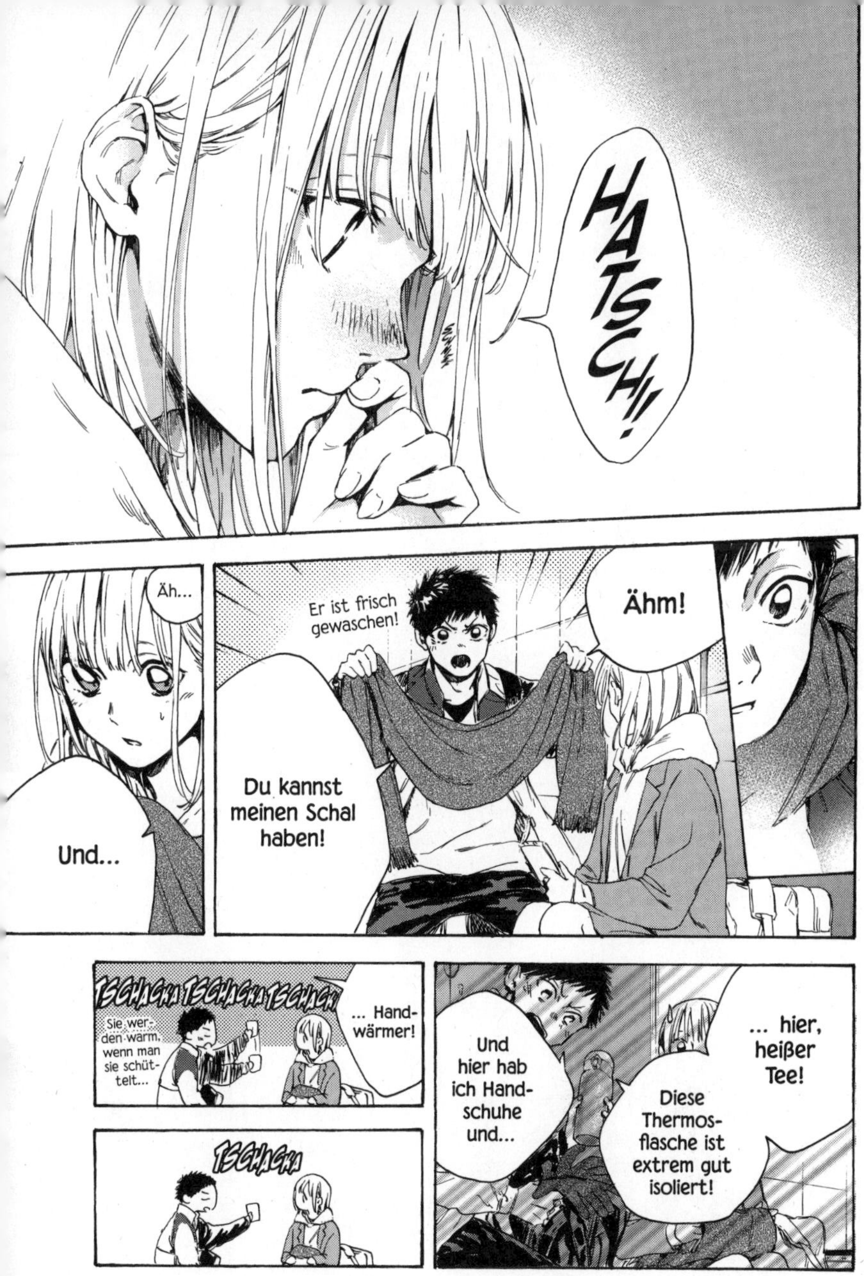
HATSCHI!
Ähm!
Er ist frisch gewaschen!
Du kannst meinen Schal haben!
Äh…
Und…
Und hier hab ich Handschuhe und…
… hier, heißer Tee!
Diese Thermosflasche ist extrem gut isoliert!
TSCHACKA TSCHACKA TSCHACKA
… Handwärmer!
Sie werden warm, wenn man sie schüttelt…
TSCHACKA

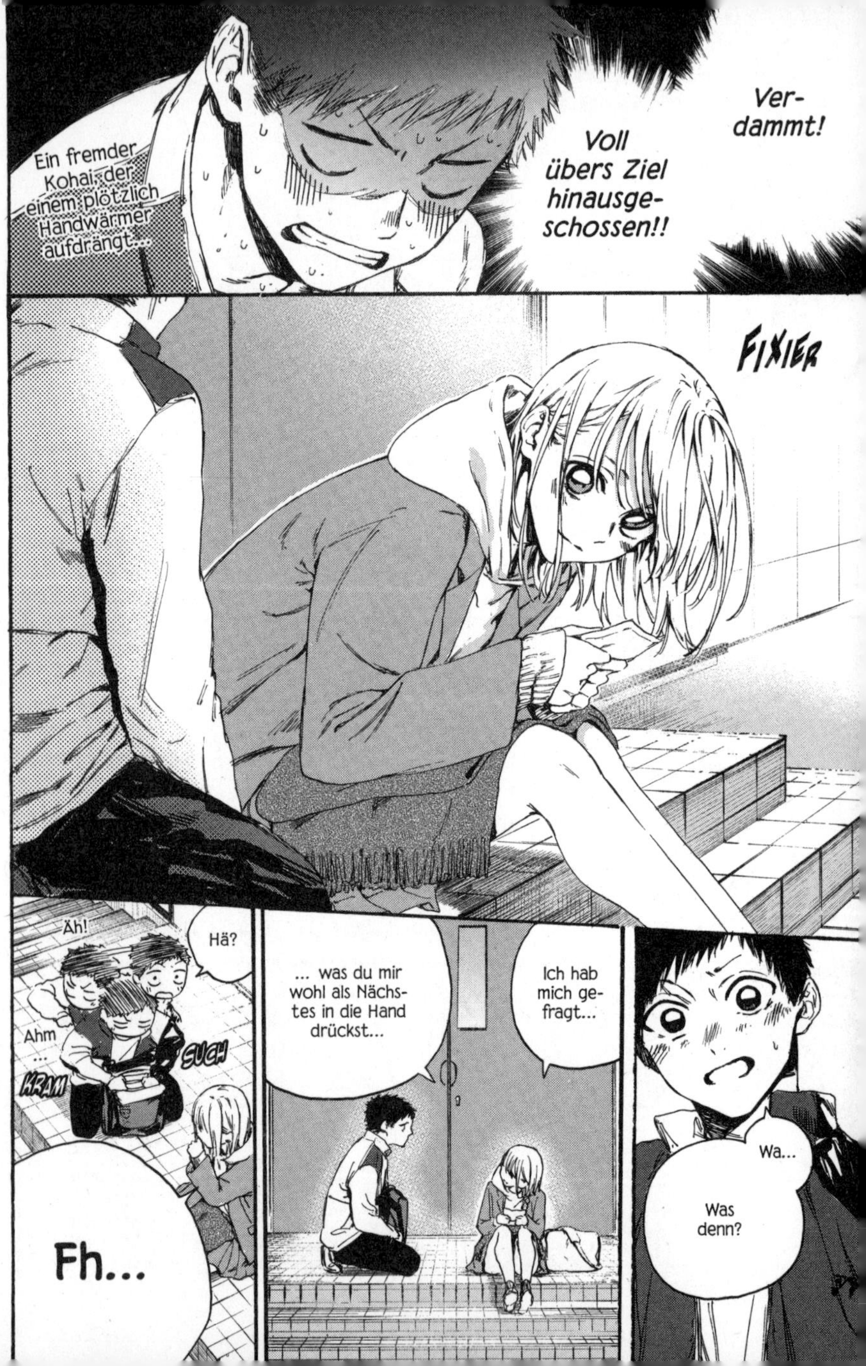
Verdammt!
Voll übers Ziel hinausgeschossen!!
Ein fremder Kohai, der einem plötzlich Handwärmer aufdrängt...
FIXIER
Wa...
Was denn?
Ich hab mich gefragt...
... was du mir wohl als Nächstes in die Hand drückst...
Hä?
Äh!
SUCH
Ahm ...
KRAM
Fh...

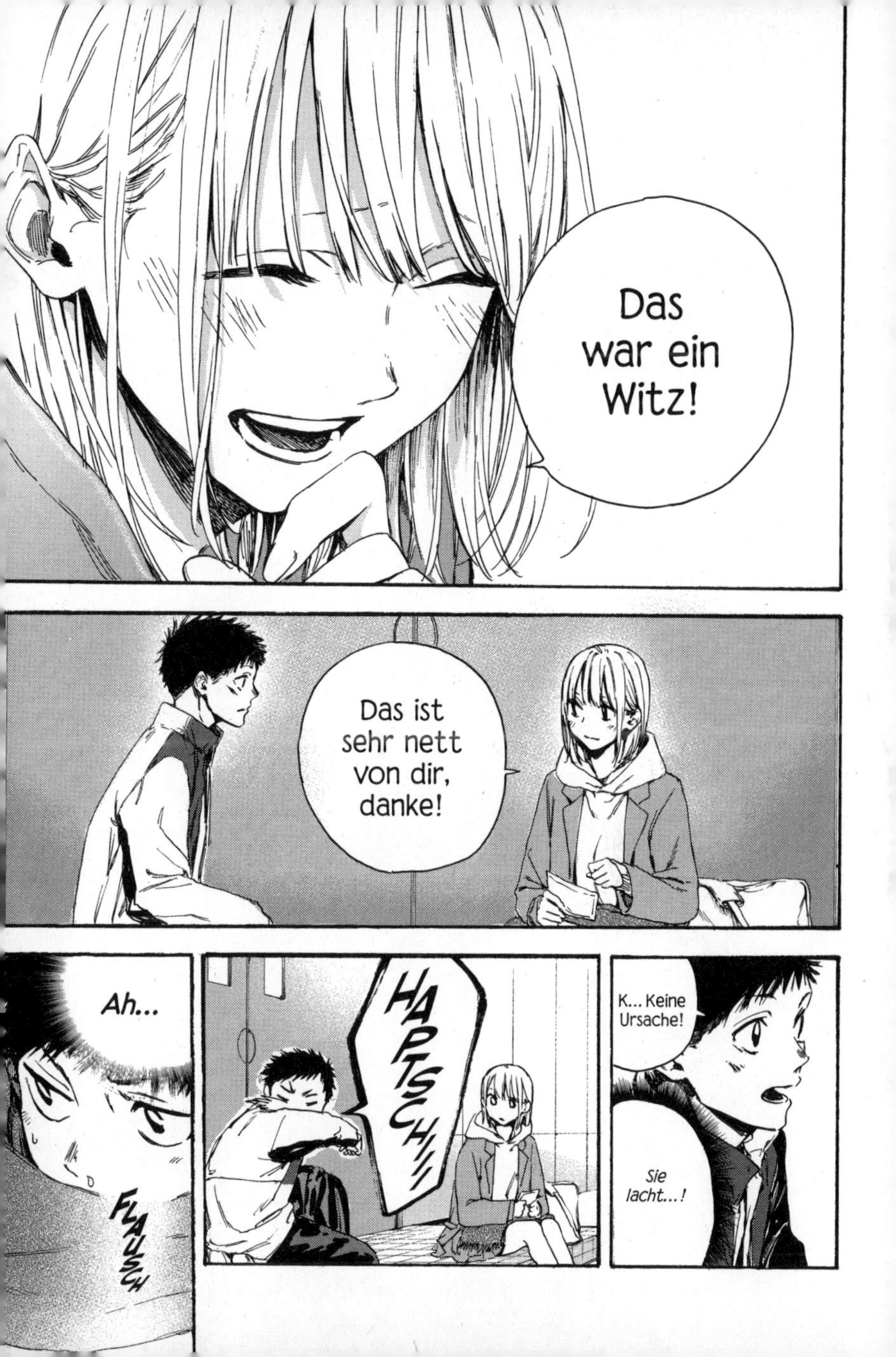

Das war ein Witz!
Das ist sehr nett von dir, danke!
K... Keine Ursache!
Sie lacht...!
HAPTSCHI!!
Ah...
FLAUSCH

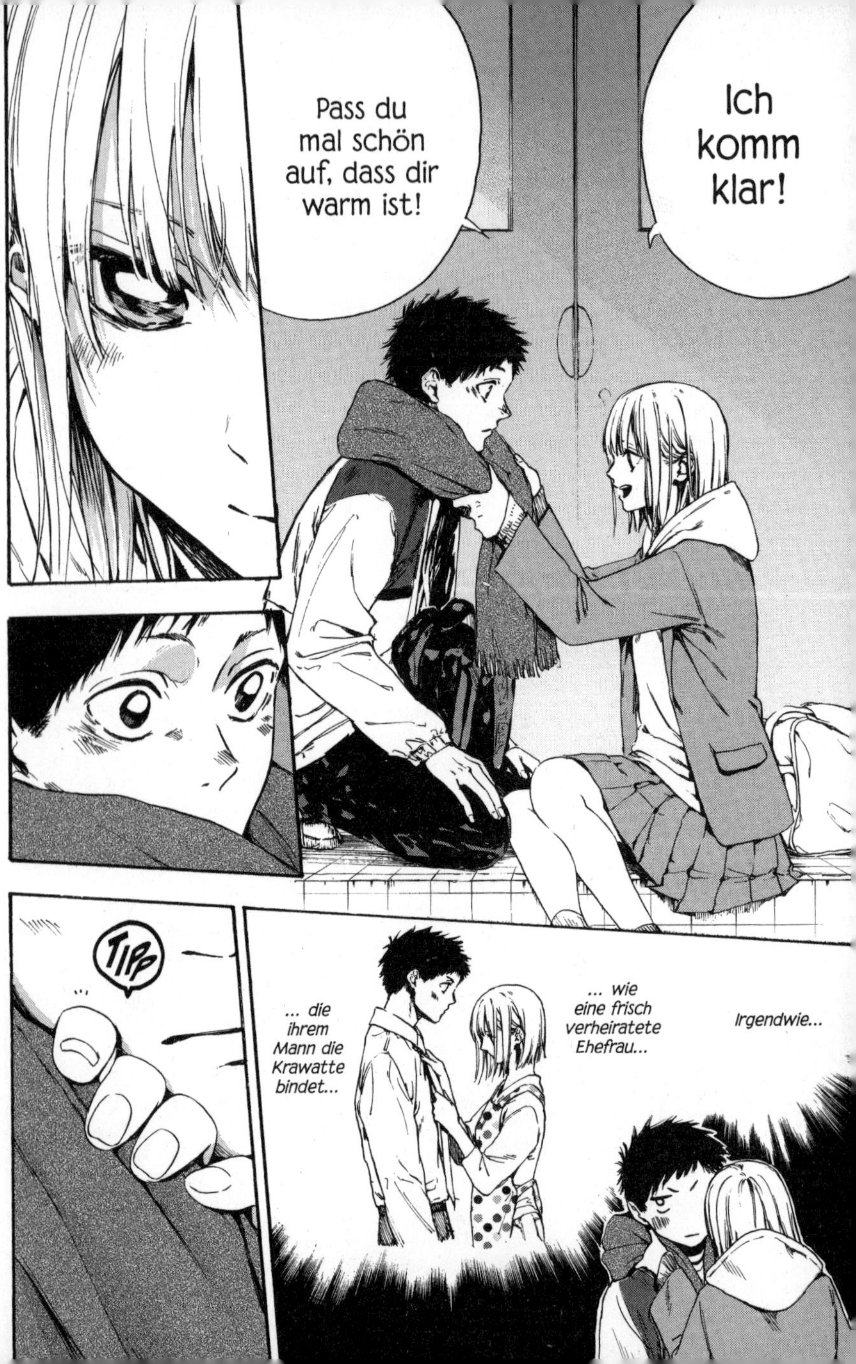
Ich komm klar!
Pass du mal schön auf, dass dir warm ist!
Irgendwie...
... wie eine frisch verheiratete Ehefrau...
... die ihrem Mann die Krawatte bindet...
TIPP

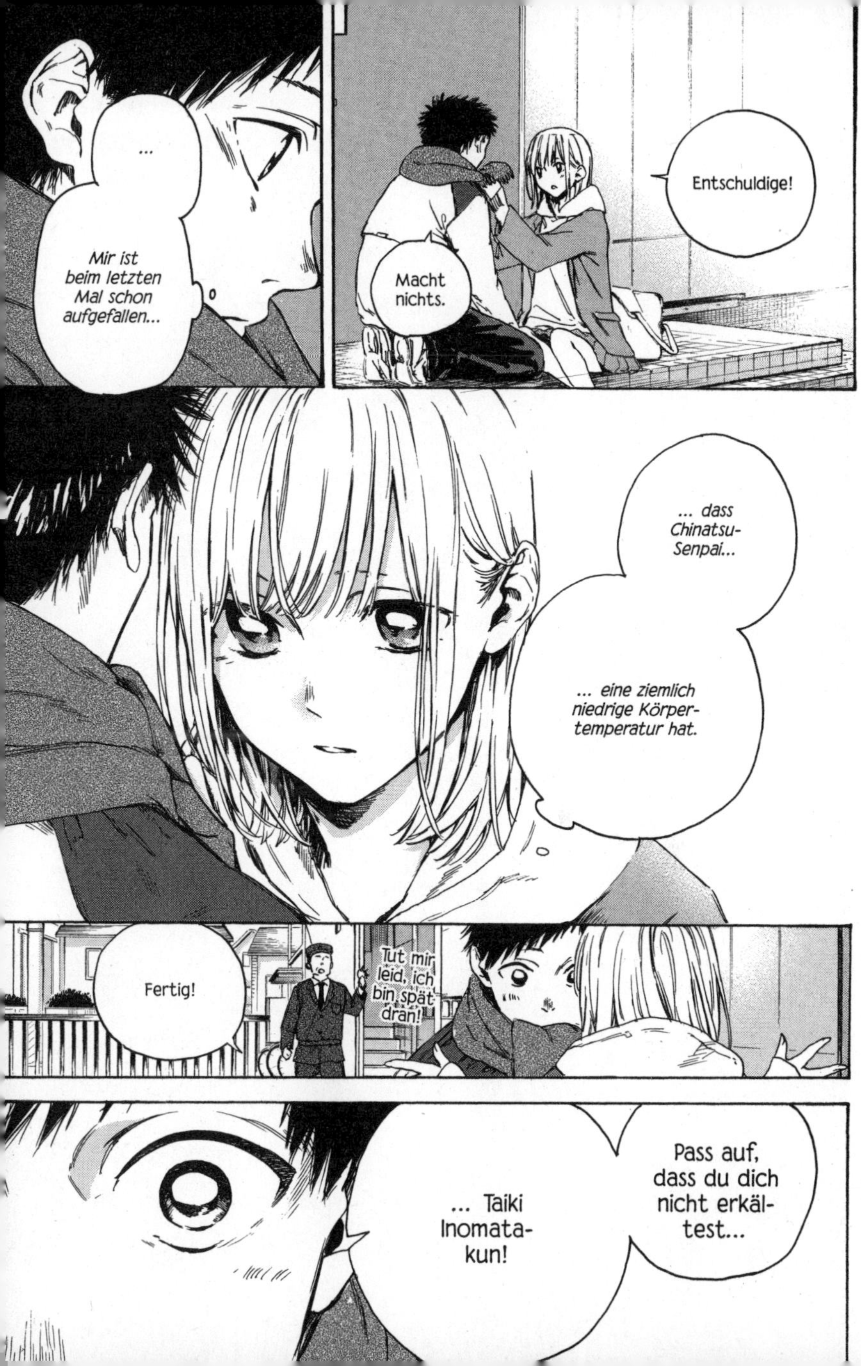
Entschuldige!
Macht nichts.
...
Mir ist beim letzten Mal schon aufgefallen...
... dass Chinatsu-Senpai...
... eine ziemlich niedrige Körpertemperatur hat.
Tut mir leid, ich bin spät dran!
Fertig!
Pass auf, dass du dich nicht erkältest...
... Taiki Inomata-kun!

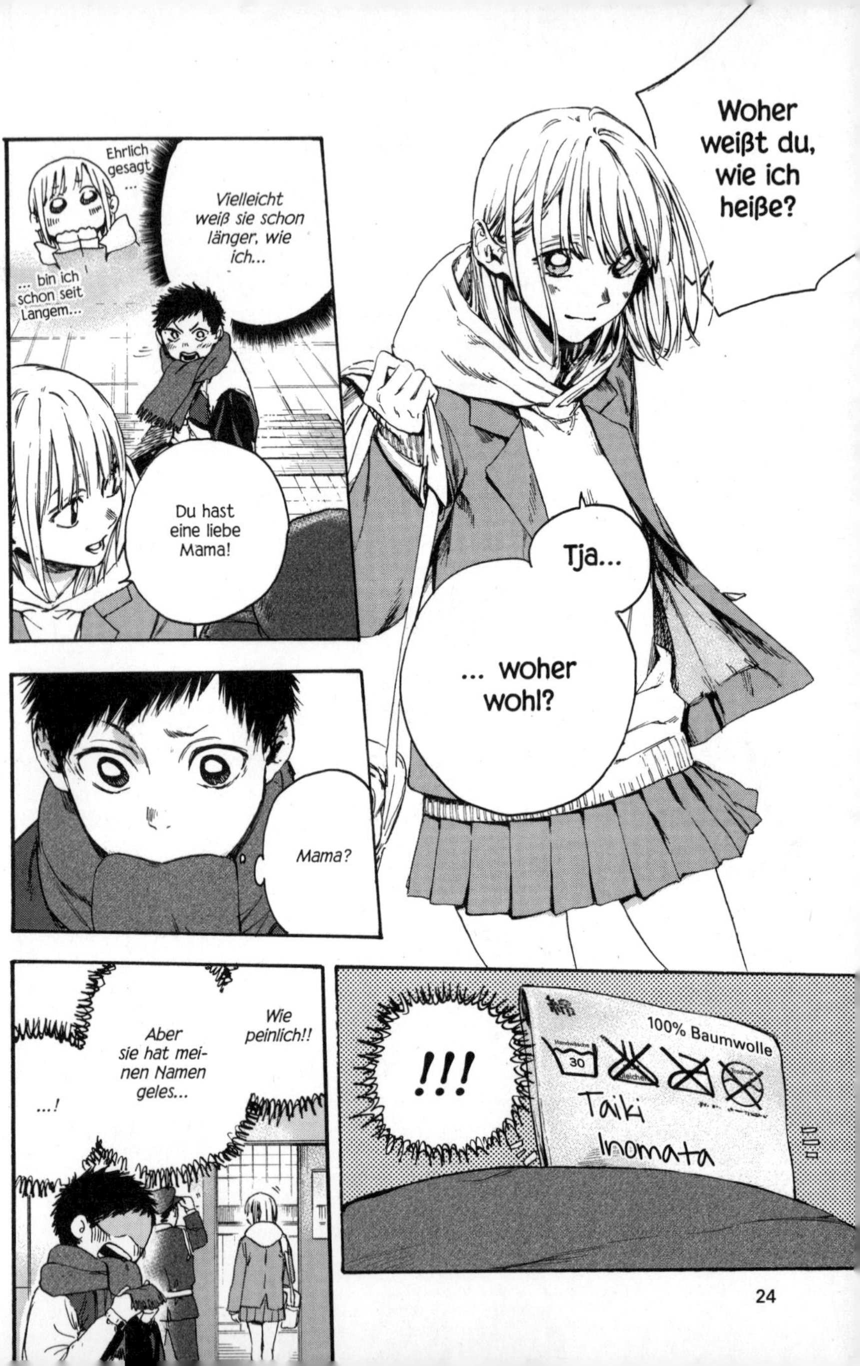
Woher weißt du, wie ich heiße?
Tja...
... woher wohl?
Vielleicht weiß sie schon länger, wie ich...
Ehrlich gesagt ...
... bin ich schon seit Langem...
Du hast eine liebe Mama!
Mama?
!!!
100% Baumwolle
30
Taiki Inomata
Wie peinlich!!
Aber sie hat meinen Namen geles...
...!

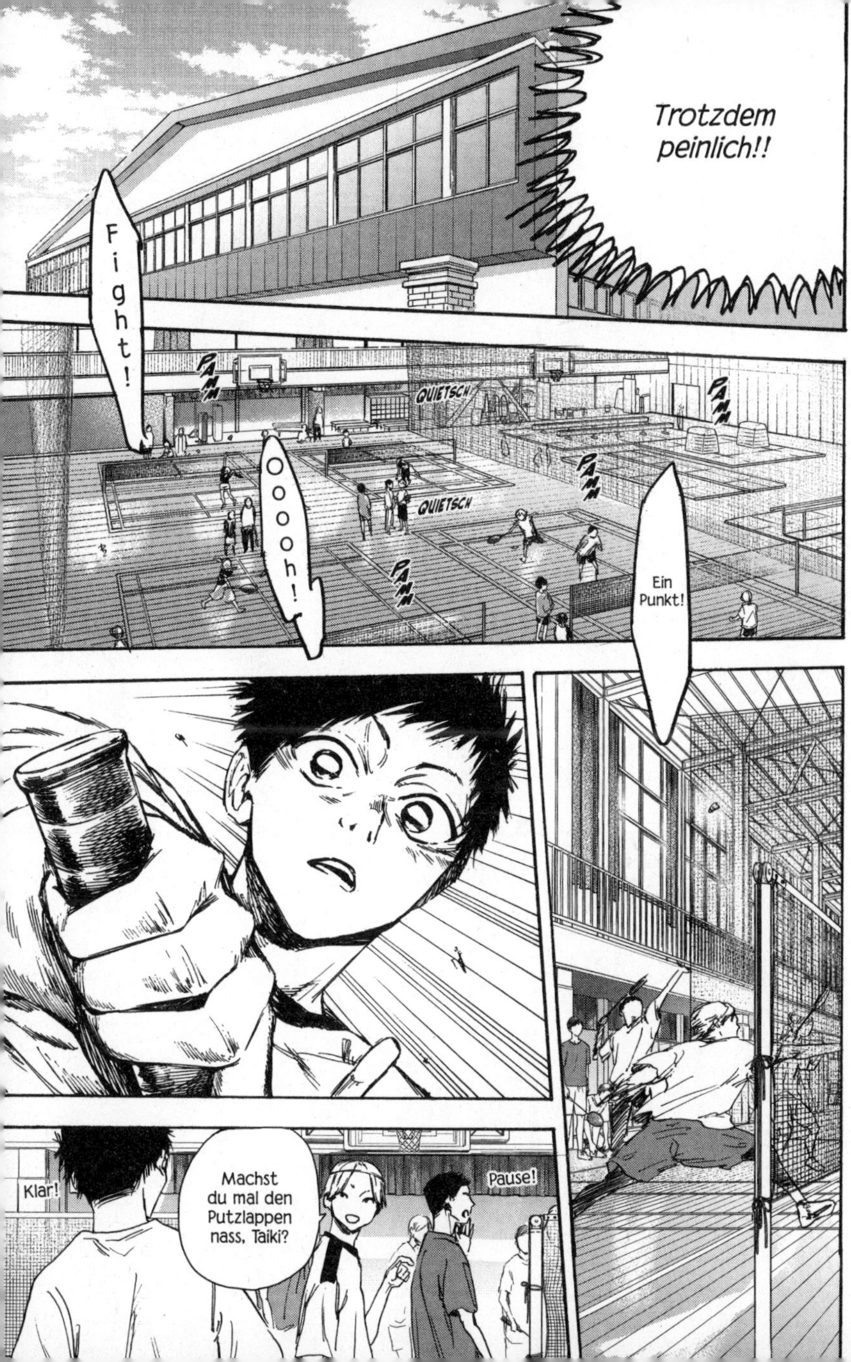
Trotzdem peinlich!!
Fight!
PAMM
QUIETSCH
PAMM
PAMM
Ooooh!
QUIETSCH
PAMM
Ein Punkt!
Pause!
Machst du mal den Putzlappen nass, Taiki?
Klar!

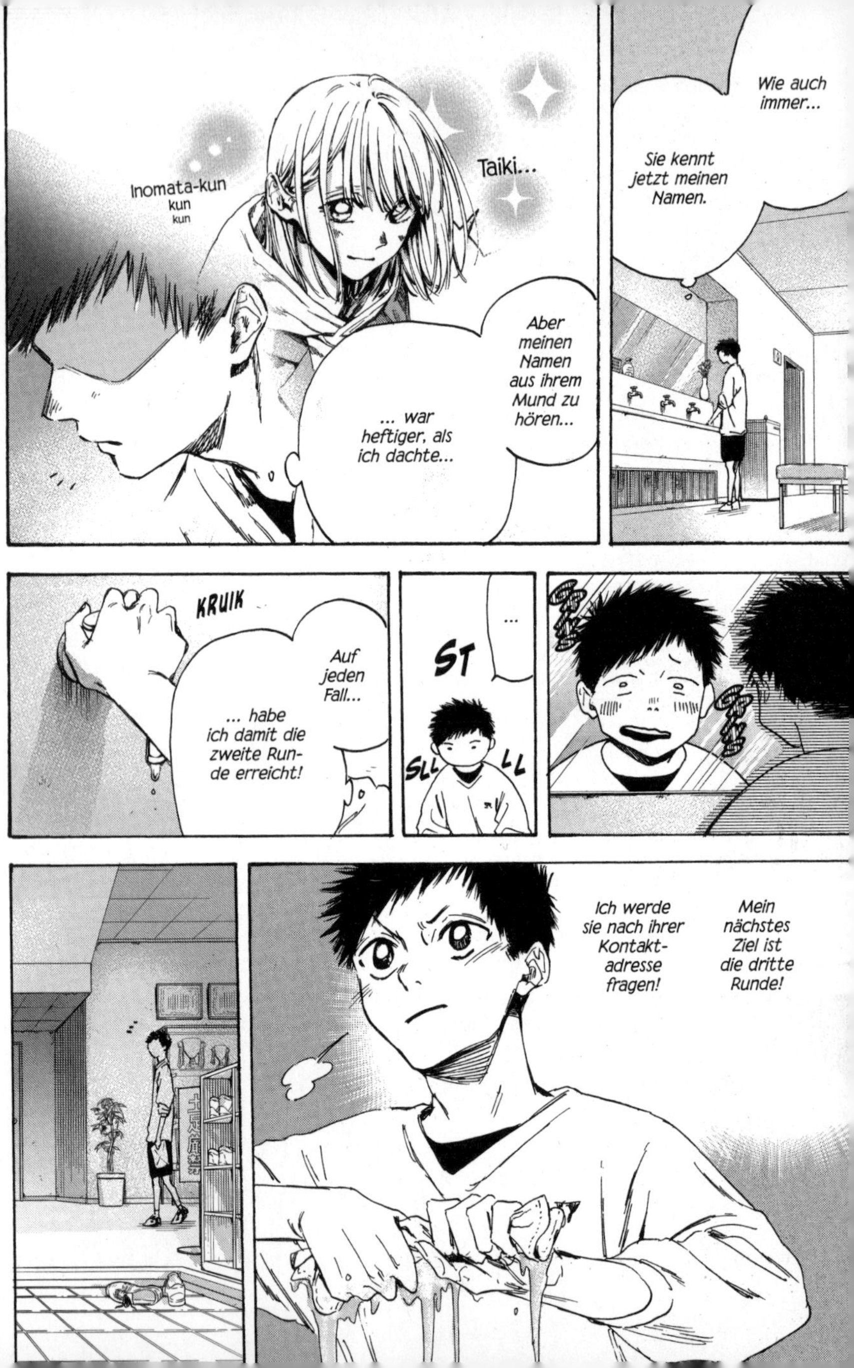
Wie auch immer...
Sie kennt jetzt meinen Namen.
Taiki...
Inomata-kun
kun
kun
Aber meinen Namen aus ihrem Mund zu hören...
... war heftiger, als ich dachte...
...
ST
SLL
LL
KRUIK
Auf jeden Fall...
... habe ich damit die zweite Runde erreicht!
Mein nächstes Ziel ist die dritte Runde!
Ich werde sie nach ihrer Kontaktadresse fragen!

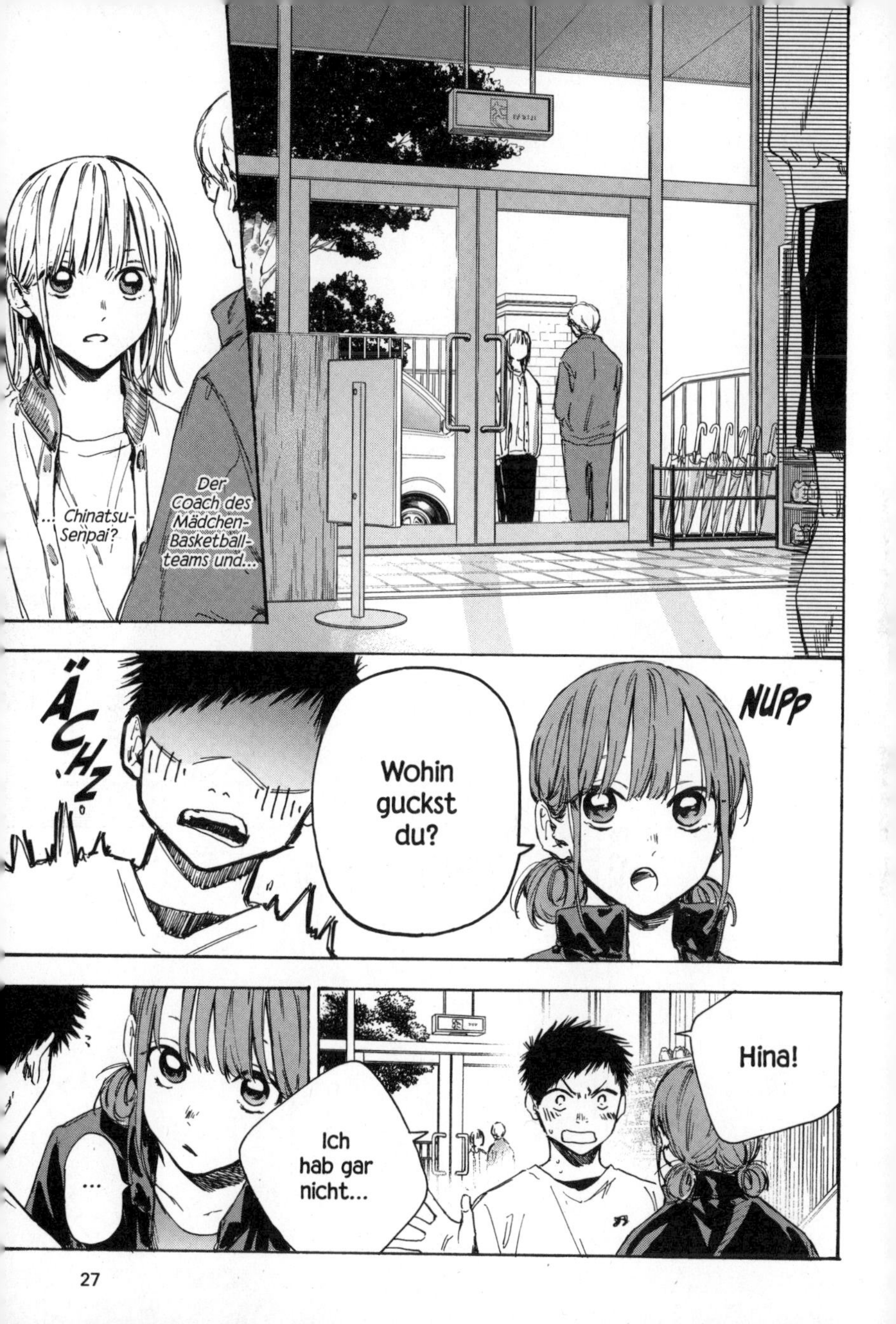
Der Coach des Mädchen-Basketballteams und...
... Chinatsu-Senpai?
NUPP
Wohin guckst du?
ÄCHZ
Hina!
Ich hab gar nicht...
...

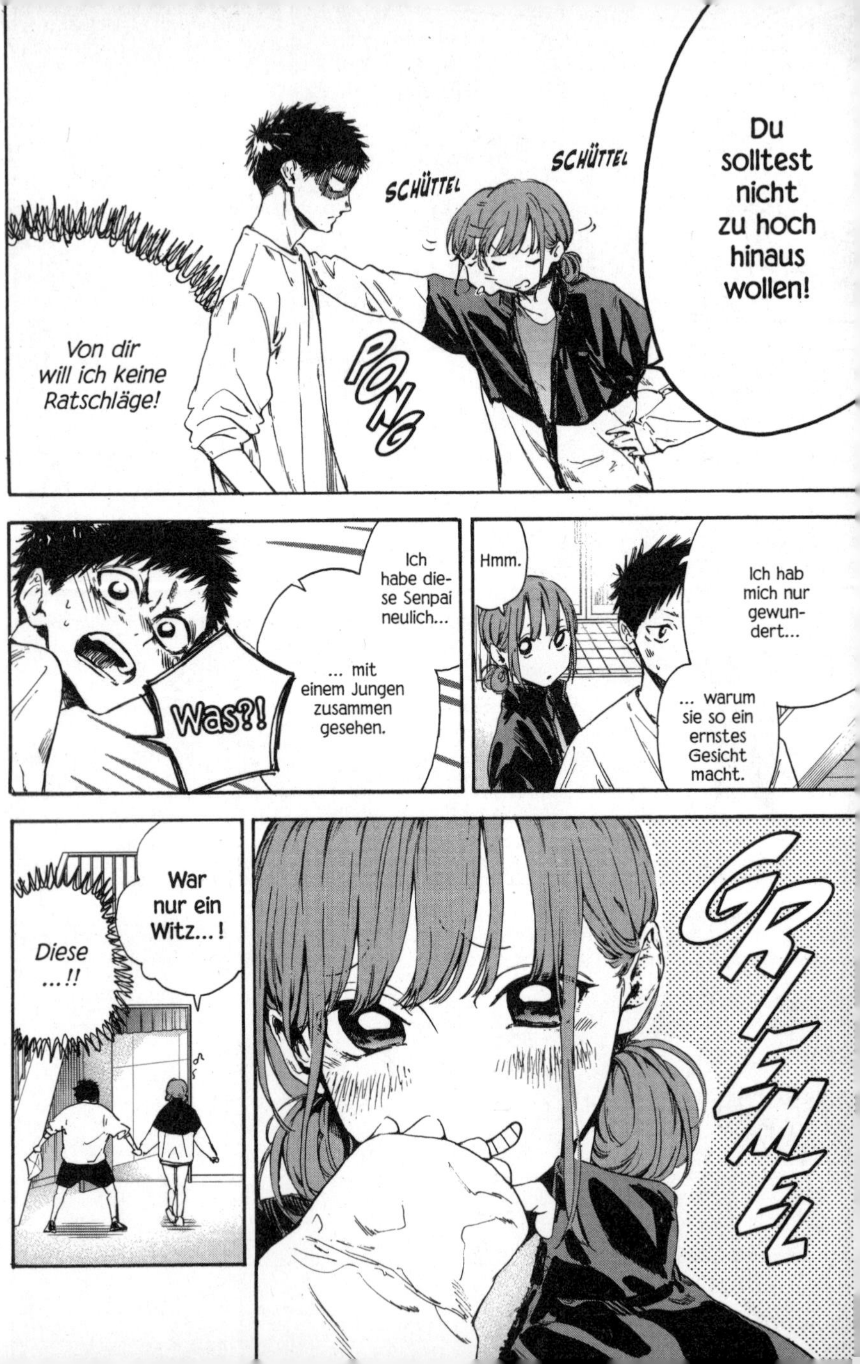
Du solltest nicht zu hoch hinaus wollen!
SCHÜTTEL
SCHÜTTEL
PIONG
Von dir will ich keine Ratschläge!
Hmm.
Ich hab mich nur gewundert...
... warum sie so ein ernstes Gesicht macht.
Ich habe diese Senpai neulich...
... mit einem Jungen zusammen gesehen.
Was?!
GRIEMEL
War nur ein Witz...!
Diese ...!!

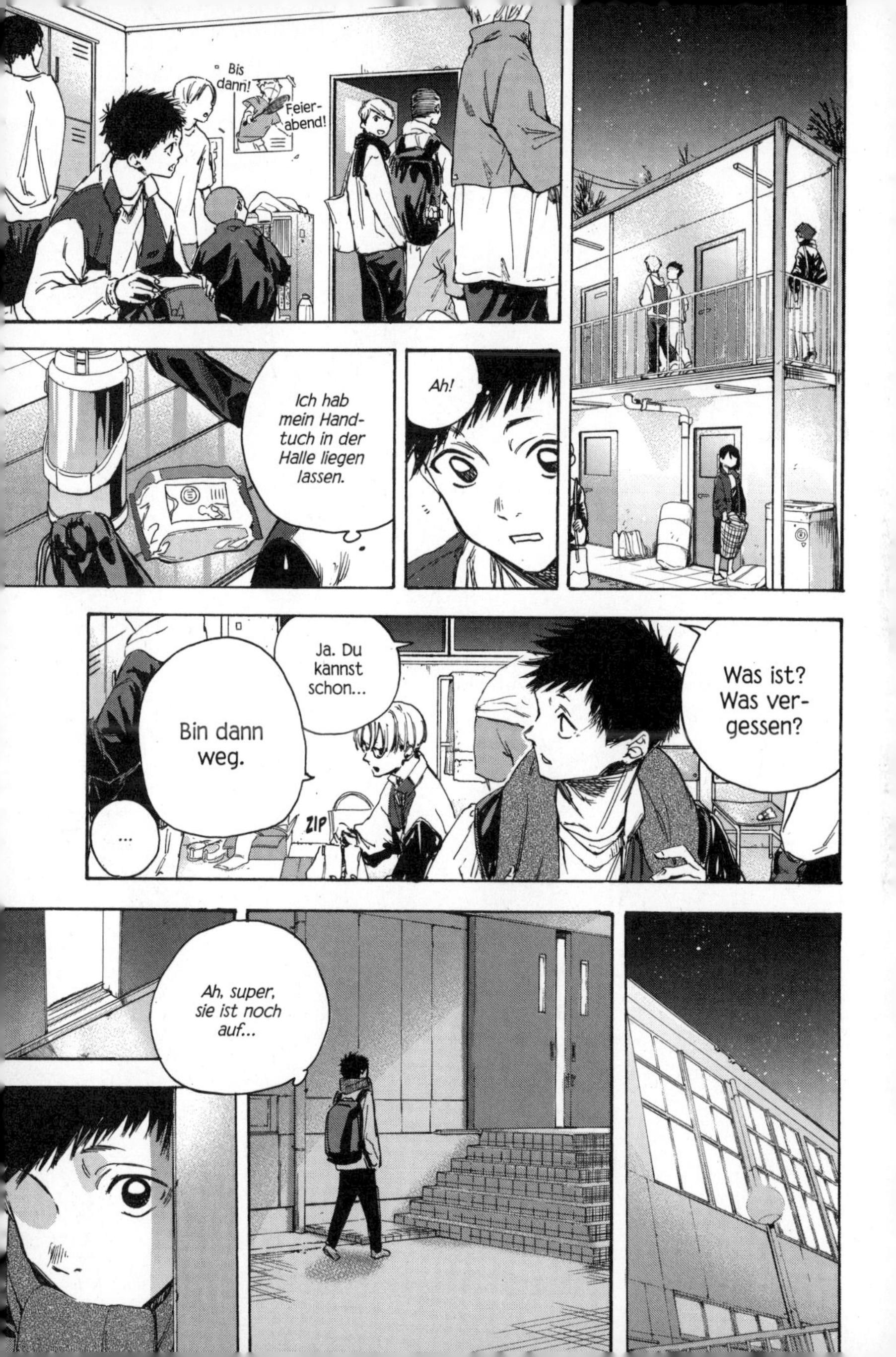
Feier-abend!
Bis dann!
Ah!
Ich hab mein Hand-tuch in der Halle liegen lassen.
Was ist? Was ver-gessen?
Ja. Du kannst schon...
Bin dann weg.
...
Ah, super, sie ist noch auf...

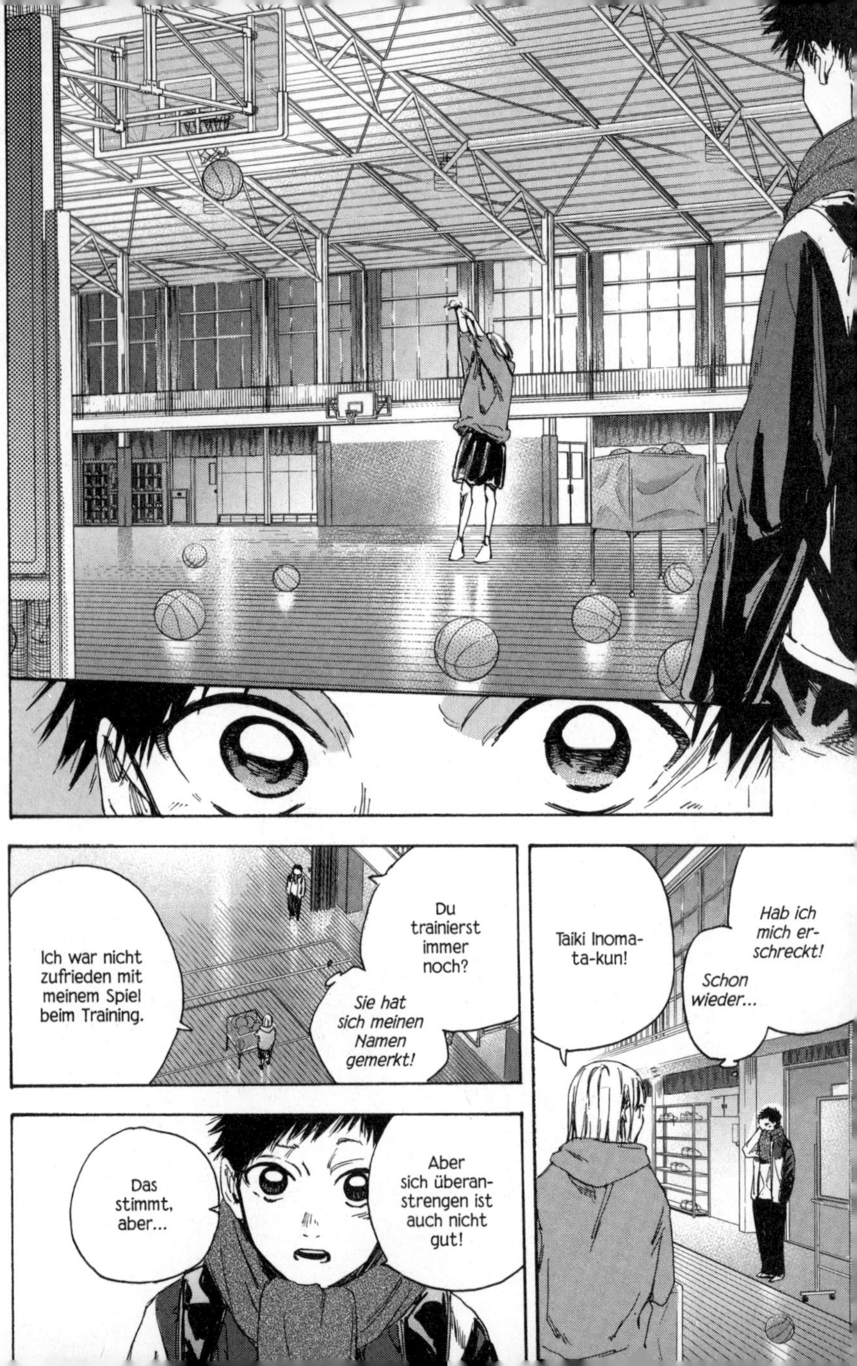
Hab ich mich erschreckt!
Schon wieder...
Taiki Inomata-kun!
Du trainierst immer noch?
Sie hat sich meinen Namen gemerkt!
Ich war nicht zufrieden mit meinem Spiel beim Training.
Aber sich überanstrengen ist auch nicht gut!
Das stimmt, aber...

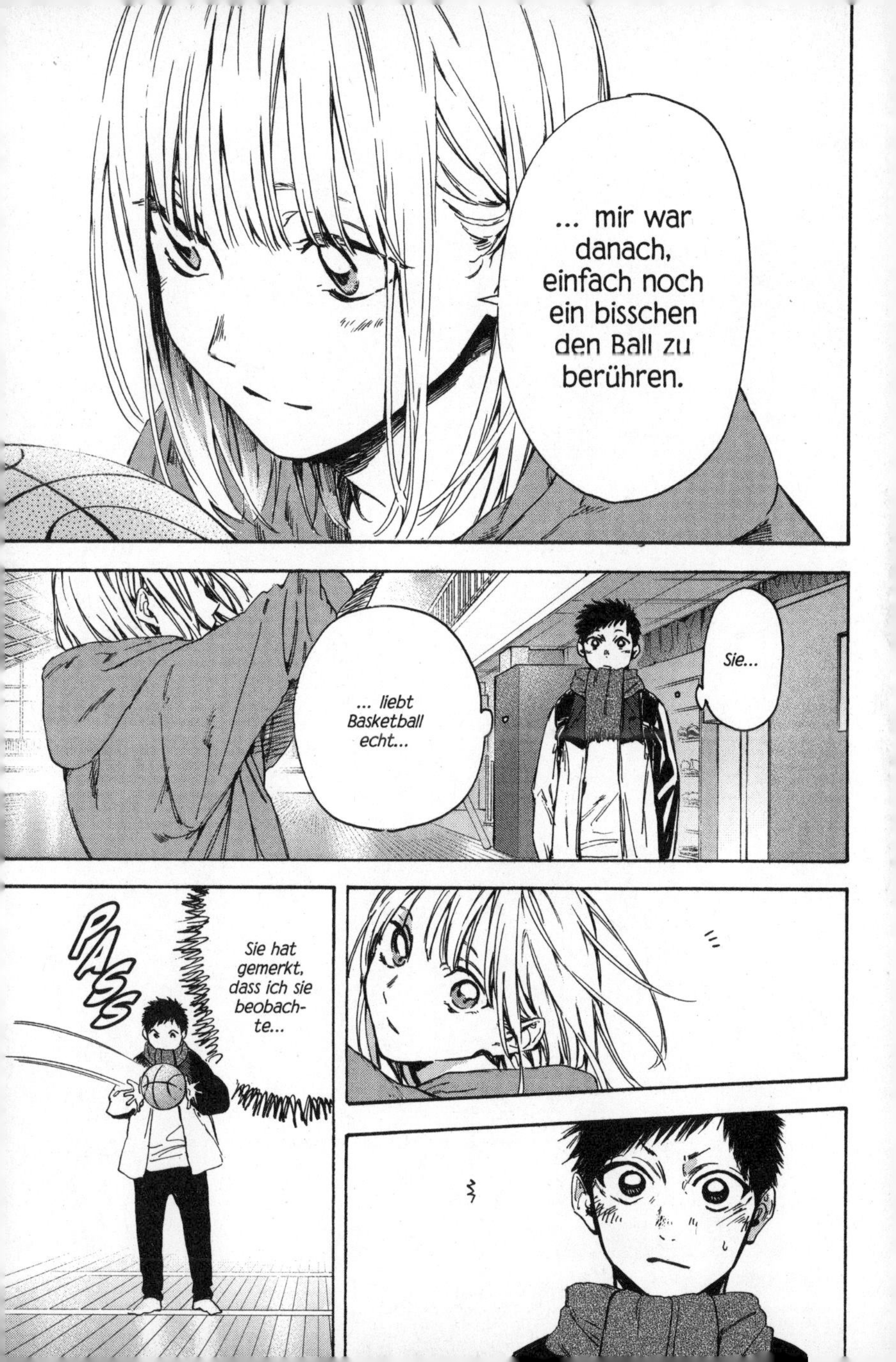
... mir war danach, einfach noch ein bisschen den Ball zu berühren.
Sie...
... liebt Basketball echt...
PASS
Sie hat gemerkt, dass ich sie beobach-te...

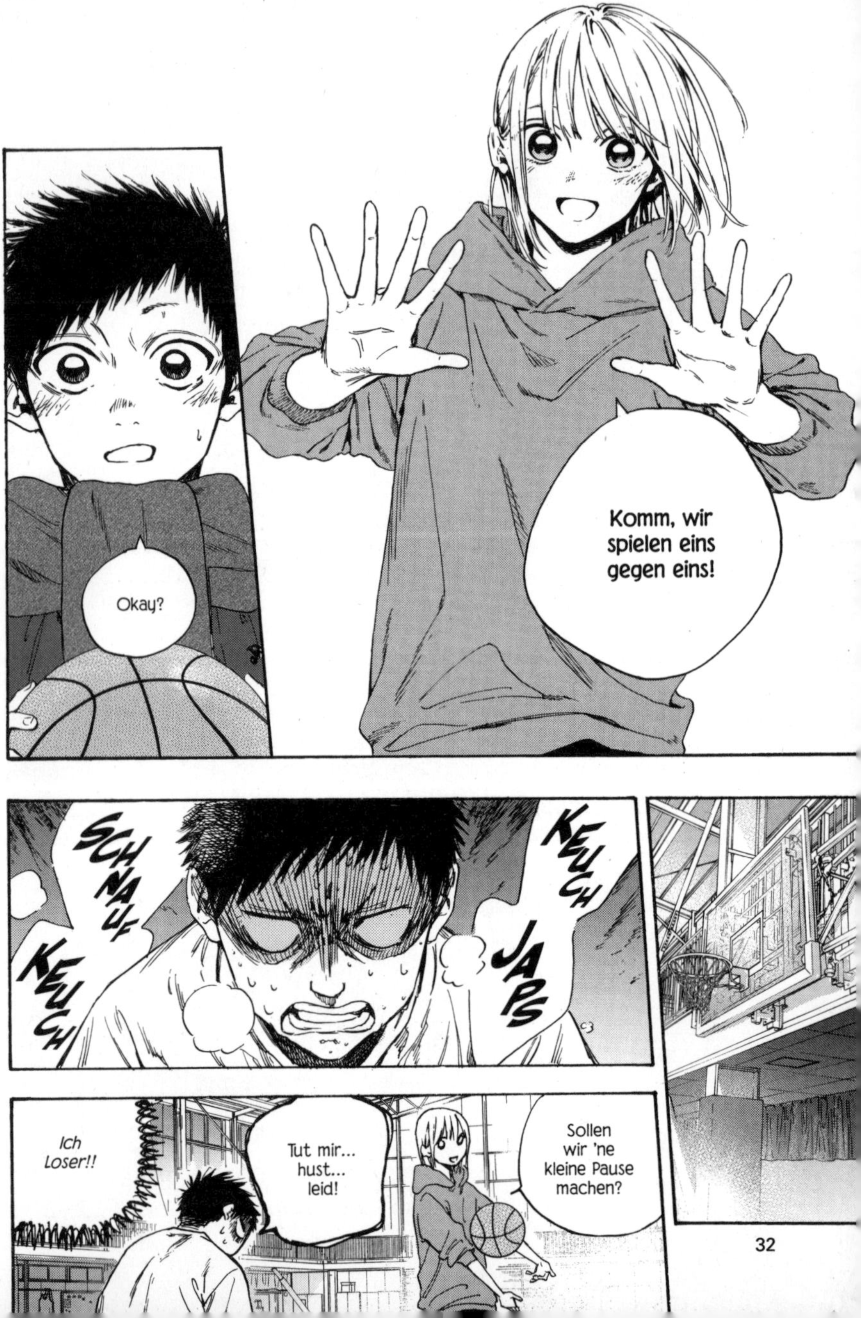
Komm, wir spielen eins gegen eins!
Okay?
KEUCH
JAPS
SCHNAUF
KEUCH
Sollen wir 'ne kleine Pause machen?
Tut mir... hust... leid!
Ich Loser!!

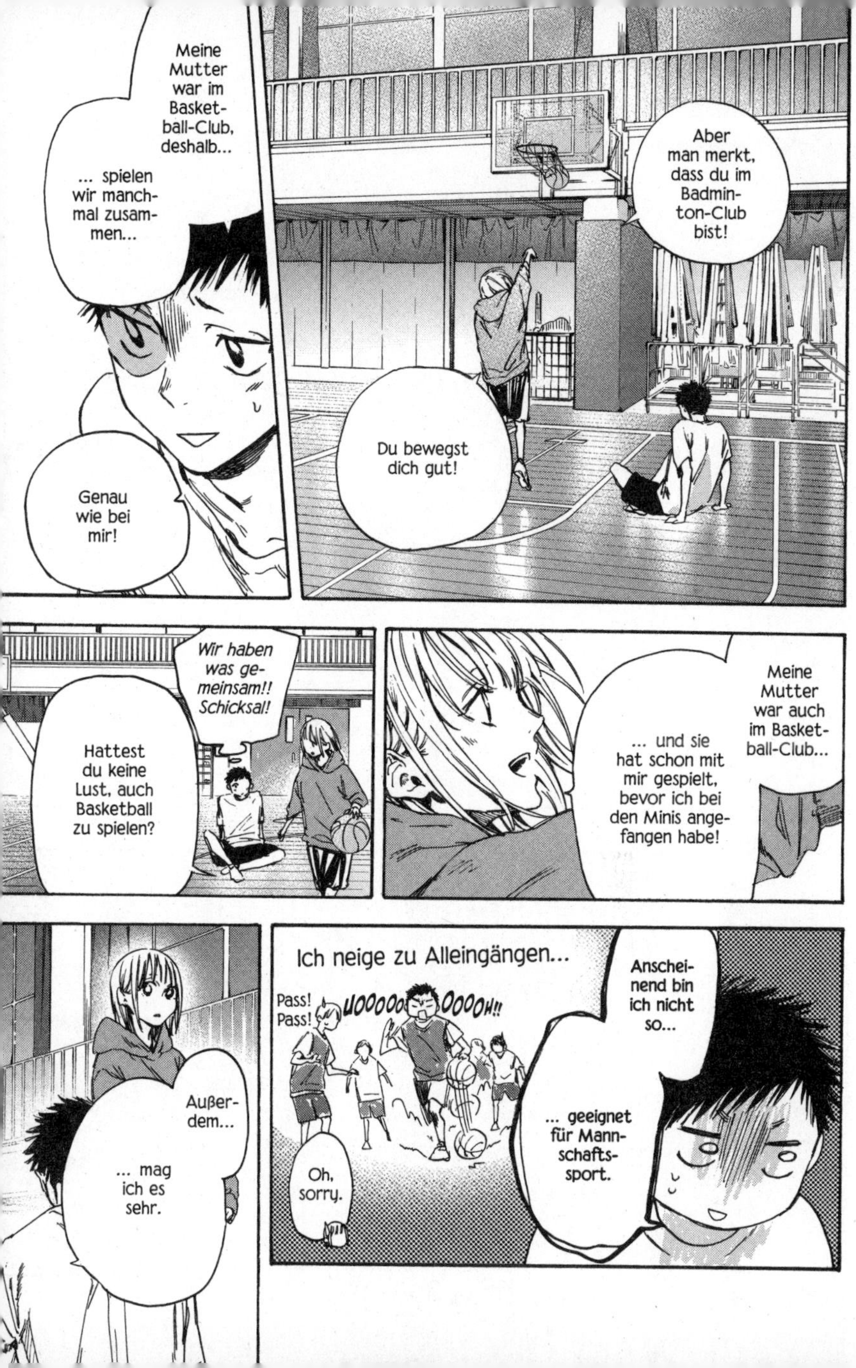
Aber man merkt, dass du im Badminton-Club bist!
Du bewegst dich gut!
Meine Mutter war im Basketball-Club, deshalb...
... spielen wir manchmal zusammen...
Genau wie bei mir!
Meine Mutter war auch im Basketball-Club...
... und sie hat schon mit mir gespielt, bevor ich bei den Minis angefangen habe!
Wir haben was gemeinsam!! Schicksal!
Hattest du keine Lust, auch Basketball zu spielen?
Anscheinend bin ich nicht so...
... geeignet für Mannschaftssport.
Ich neige zu Alleingängen...
UOOOOOOOOOOH!!
Pass! Pass!
Oh, sorry.
Außerdem...
... mag ich es sehr.

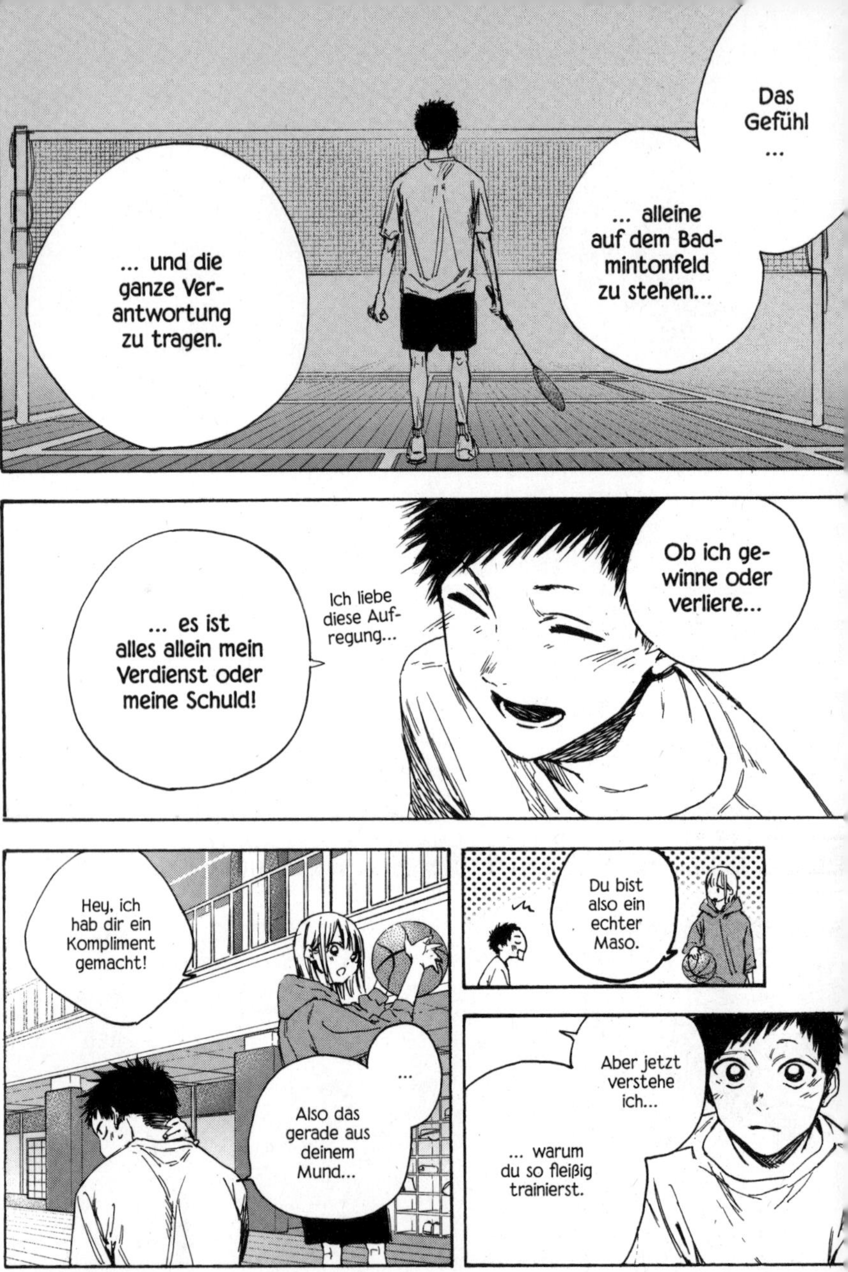

Das Gefühl ...
... alleine auf dem Badmintonfeld zu stehen...
... und die ganze Verantwortung zu tragen.
Ob ich gewinne oder verliere...
Ich liebe diese Aufregung...
... es ist alles allein mein Verdienst oder meine Schuld!
Du bist also ein echter Maso.
Aber jetzt verstehe ich...
... warum du so fleißig trainierst.
Hey, ich hab dir ein Kompliment gemacht!
...
Also das gerade aus deinem Mund...

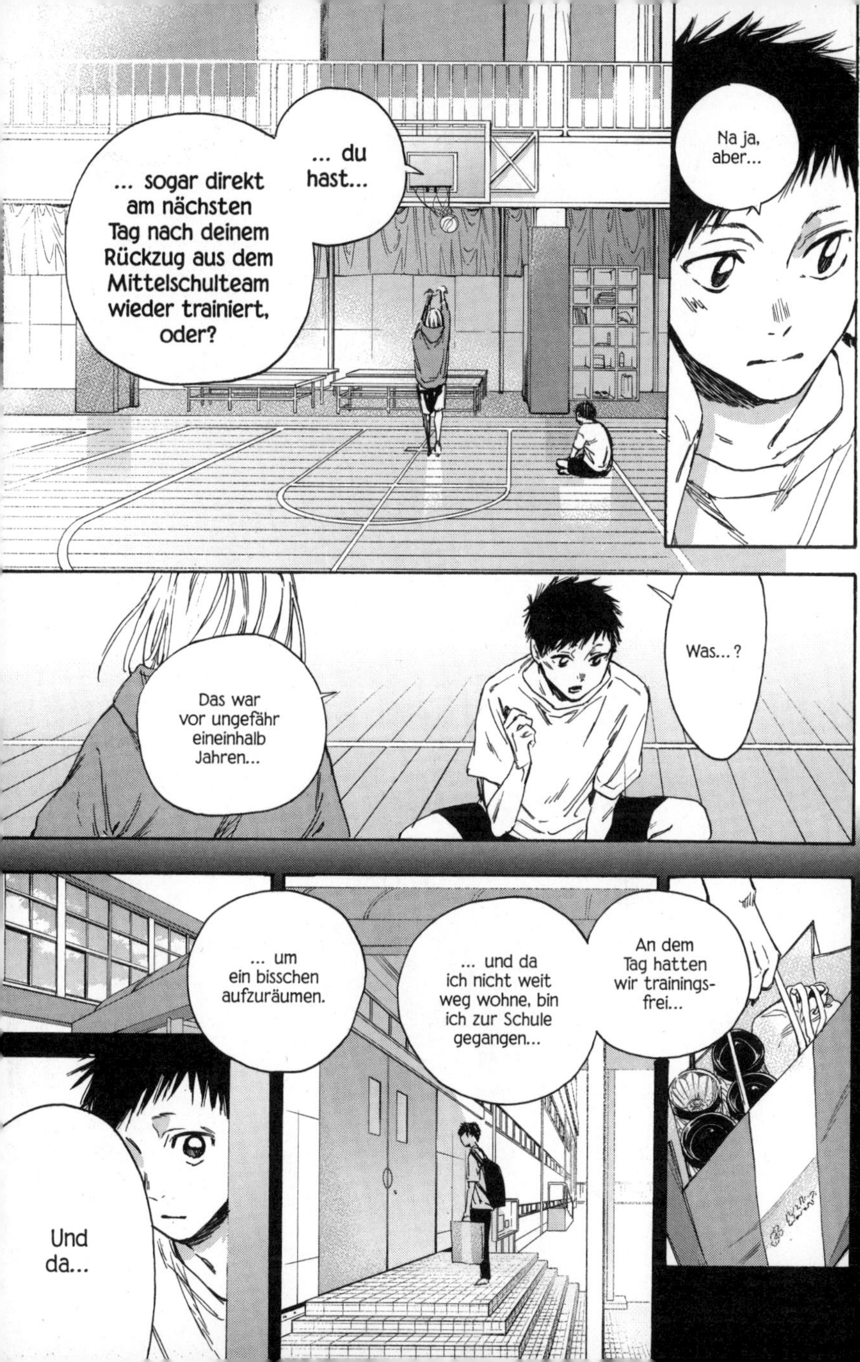
Na ja, aber...
... du hast...
... sogar direkt am nächsten Tag nach deinem Rückzug aus dem Mittelschulteam wieder trainiert, oder?
Was...?
Das war vor ungefähr eineinhalb Jahren...
An dem Tag hatten wir trainingsfrei...
... und da ich nicht weit weg wohne, bin ich zur Schule gegangen...
... um ein bisschen aufzuräumen.
Und da...

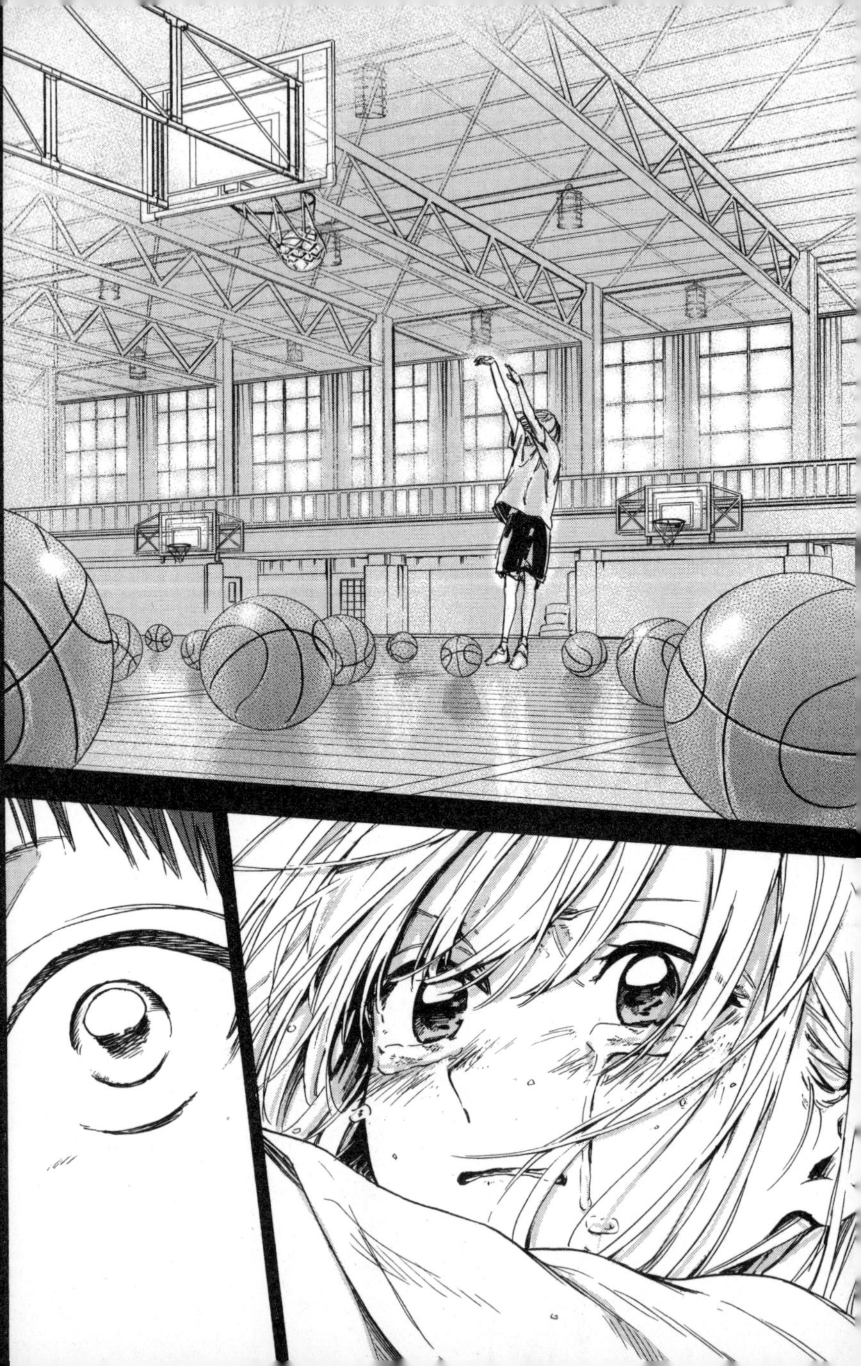

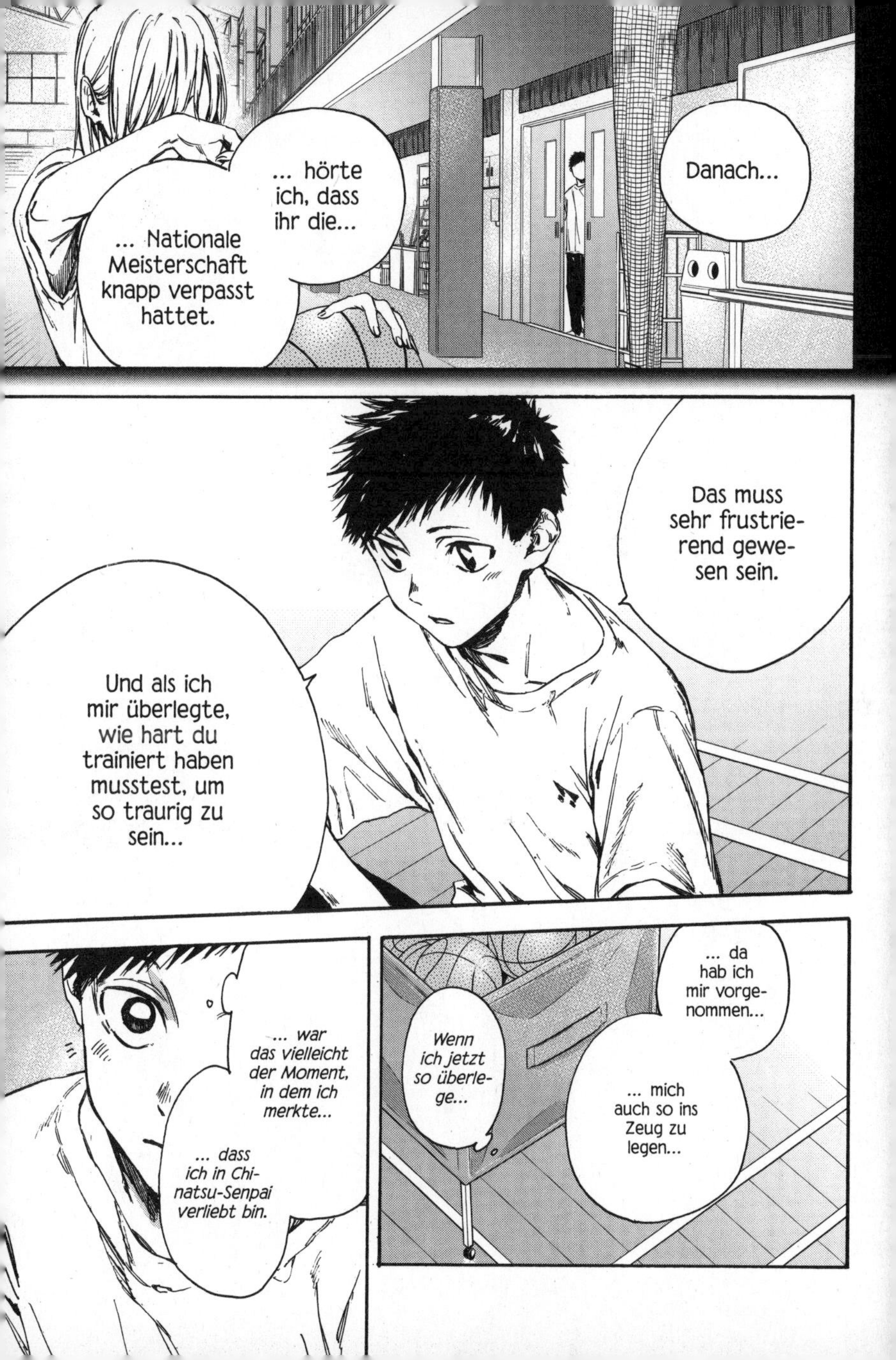
Danach...
... hörte ich, dass ihr die...
... Nationale Meisterschaft knapp verpasst hattet.
Das muss sehr frustrierend gewesen sein.
Und als ich mir überlegte, wie hart du trainiert haben musstest, um so traurig zu sein...
... da hab ich mir vorgenommen...
... mich auch so ins Zeug zu legen...
Wenn ich jetzt so überlege...
... war das vielleicht der Moment, in dem ich merkte...
... dass ich in Chinatsu-Senpai verliebt bin.

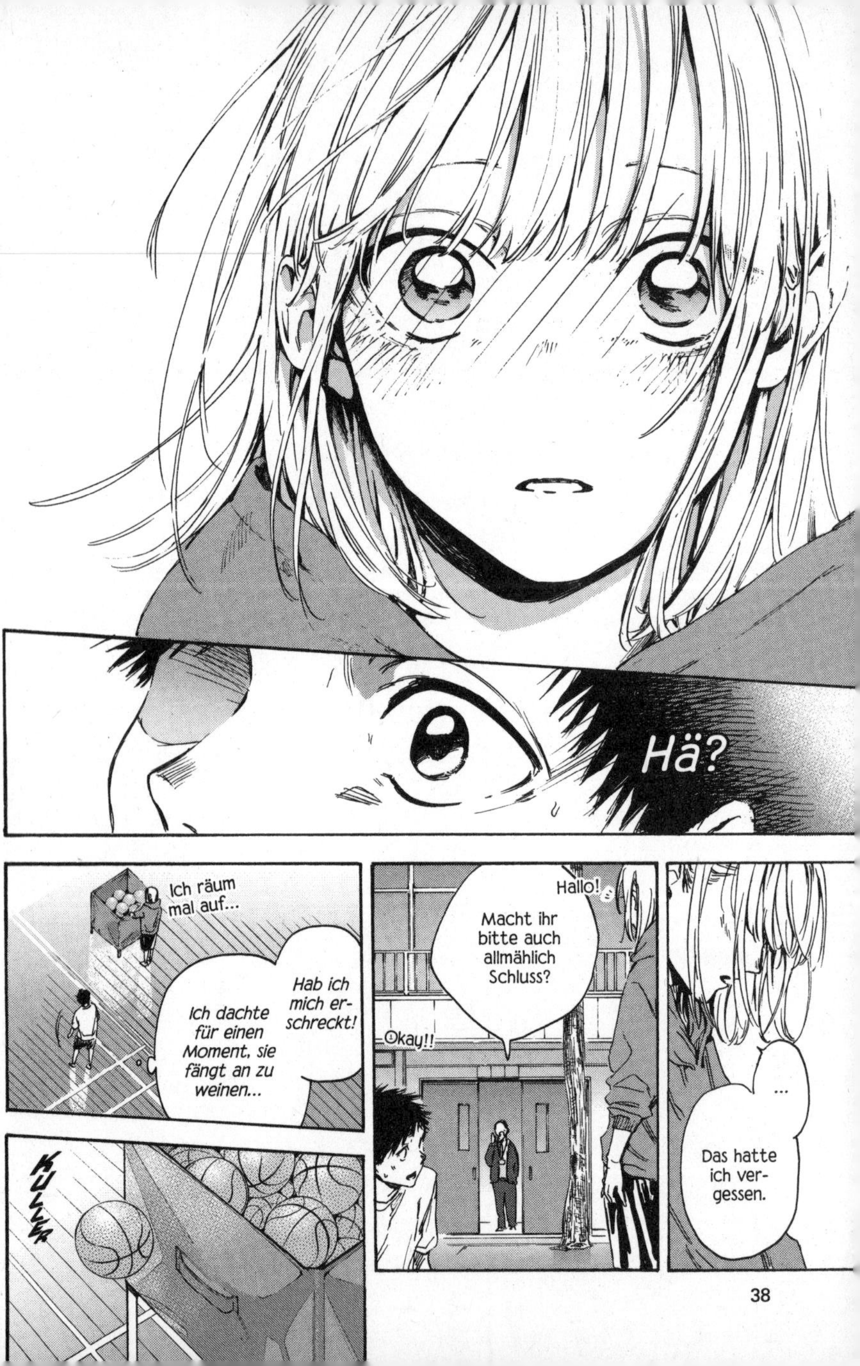
Hä?
...
Das hatte ich vergessen.
Hallo!
Macht ihr bitte auch allmählich Schluss?
Okay!!
Ich räum mal auf...
Hab ich mich erschreckt!
Ich dachte für einen Moment, sie fängt an zu weinen...
KULLER

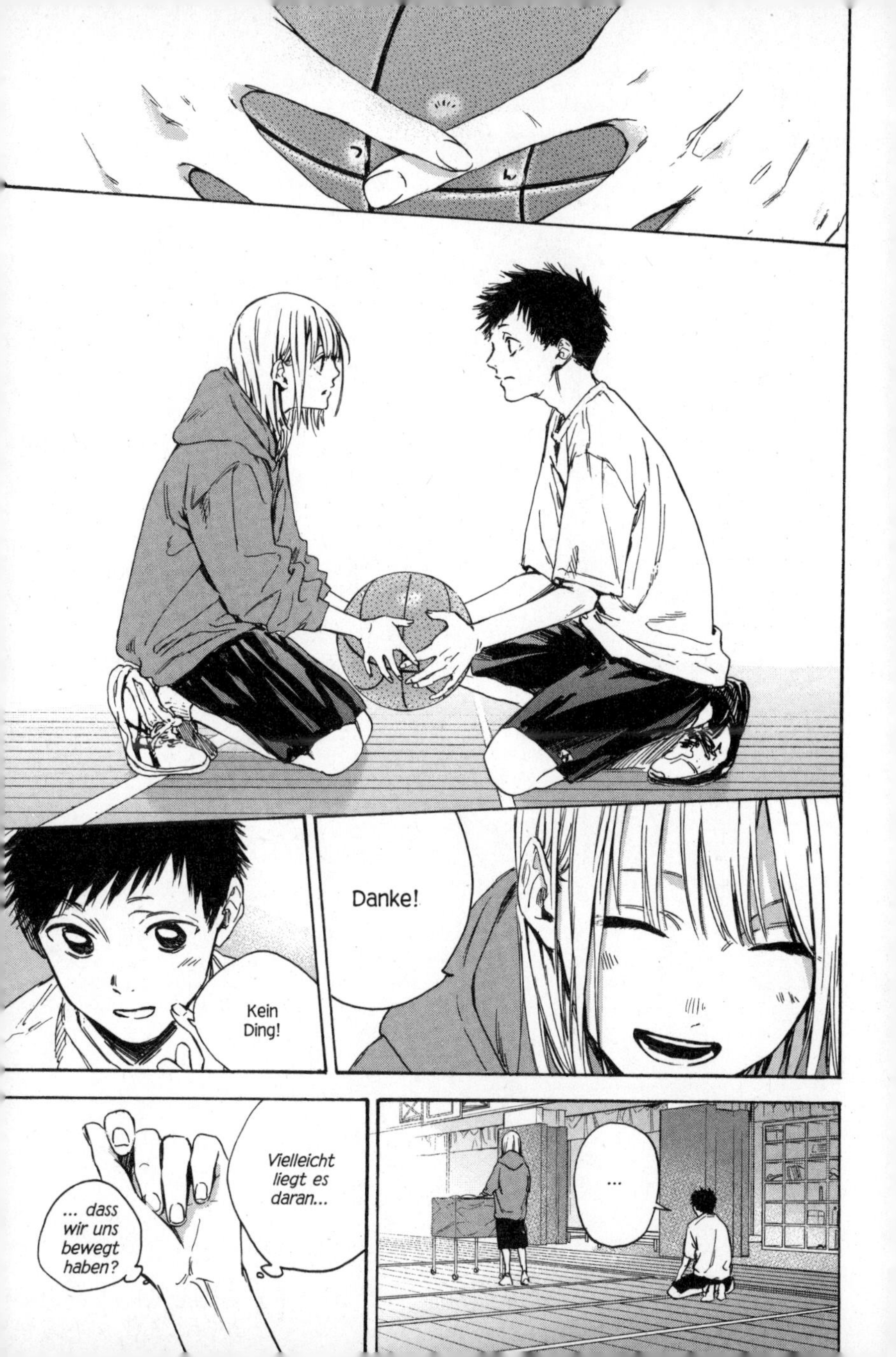

Danke!
Kein Ding!
Vielleicht liegt es daran...
... dass wir uns bewegt haben?
...

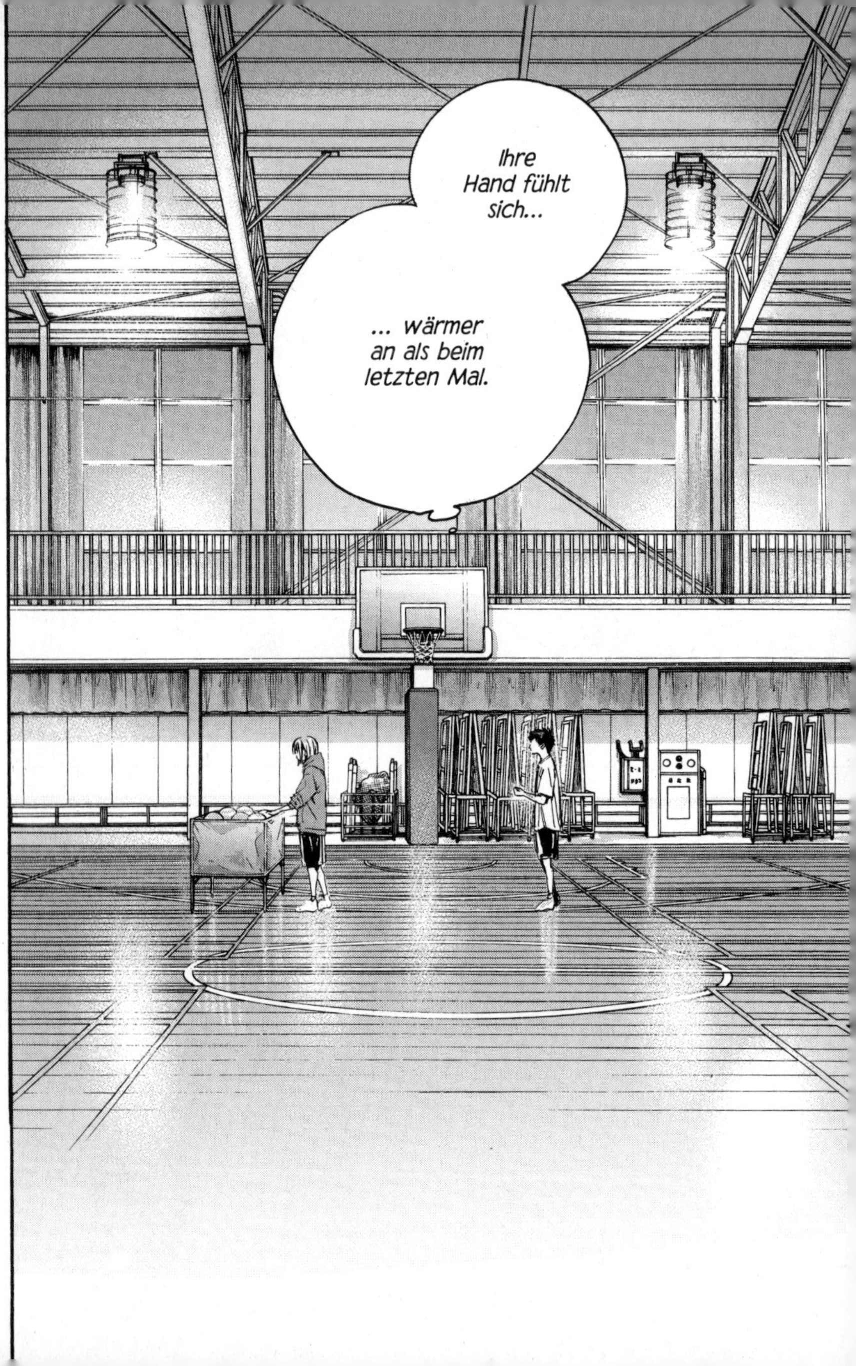
Ihre Hand fühlt sich...
... wärmer an als beim letzten Mal.

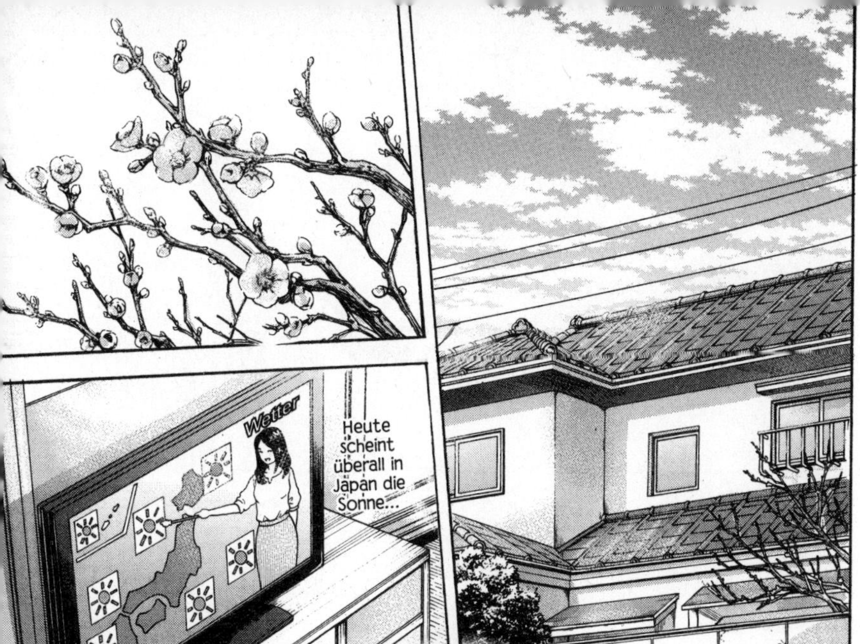
Wetter
Heute scheint überall in Japan die Sonne...
Ich hab verschlafen!
Morgen!

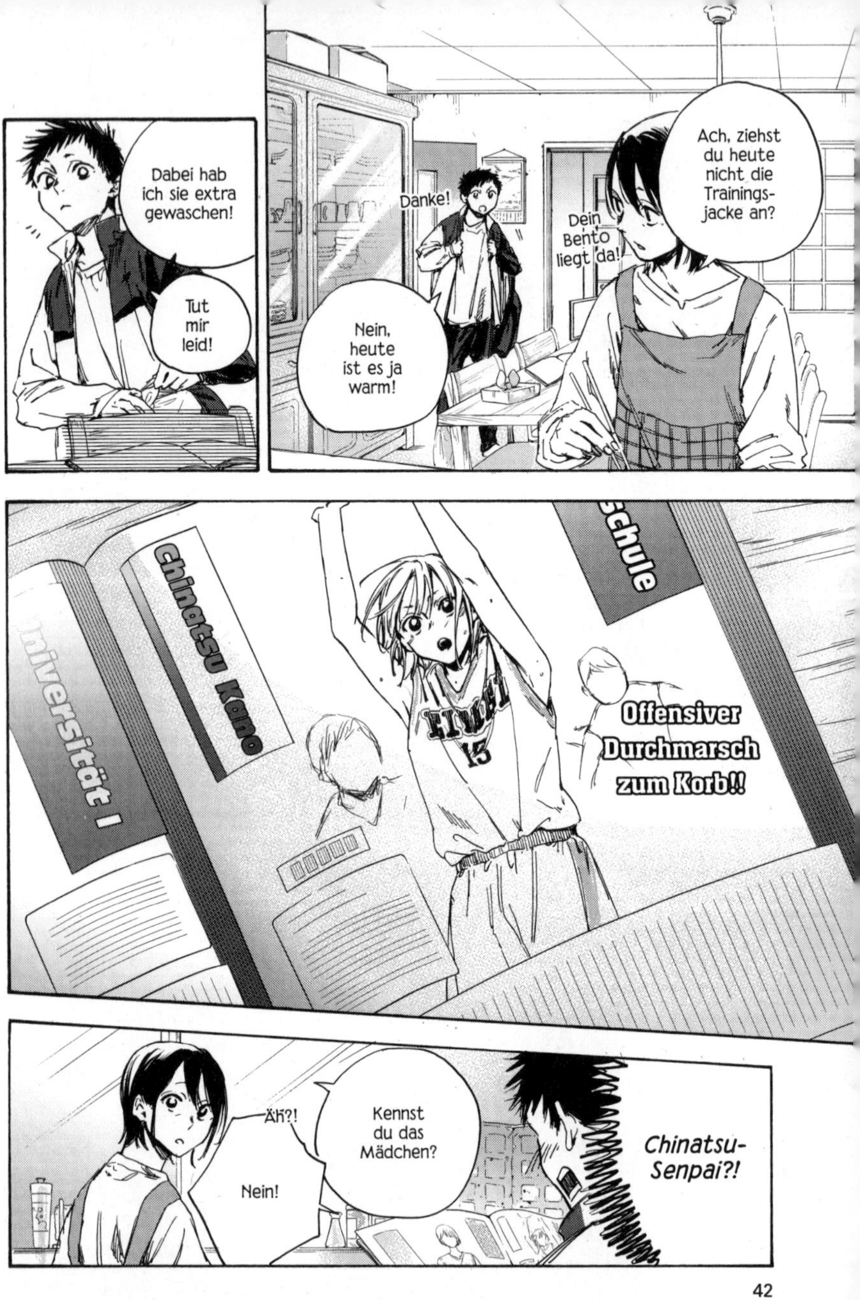
Ach, ziehst du heute nicht die Trainingsjacke an?
Nein, heute ist es ja warm!
Dein Bento liegt da!
Danke!
Dabei hab ich sie extra gewaschen!
Tut mir leid!
schule
Chinatsu Kano
niversität !
Offensiver Durchmarsch zum Korb!!
Chinatsu-Senpai?!
Kennst du das Mädchen?
Äh?!
Nein!

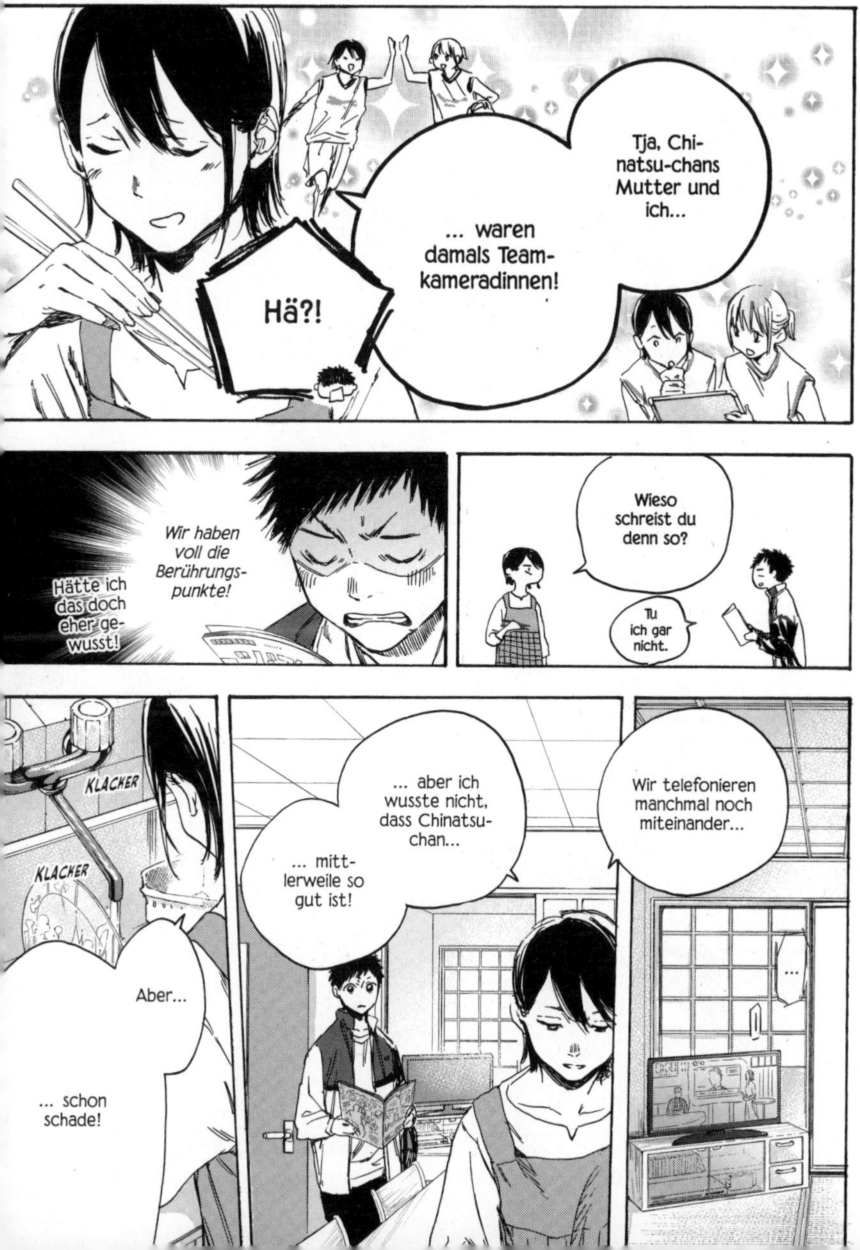
Tja, Chinatsu-chans Mutter und ich...
... waren damals Teamkameradinnen!
Hä?!
Wieso schreist du denn so?
Tu ich gar nicht.
Wir haben voll die Berührungspunkte!
Hätte ich das doch eher gewusst!
Wir telefonieren manchmal noch miteinander...
...
... aber ich wusste nicht, dass Chinatsu-chan...
... mittlerweile so gut ist!
KLACKER
KLACKER
Aber...
... schon schade!

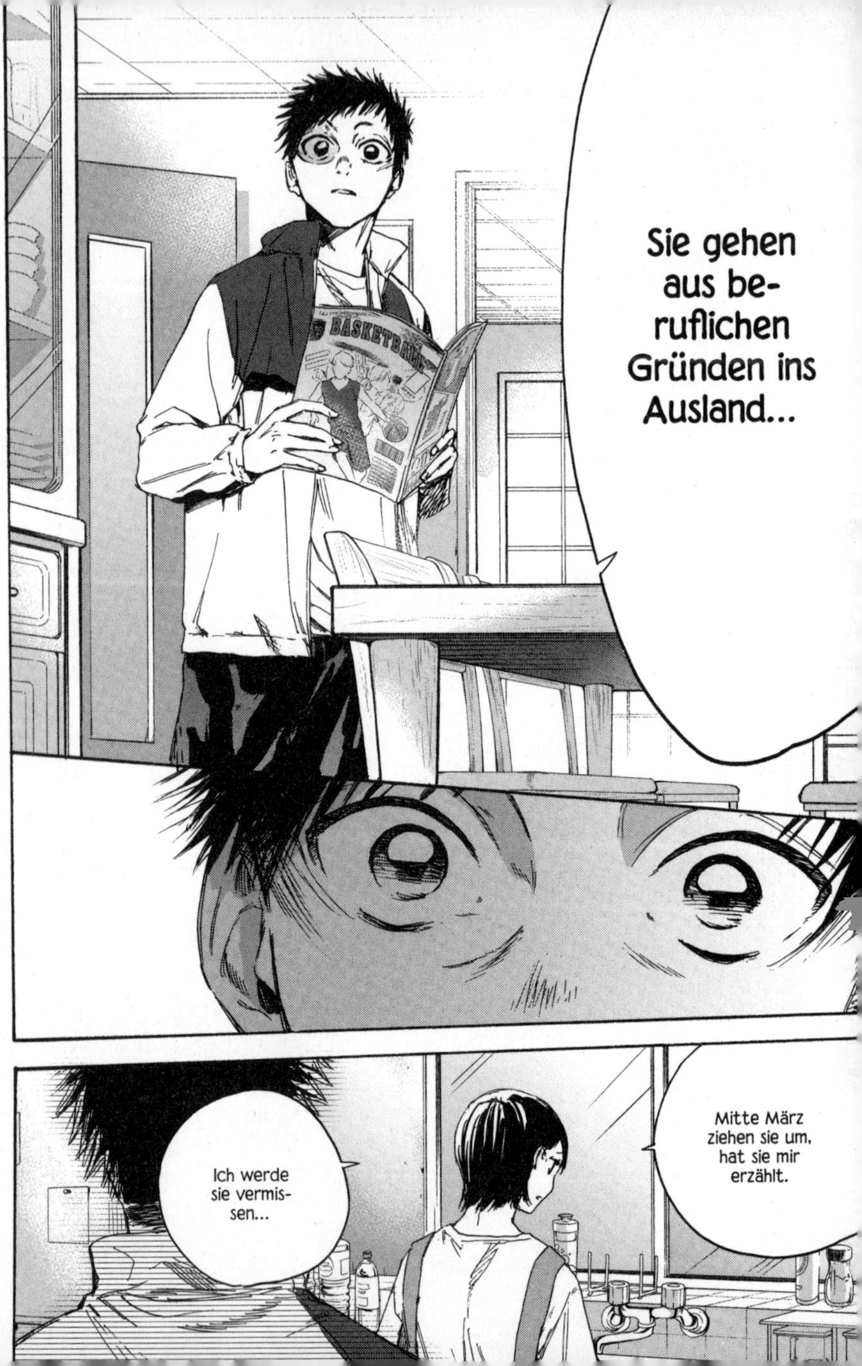
Sie gehen aus be- ruflichen Gründen ins Ausland...
Mitte März ziehen sie um, hat sie mir erzählt.
Ich werde sie vermis- sen...

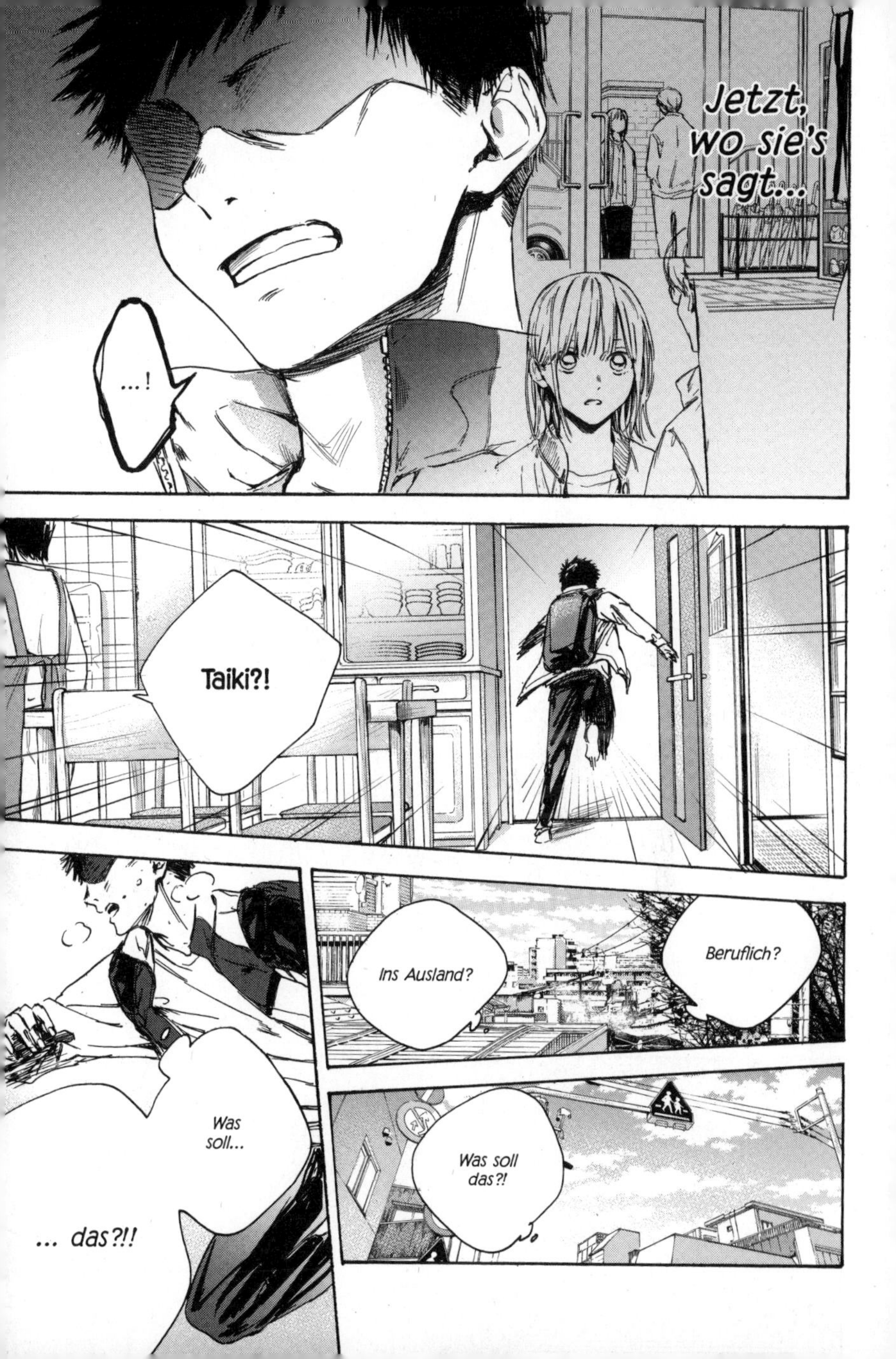
Jetzt, wo sie's sagt...
...!
Taiki?!
Beruflich?
Ins Ausland?
Was soll das?!
Was soll...
... das?!!

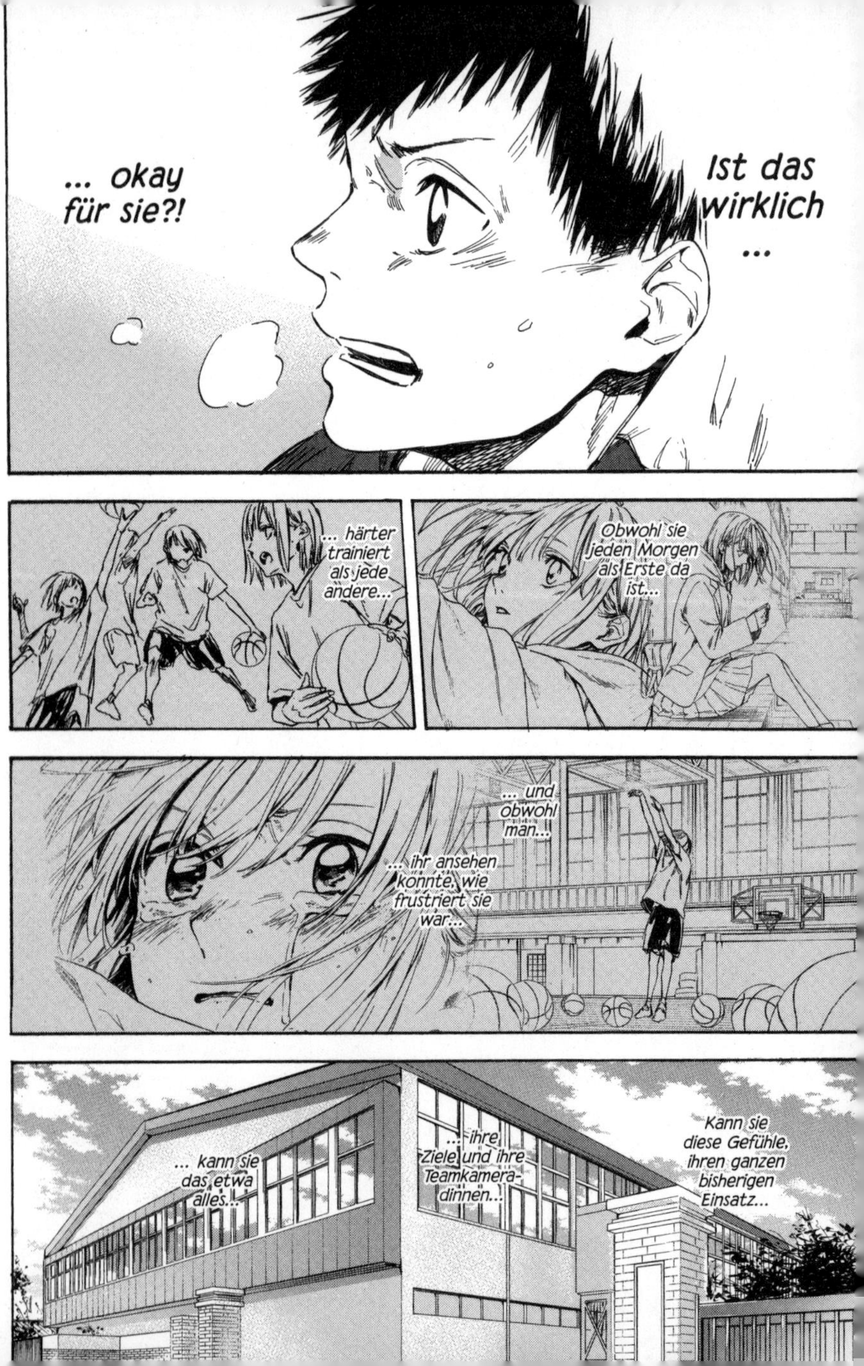
Ist das wirklich ...
... okay für sie?!
Obwohl sie jeden Morgen als Erste da ist...
... härter trainiert als jede andere...
... und obwohl man...
... ihr ansehen konnte, wie frustriert sie war...
Kann sie diese Gefühle, ihren ganzen bisherigen Einsatz...
... ihre Ziele und ihre Teamkamera-dinnen...
... kann sie das etwa alles...

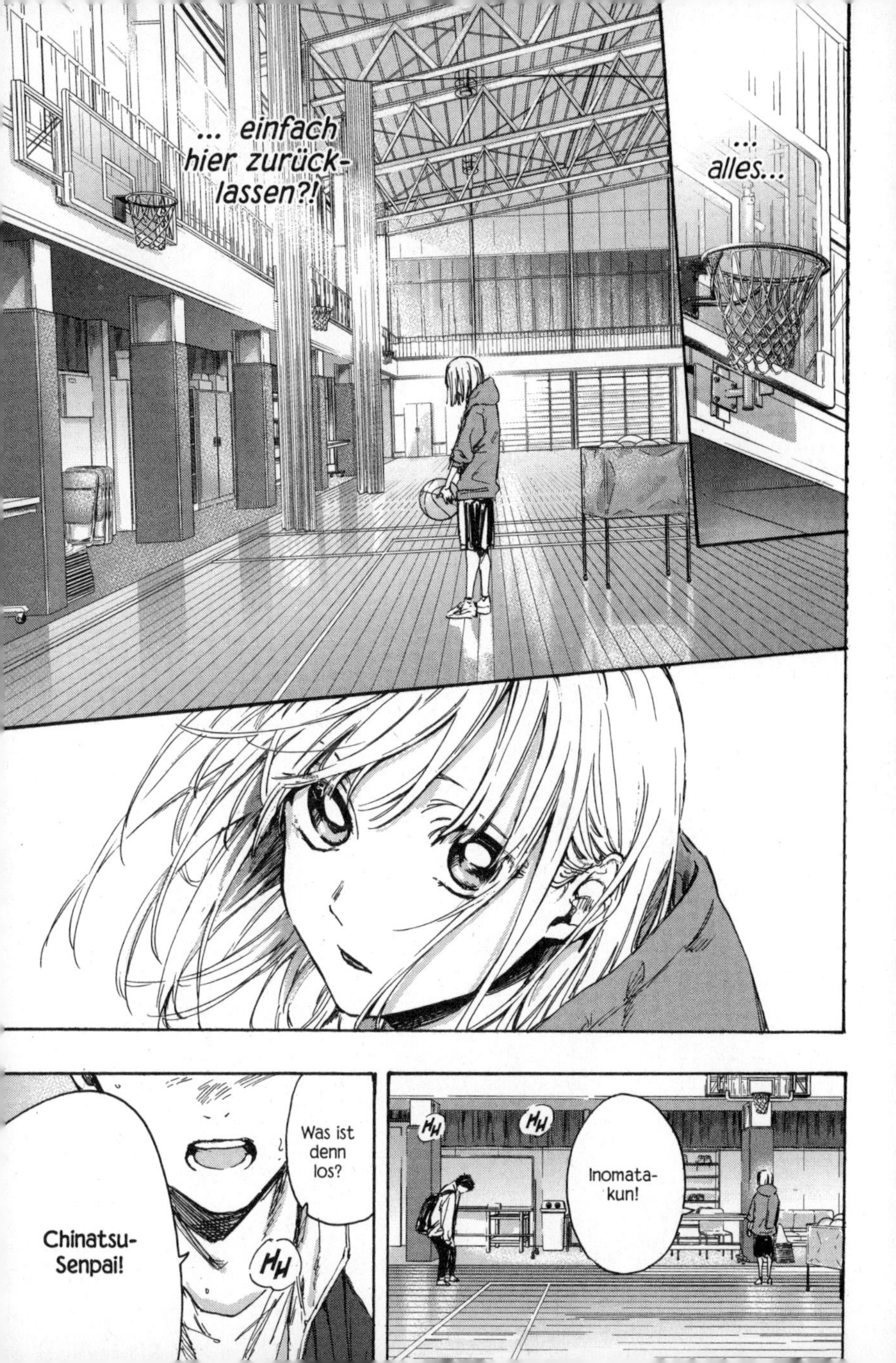
... alles...
... einfach hier zurücklassen?!
Inomata-kun!
Was ist denn los?
Chinatsu-Senpai!

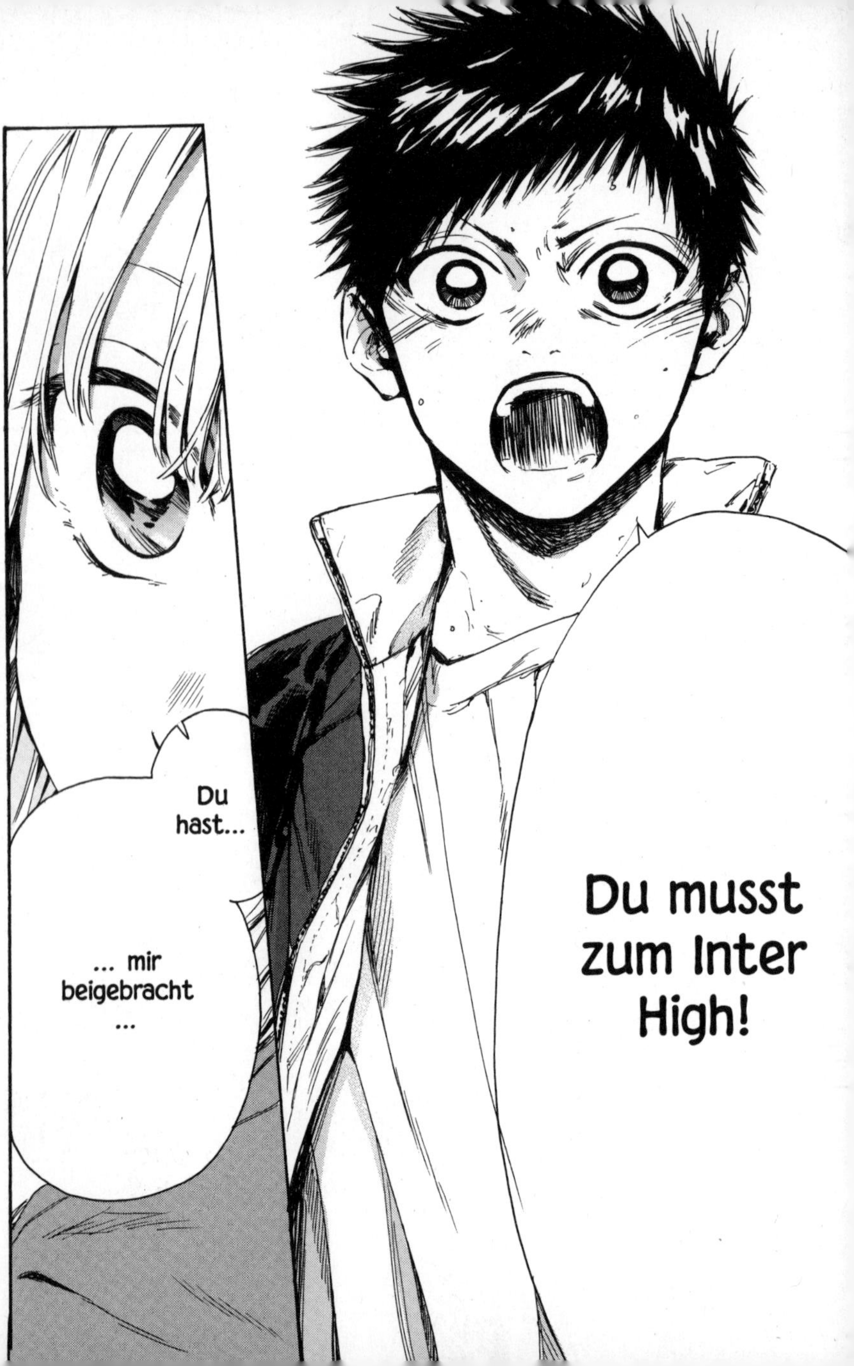
Du musst zum Inter High!
Du hast...
... mir beigebracht ...

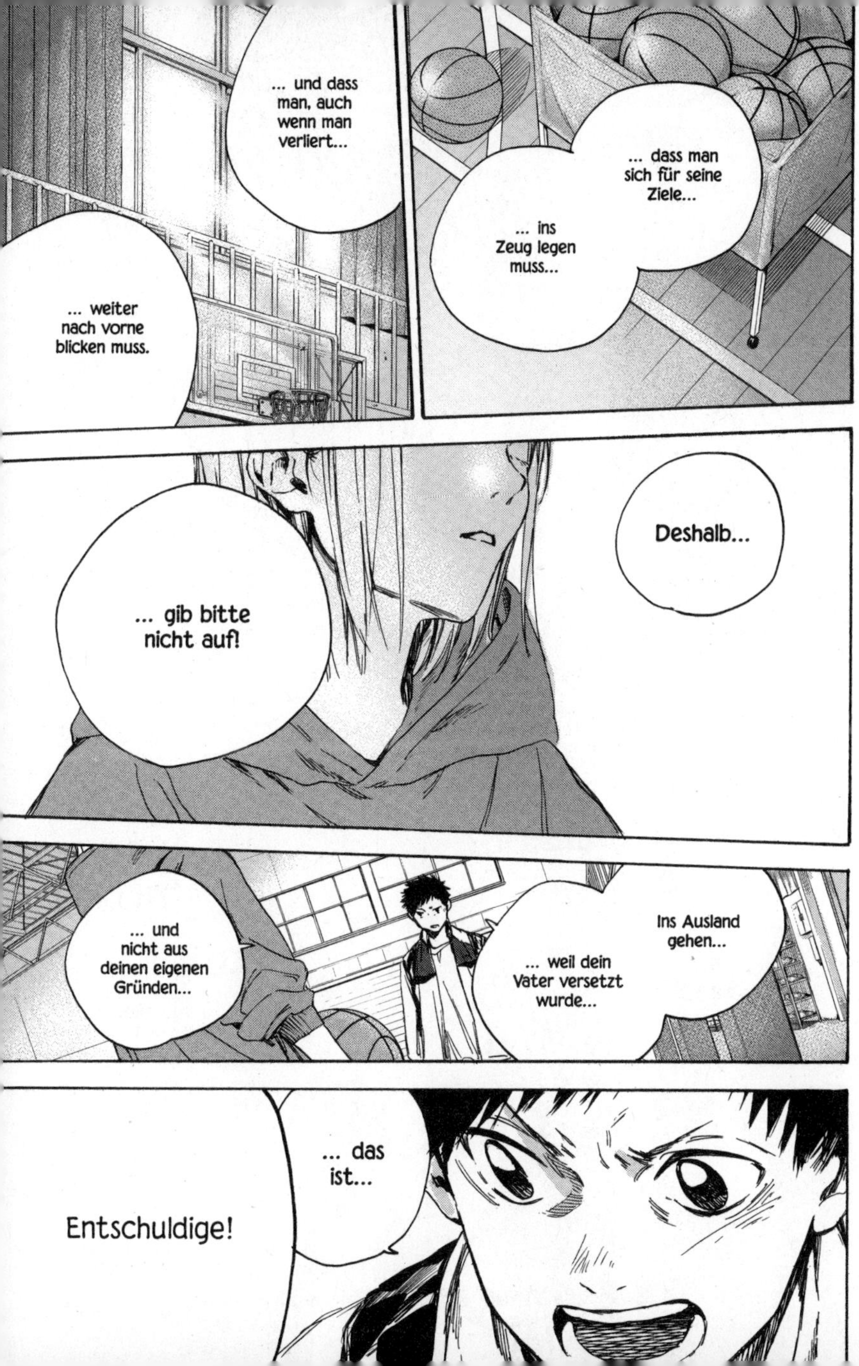
... dass man sich für seine Ziele...
... ins Zeug legen muss...
... und dass man, auch wenn man verliert...
... weiter nach vorne blicken muss.
Deshalb...
... gib bitte nicht auf!
Ins Ausland gehen...
... weil dein Vater versetzt wurde...
... und nicht aus deinen eigenen Gründen...
... das ist...
Entschuldige!

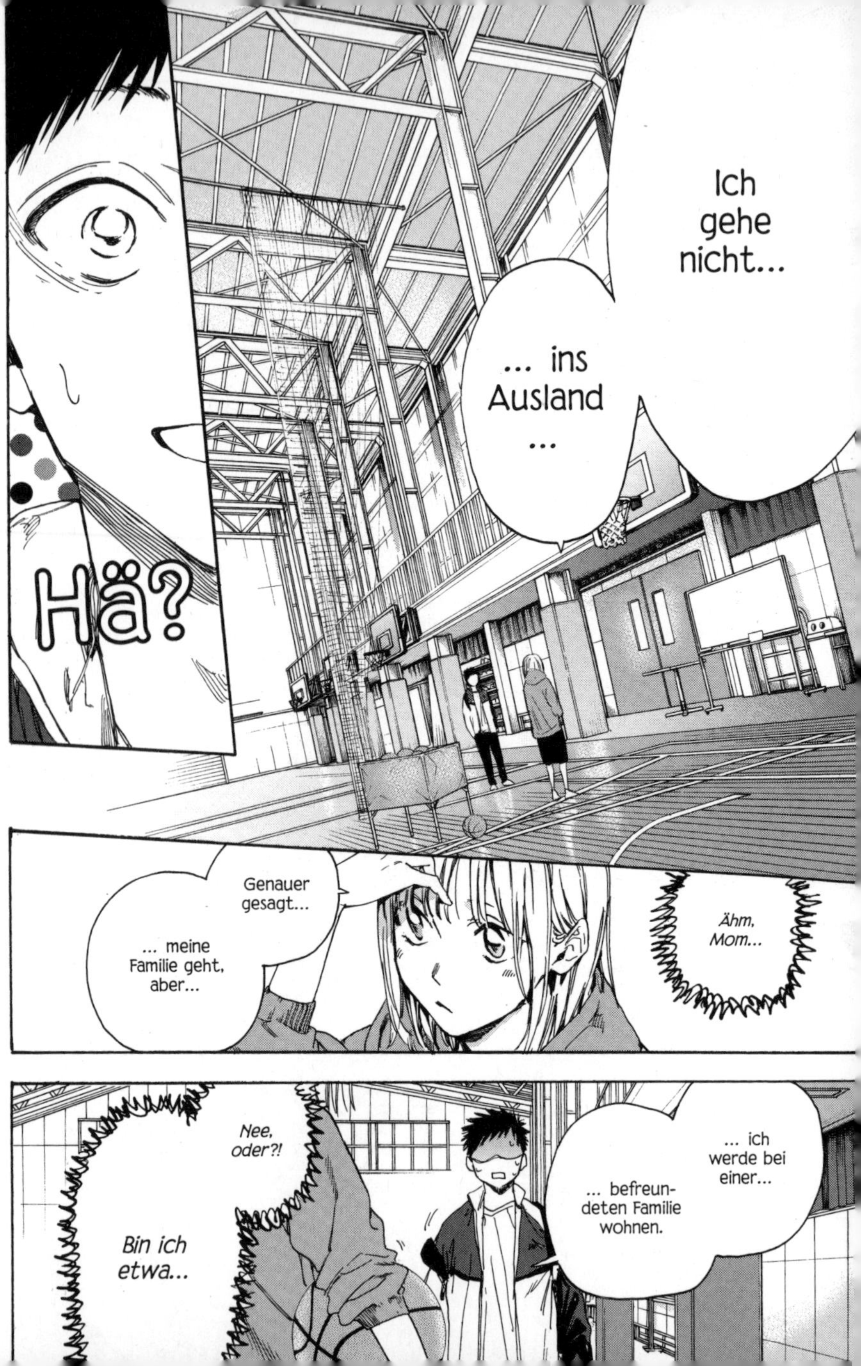
Ich gehe nicht...
... ins Ausland ...
Hä?
Ähm, Mom...
Genauer gesagt...
... meine Familie geht, aber...
... ich werde bei einer...
... befreundeten Familie wohnen.
Nee, oder?!
Bin ich etwa...

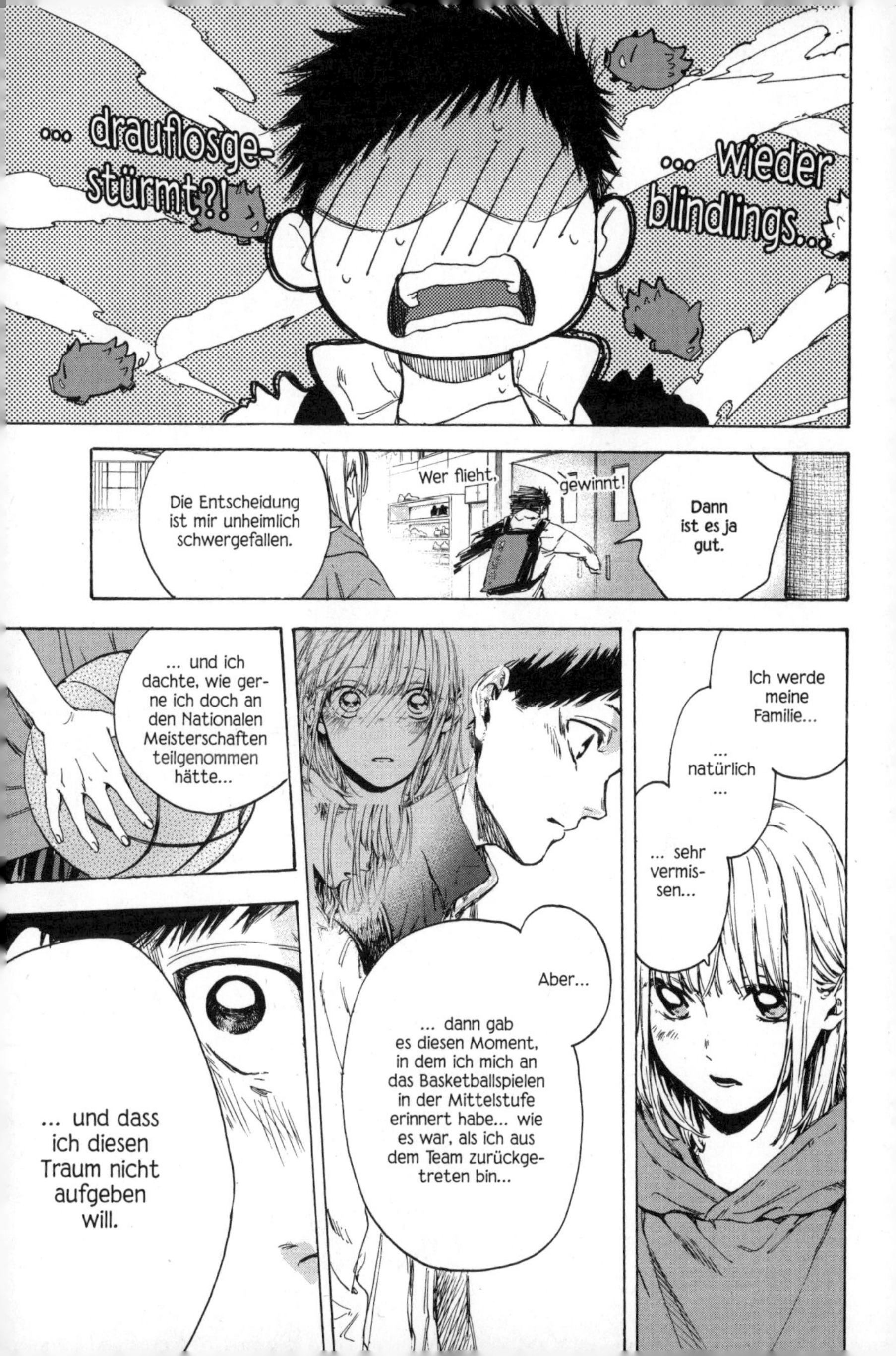
... wieder blindlings...
... drauflosgestürmt?!
Dann ist es ja gut.
Wer flieht, gewinnt!
Die Entscheidung ist mir unheimlich schwergefallen.
Ich werde meine Familie...
... natürlich ...
... sehr vermissen...
Aber...
... dann gab es diesen Moment, in dem ich mich an das Basketballspielen in der Mittelstufe erinnert habe... wie es war, als ich aus dem Team zurückgetreten bin...
... und ich dachte, wie gerne ich doch an den Nationalen Meisterschaften teilgenommen hätte...
... und dass ich diesen Traum nicht aufgeben will.

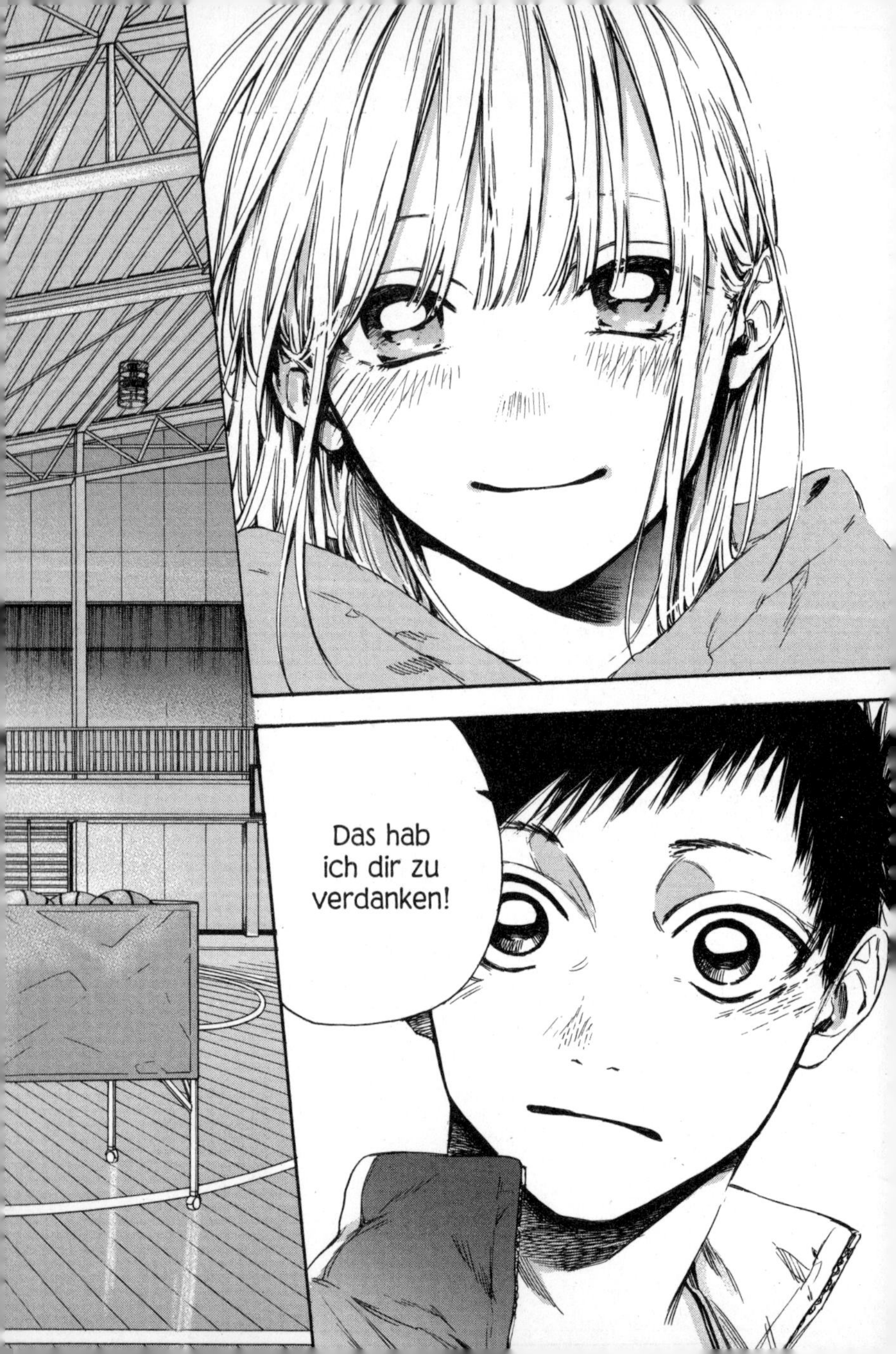
Das hab ich dir zu verdanken!

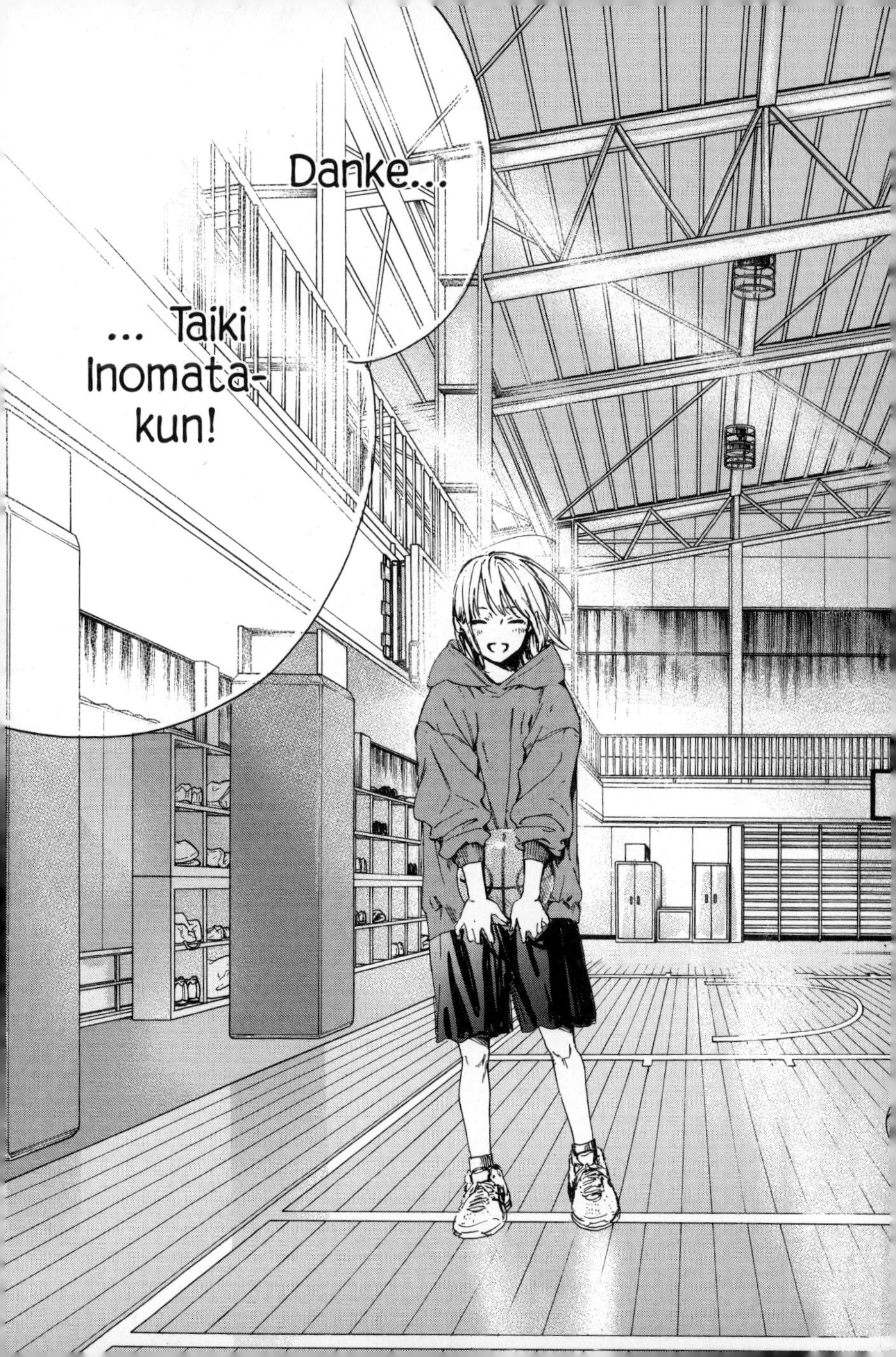
Danke...
... Taiki Inomata-kun!

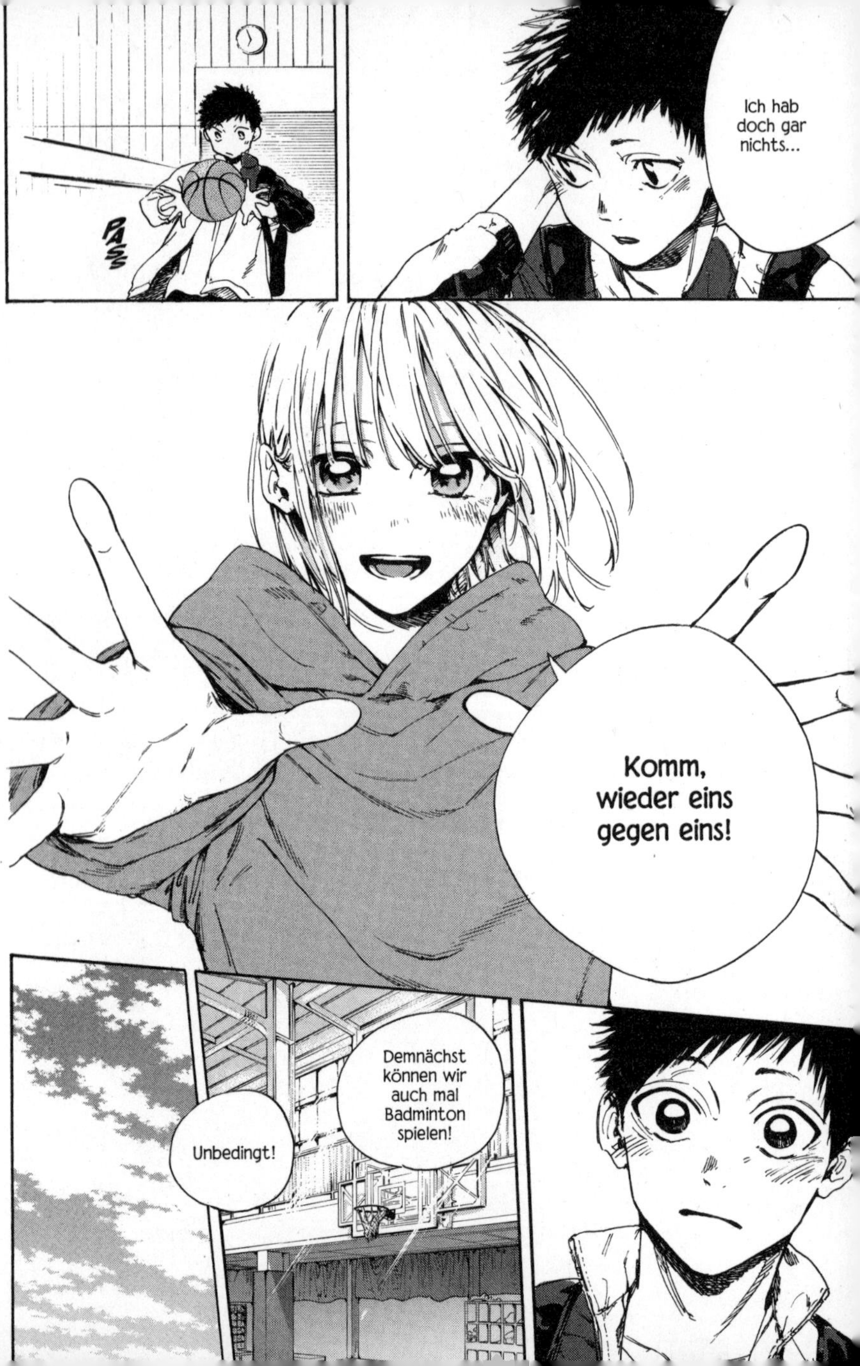
Ich hab doch gar nichts...
PASS
Komm, wieder eins gegen eins!
Demnächst können wir auch mal Badminton spielen!
Unbedingt!

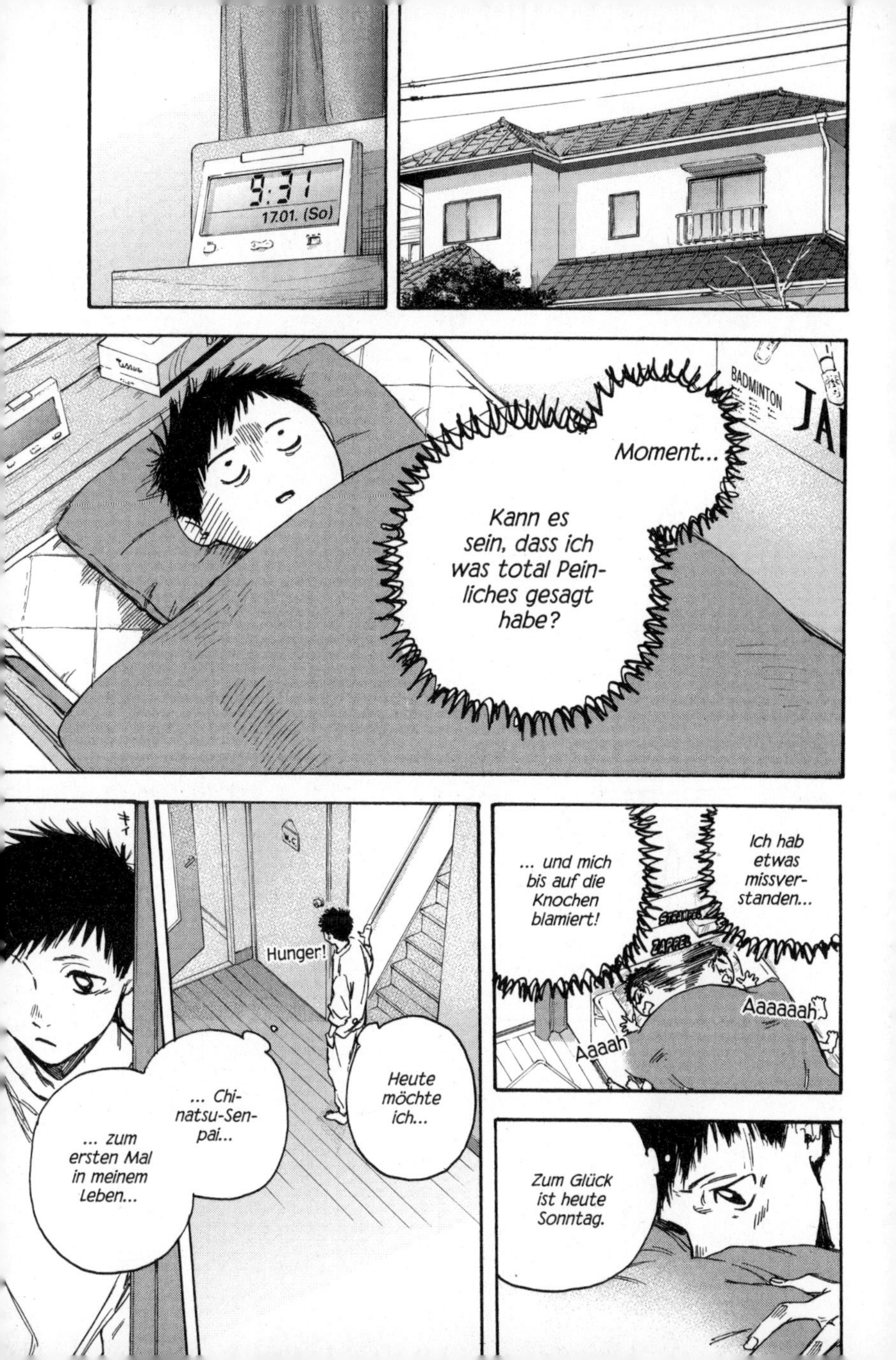
9:31
17.01. (So)
BADMINTON
Moment...
Kann es sein, dass ich was total Peinliches gesagt habe?
Ich hab etwas missverstanden...
... und mich bis auf die Knochen blamiert!
Aaaaaah
Aaaah
Zum Glück ist heute Sonntag.
Hunger!
Heute möchte ich...
... Chinatsu-Senpai...
... zum ersten Mal in meinem Leben...

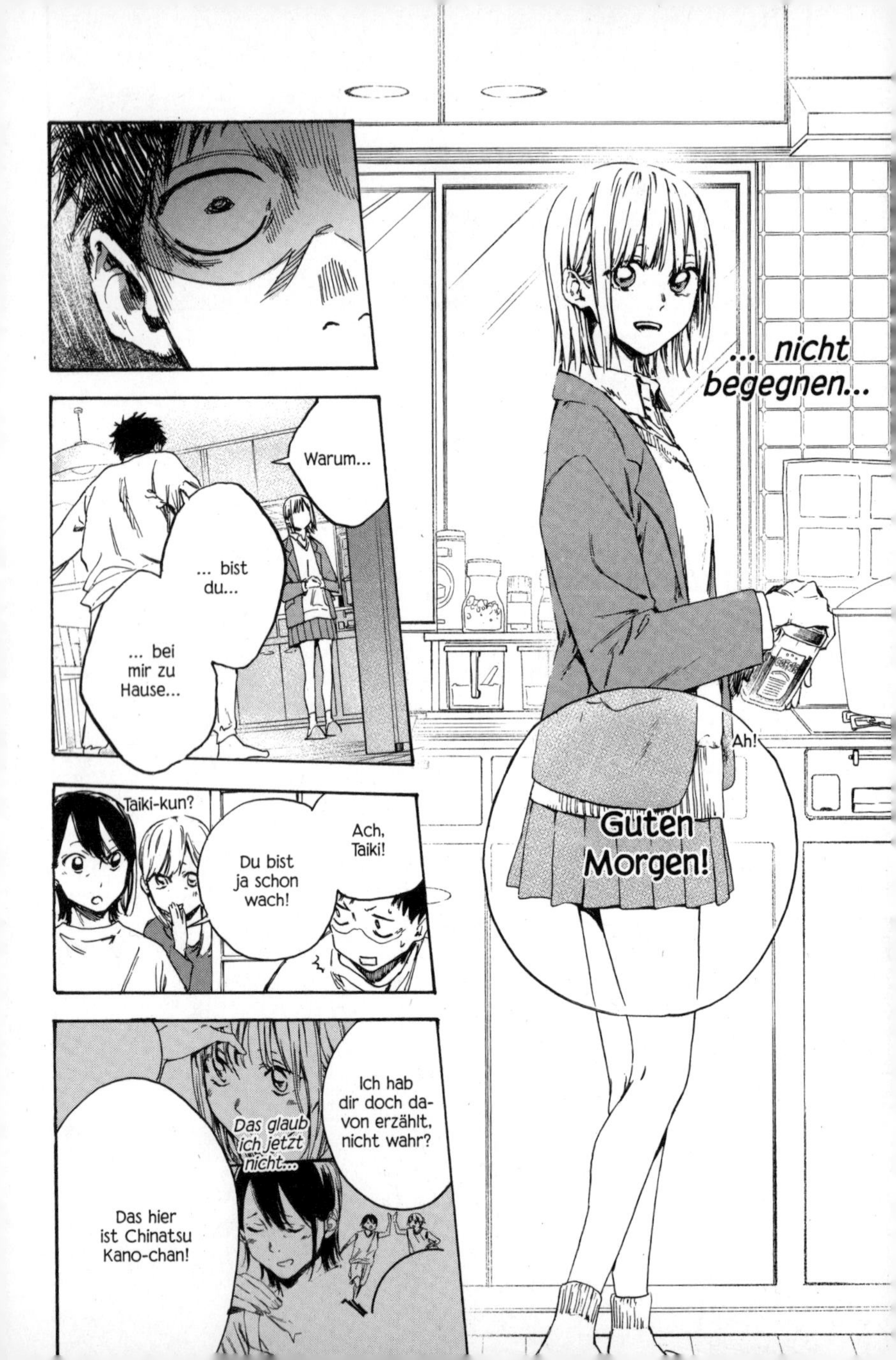
... nicht begegnen...
Ah!
Guten Morgen!
Warum...
... bist du...
... bei mir zu Hause...
Ach, Taiki!
Du bist ja schon wach!
Taiki-kun?
Ich hab dir doch davon erzählt, nicht wahr?
Das glaub ich jetzt nicht...
Das hier ist Chinatsu Kano-chan!

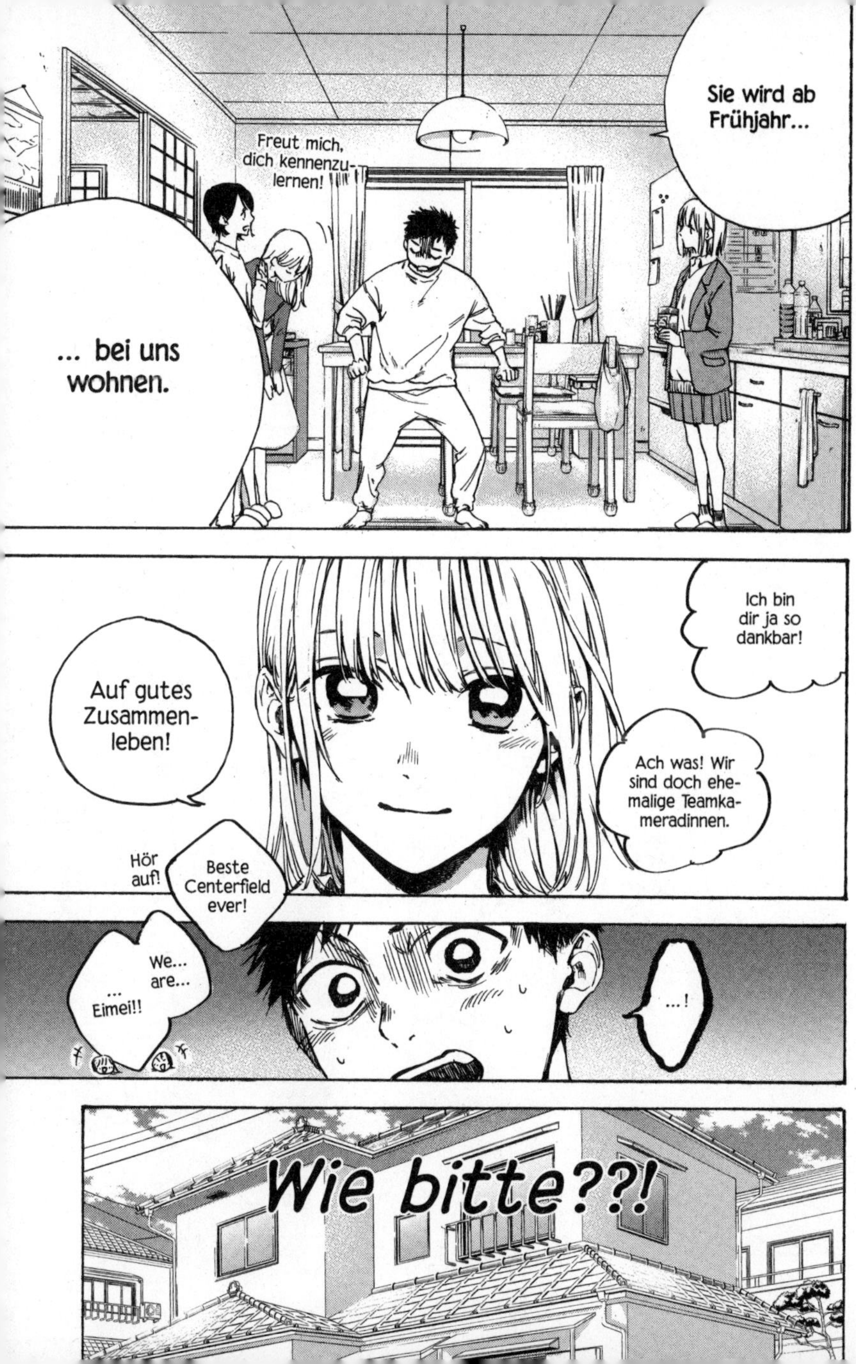
Sie wird ab Frühjahr...
Freut mich, dich kennenzulernen!
... bei uns wohnen.
Ich bin dir ja so dankbar!
Ach was! Wir sind doch ehemalige Teamkameradinnen.
Auf gutes Zusammenleben!
Beste Centerfield ever!
Hör auf!
...!
We... are... ... Eimei!!
Wie bitte??!

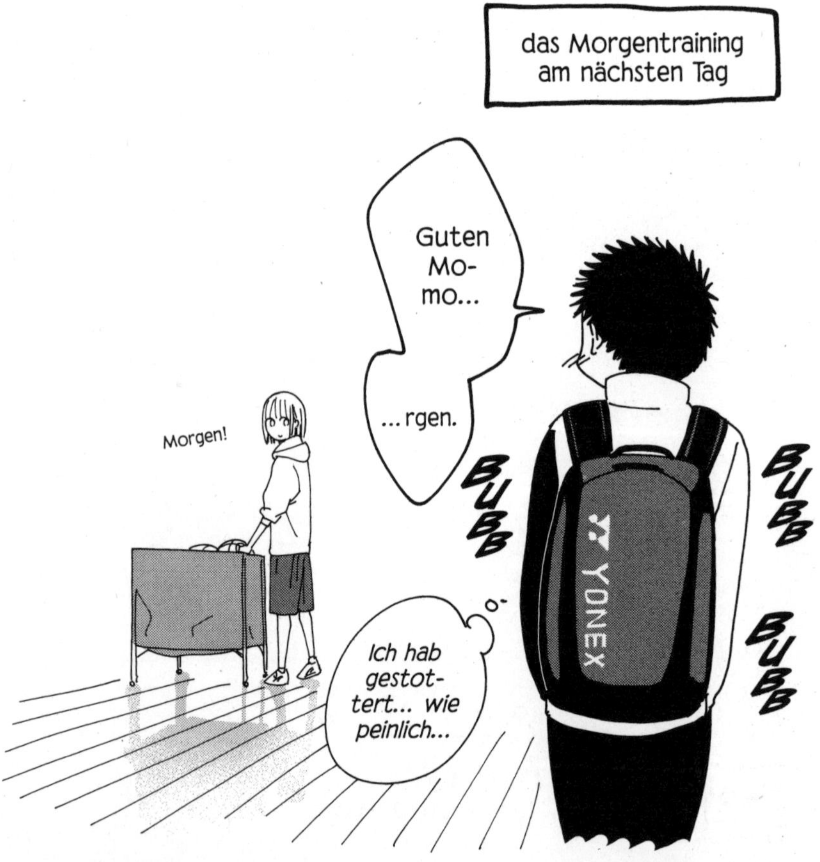
das Morgentraining am nächsten Tag
Guten Mo- mo...
...rgen.
Morgen!
BUBB
BUBB
BUBB
YONEX
Ich hab gestot- tert... wie peinlich...

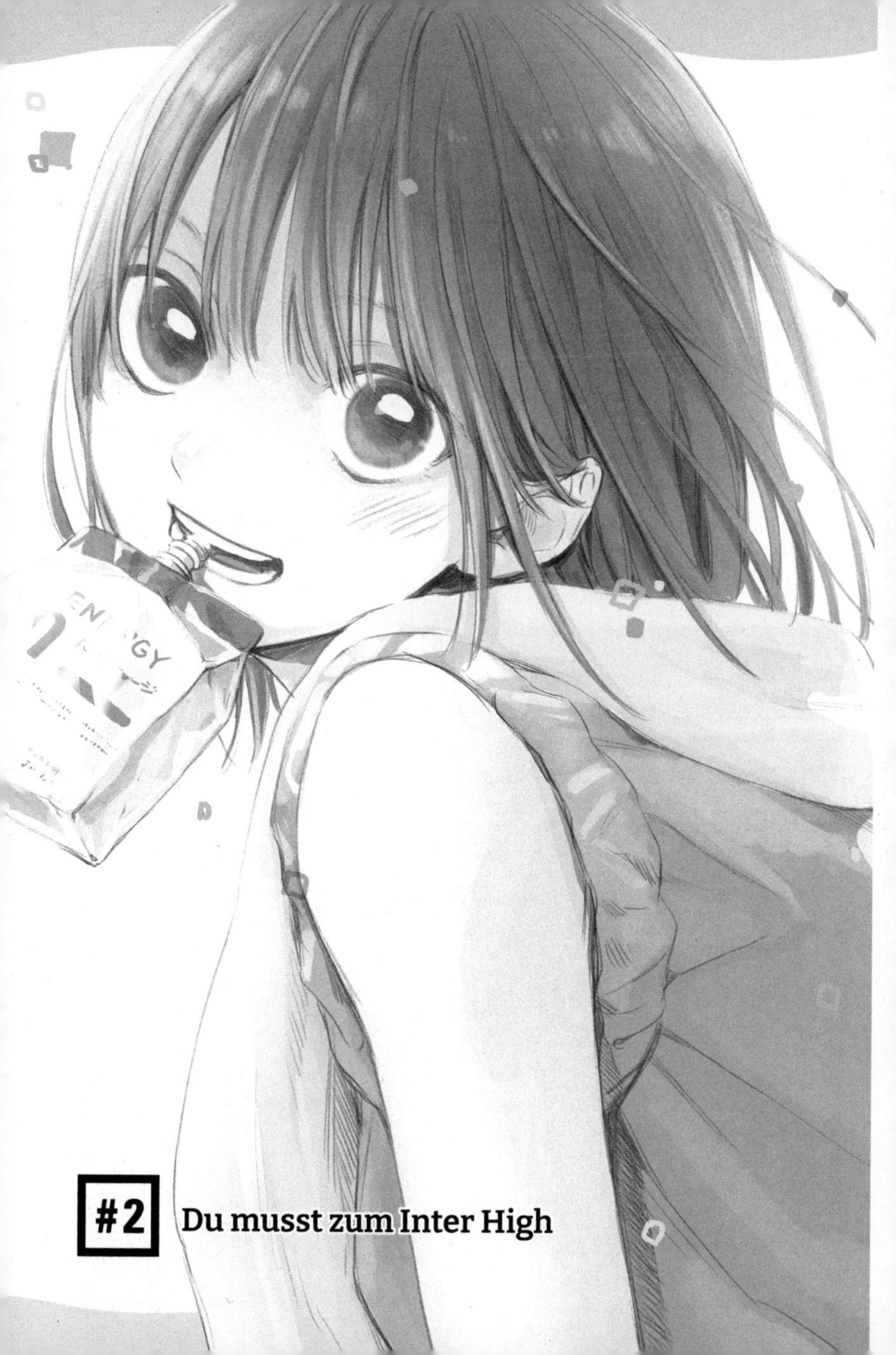

#2 Du musst zum Inter High

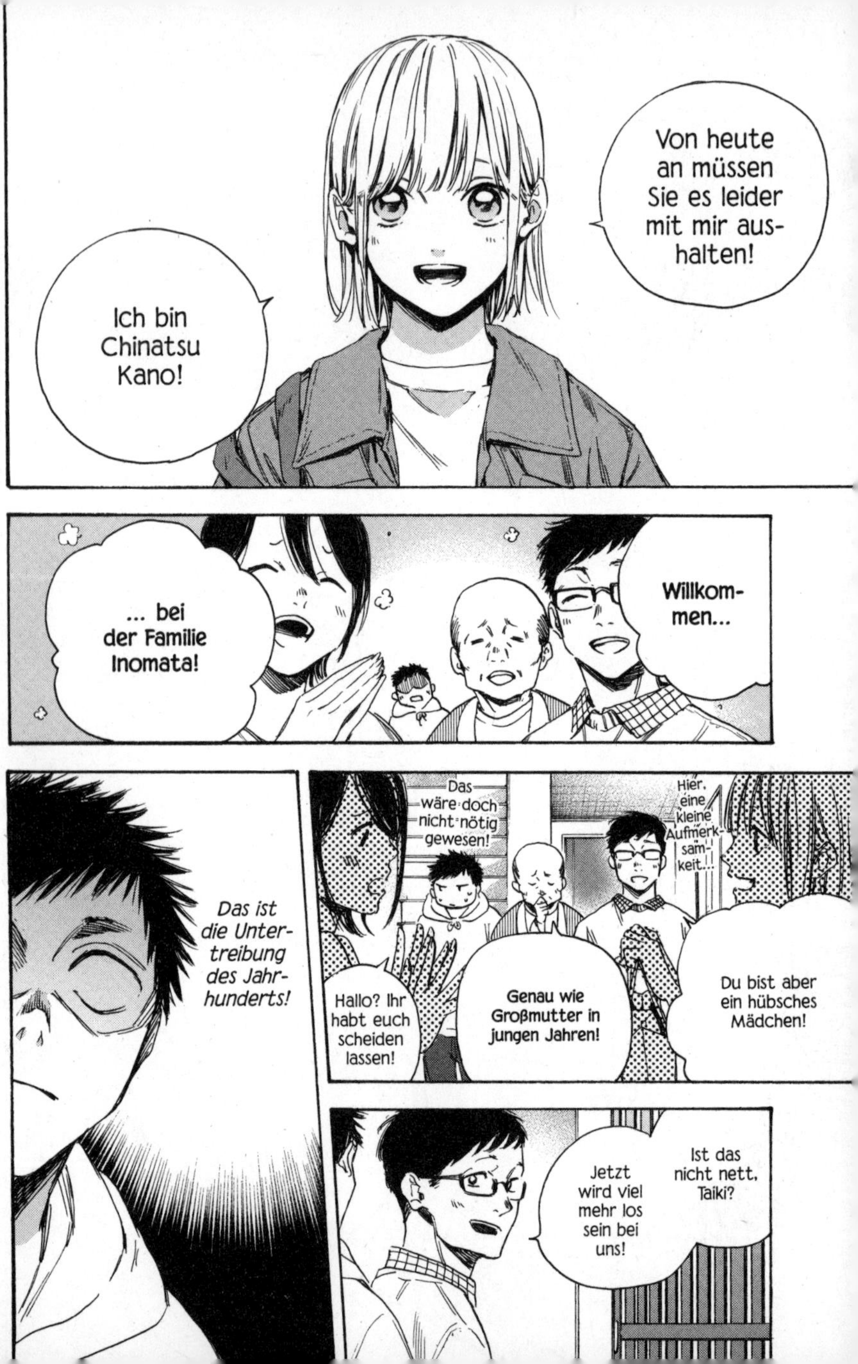
Von heute an müssen Sie es leider mit mir aushalten!
Ich bin Chinatsu Kano!
Willkommen...
... bei der Familie Inomata!
Hier, eine kleine Aufmerksamkeit...
Das wäre doch nicht nötig gewesen!
Du bist aber ein hübsches Mädchen!
Genau wie Großmutter in jungen Jahren!
Hallo? Ihr habt euch scheiden lassen!
Das ist die Untertreibung des Jahrhunderts!
Ist das nicht nett, Taiki?
Jetzt wird viel mehr los sein bei uns!

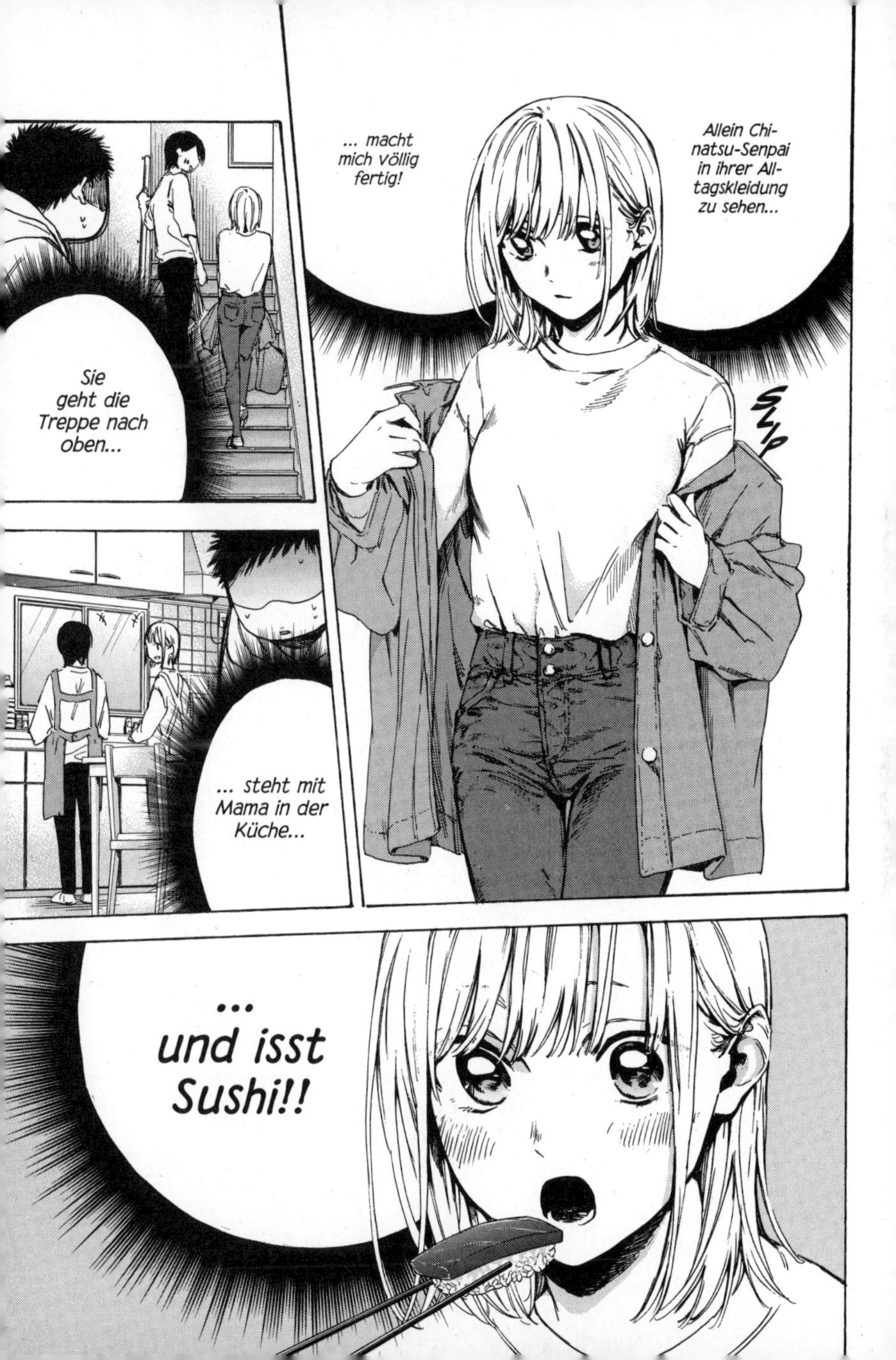

Allein Chinatsu-Senpai in ihrer Alltagskleidung zu sehen...
... macht mich völlig fertig!
SLIP
Sie geht die Treppe nach oben...
... steht mit Mama in der Küche...
... und isst Sushi!!

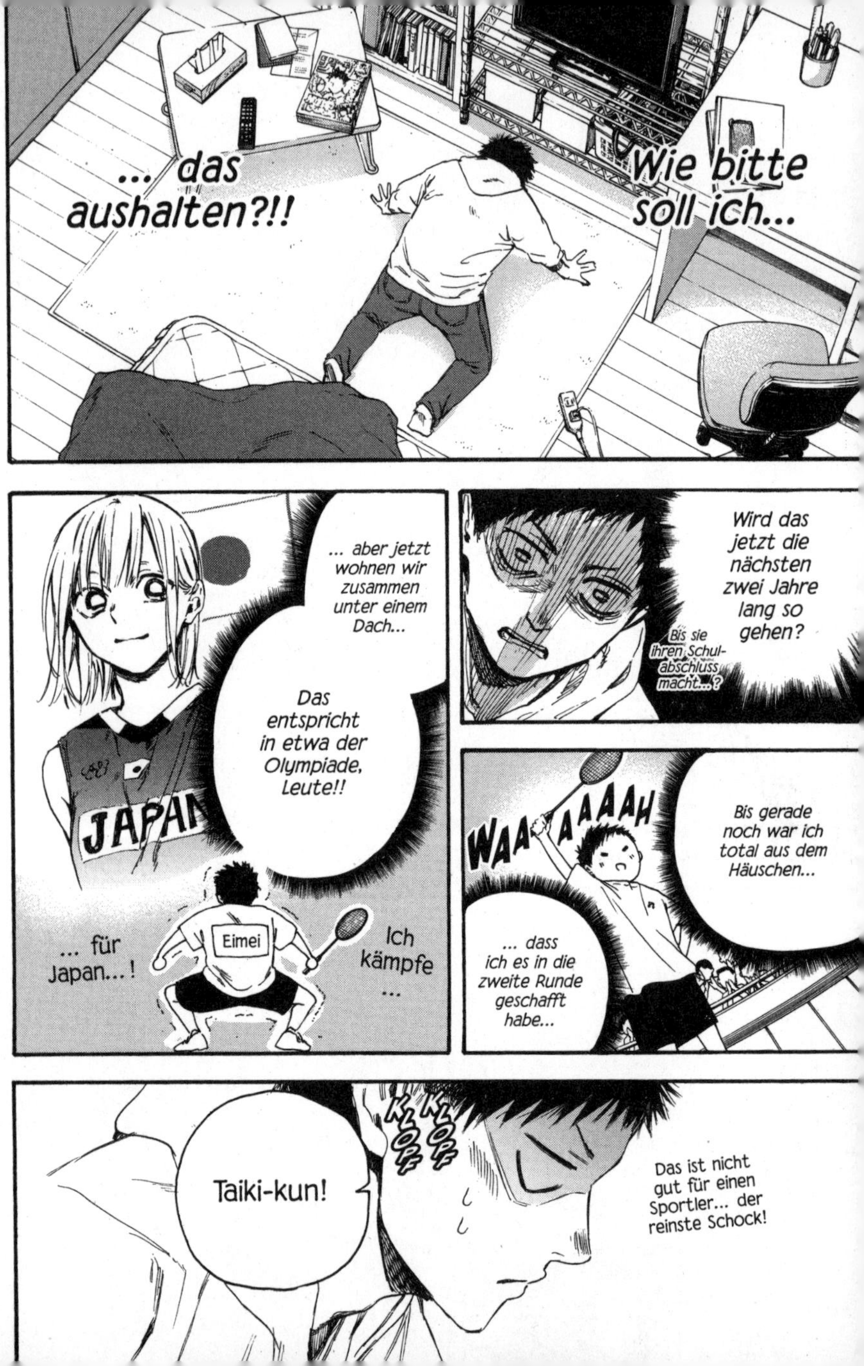
Wie bitte soll ich...
... das aushalten?!!
Wird das jetzt die nächsten zwei Jahre lang so gehen?
Bis sie ihren Schulabschluss macht...?
... aber jetzt wohnen wir zusammen unter einem Dach...
Das entspricht in etwa der Olympiade, Leute!!
Bis gerade noch war ich total aus dem Häuschen...
WAAAAAAH
... dass ich es in die zweite Runde geschafft habe...
Ich kämpfe ...
... für Japan...!
JAPAN
Eimei
Das ist nicht gut für einen Sportler... der reinste Schock!
KLOPF KLOPF
Taiki-kun!

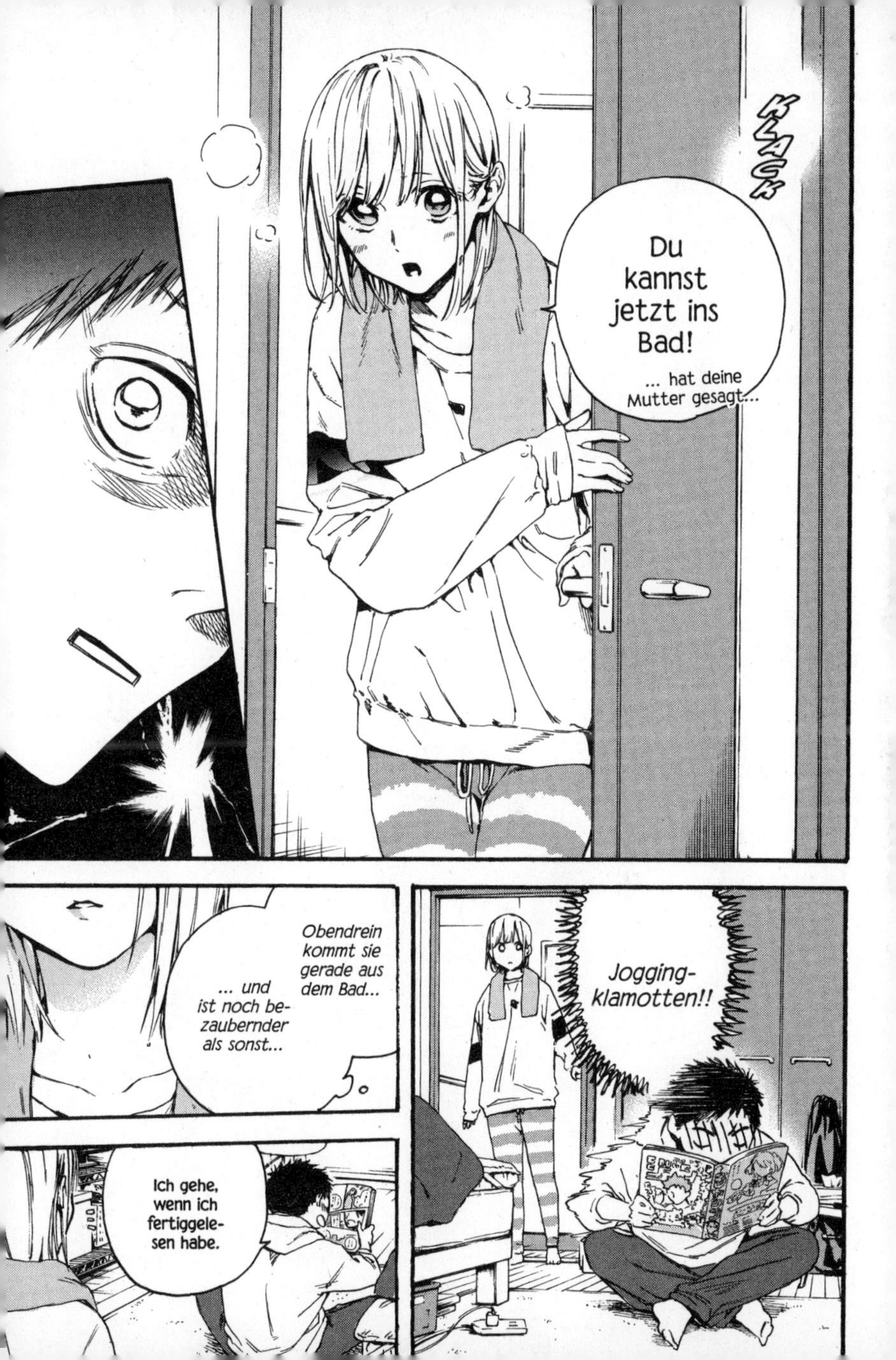
KLACK
Du kannst jetzt ins Bad!
... hat deine Mutter gesagt...
Jogging-klamotten!!
Obendrein kommt sie gerade aus dem Bad...
... und ist noch bezaubernder als sonst...
Ich gehe, wenn ich fertiggelesen habe.

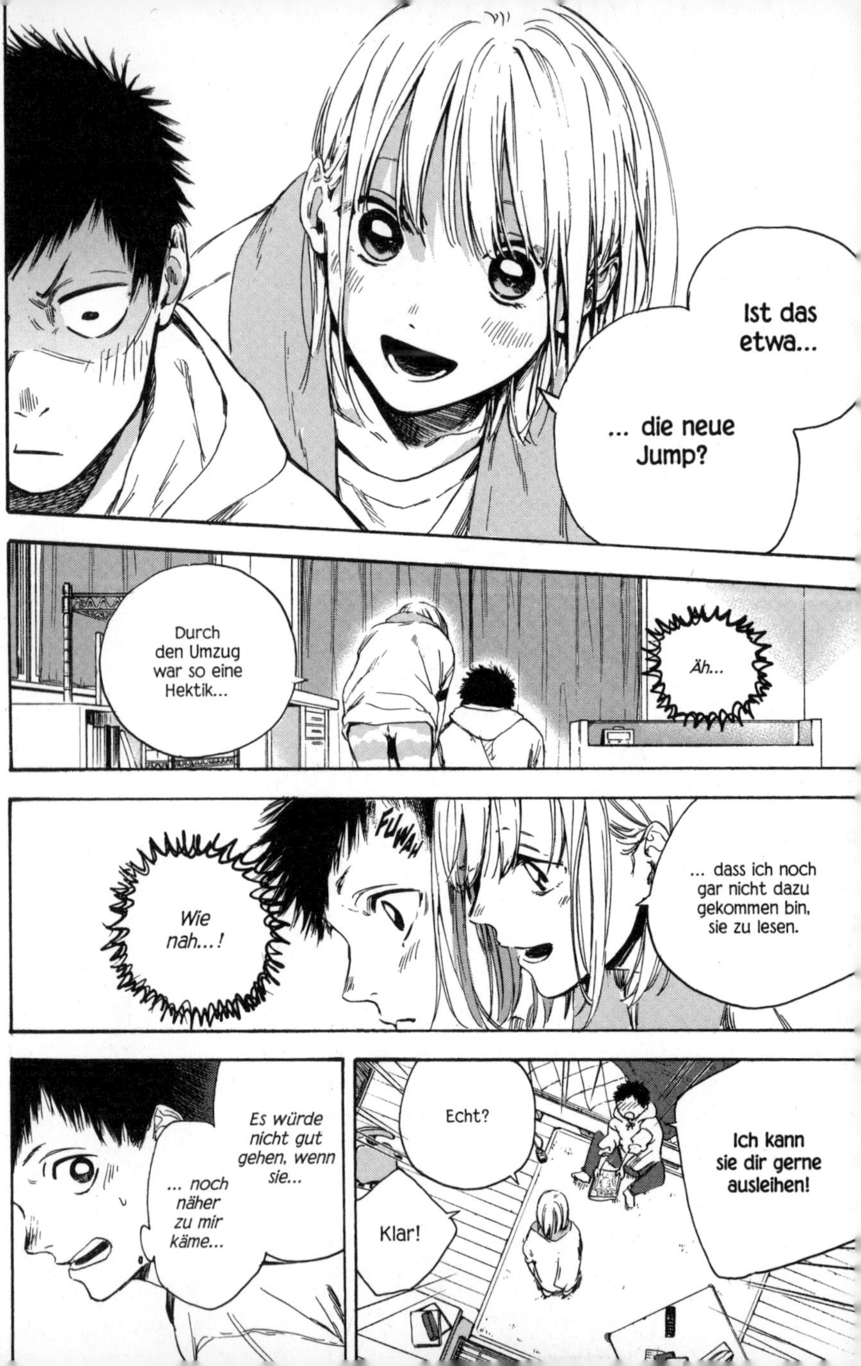
Ist das etwa...
... die neue Jump?
Äh...
Durch den Umzug war so eine Hektik...
... dass ich noch gar nicht dazu gekommen bin, sie zu lesen.
FUWAH
Wie nah...!
Ich kann sie dir gerne ausleihen!
Echt?
Klar!
Es würde nicht gut gehen, wenn sie...
... noch näher zu mir käme...

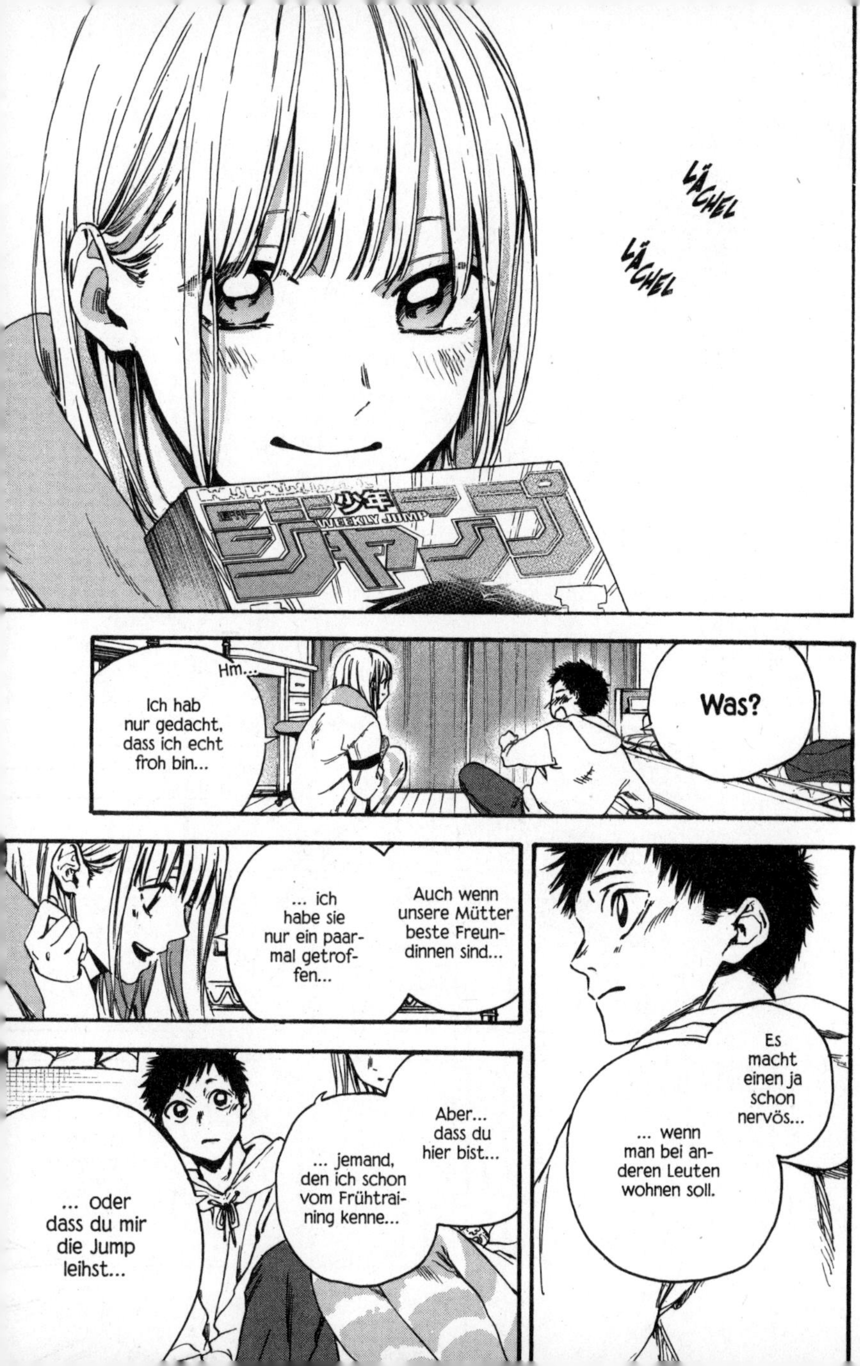
LÄCHEL
LÄCHEL
Was?
Hm...
Ich hab nur gedacht, dass ich echt froh bin...
Auch wenn unsere Mütter beste Freundinnen sind...
... ich habe sie nur ein paarmal getroffen...
Es macht einen ja schon nervös...
... wenn man bei anderen Leuten wohnen soll.
Aber... dass du hier bist...
... jemand, den ich schon vom Frühtraining kenne...
... oder dass du mir die Jump leihst...

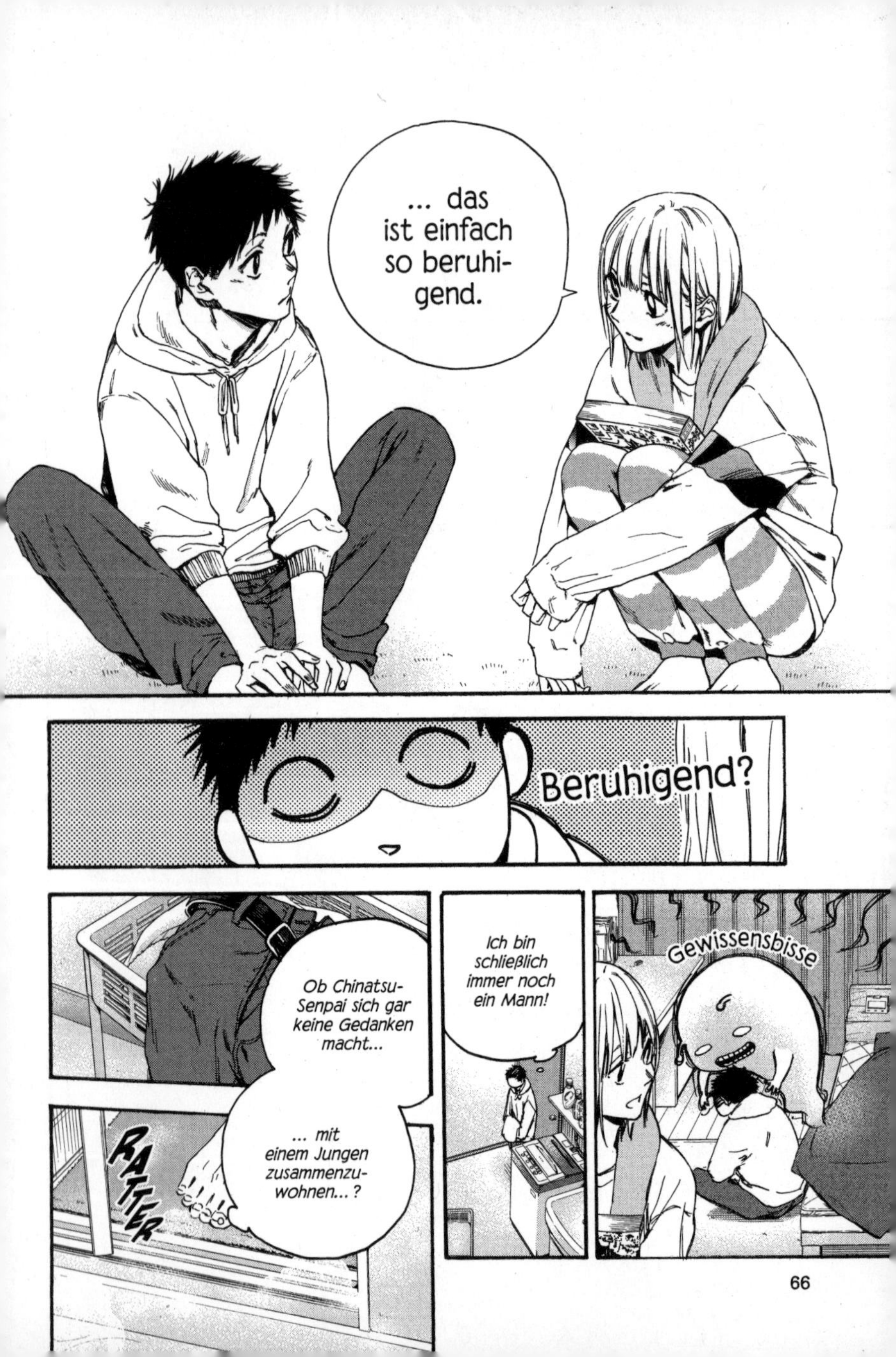
... das ist einfach so beruhigend.
Beruhigend?
Gewissensbisse
Ich bin schließlich immer noch ein Mann!
Ob Chinatsu-Senpai sich gar keine Gedanken macht...
... mit einem Jungen zusammenzuwohnen...?
RATTER

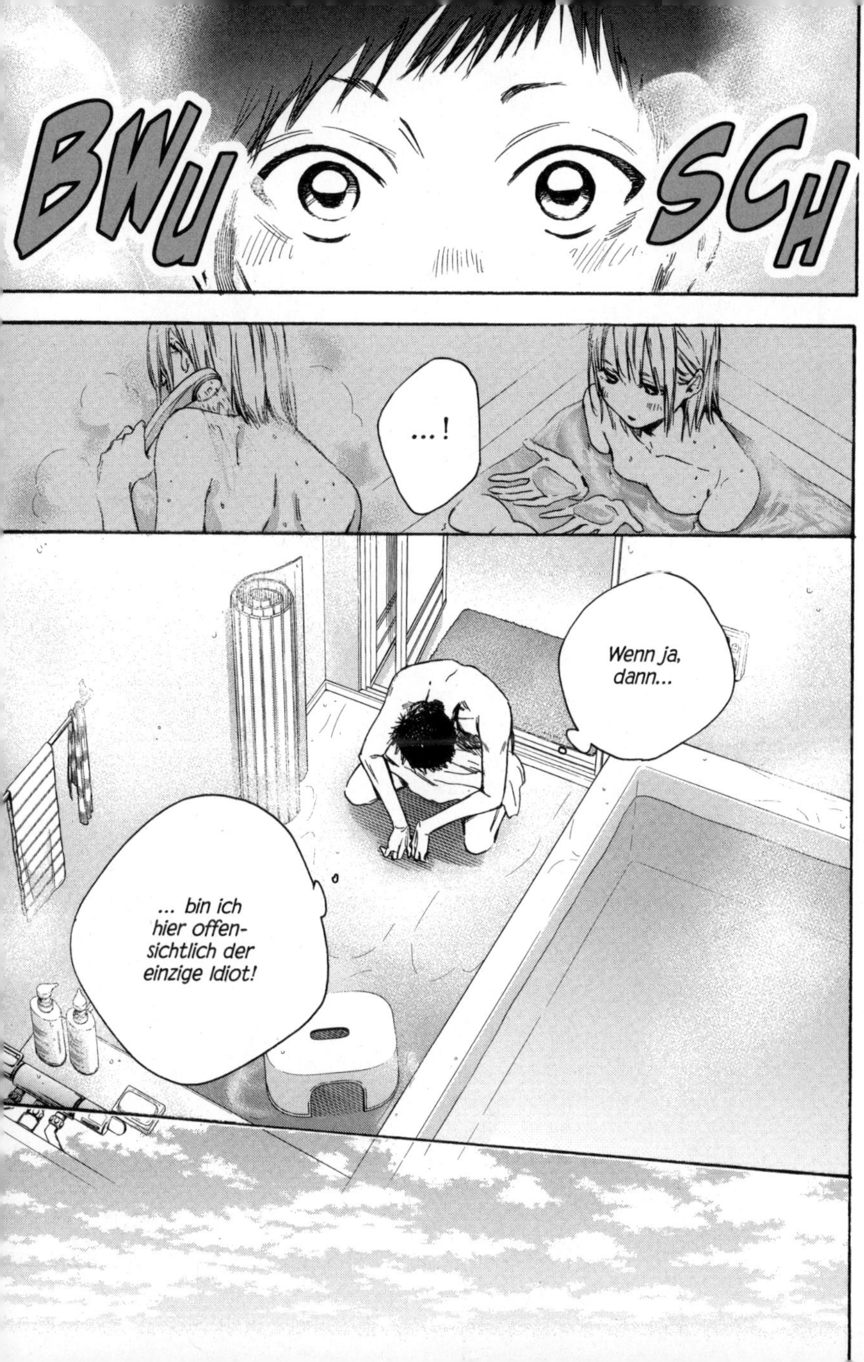
BWUSCH
...!
Wenn ja, dann...
... bin ich hier offensichtlich der einzige Idiot!

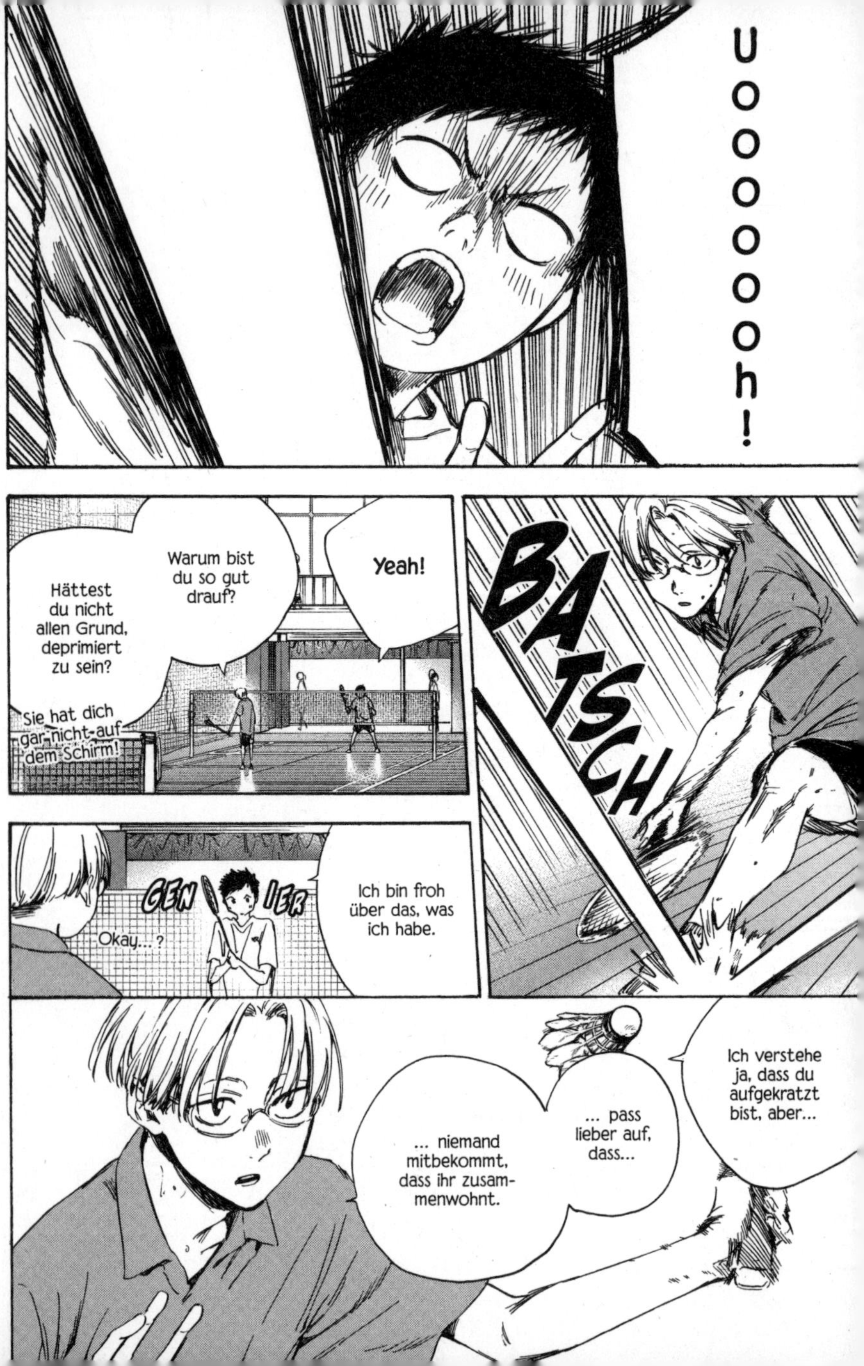
Uoooooooh!
Yeah!
Warum bist du so gut drauf?
Hättest du nicht allen Grund, deprimiert zu sein?
Sie hat dich gar nicht auf dem Schirm!
BATSCH
Ich bin froh über das, was ich habe.
GENIEßER
Okay...?
Ich verstehe ja, dass du aufgekratzt bist, aber...
... pass lieber auf, dass...
... niemand mitbekommt, dass ihr zusammenwohnt.

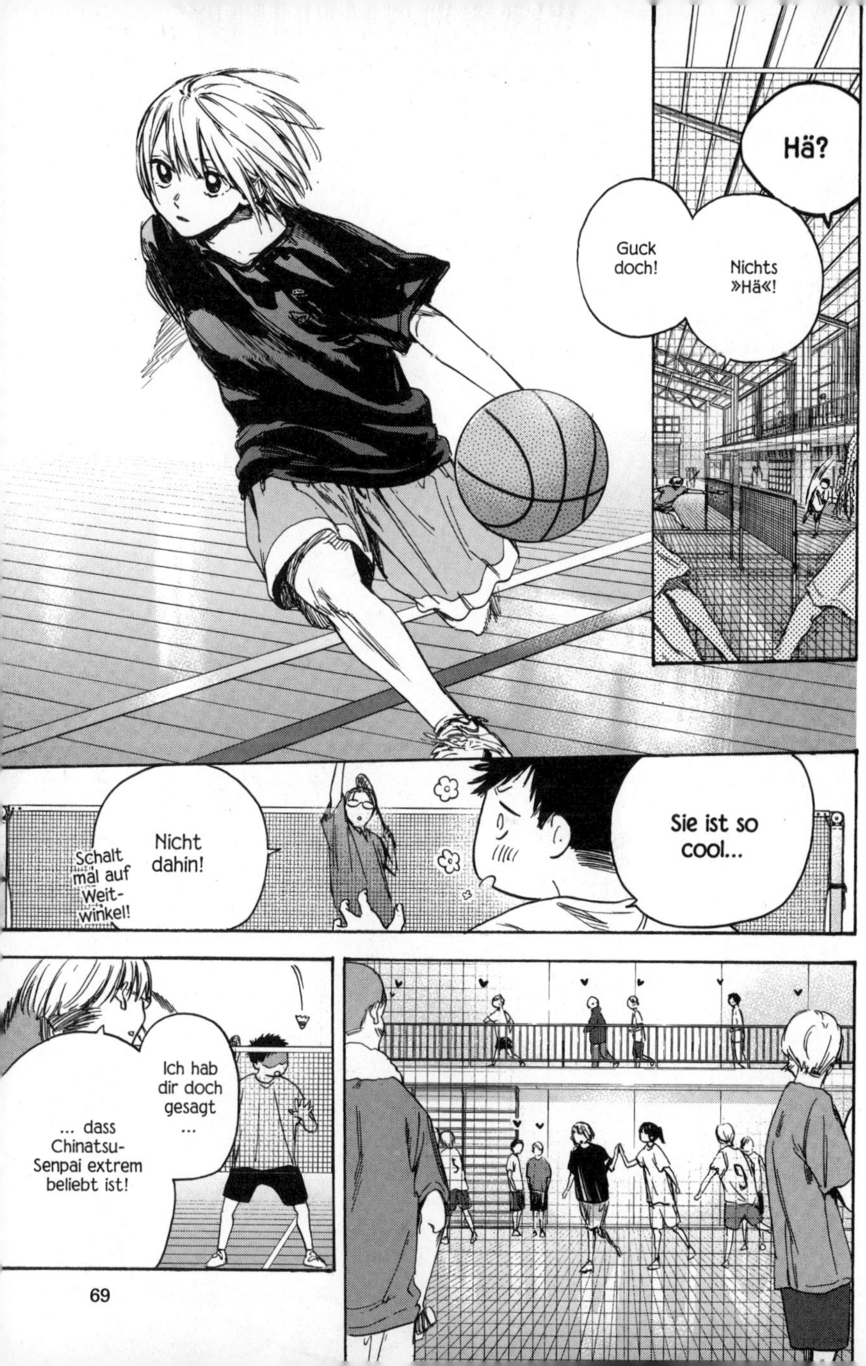

Hä?
Nichts »Hä«!
Guck doch!
Sie ist so cool...
Nicht dahin!
Schalt mal auf Weit-winkel!
Ich hab dir doch gesagt ...
... dass Chinatsu-Senpai extrem beliebt ist!

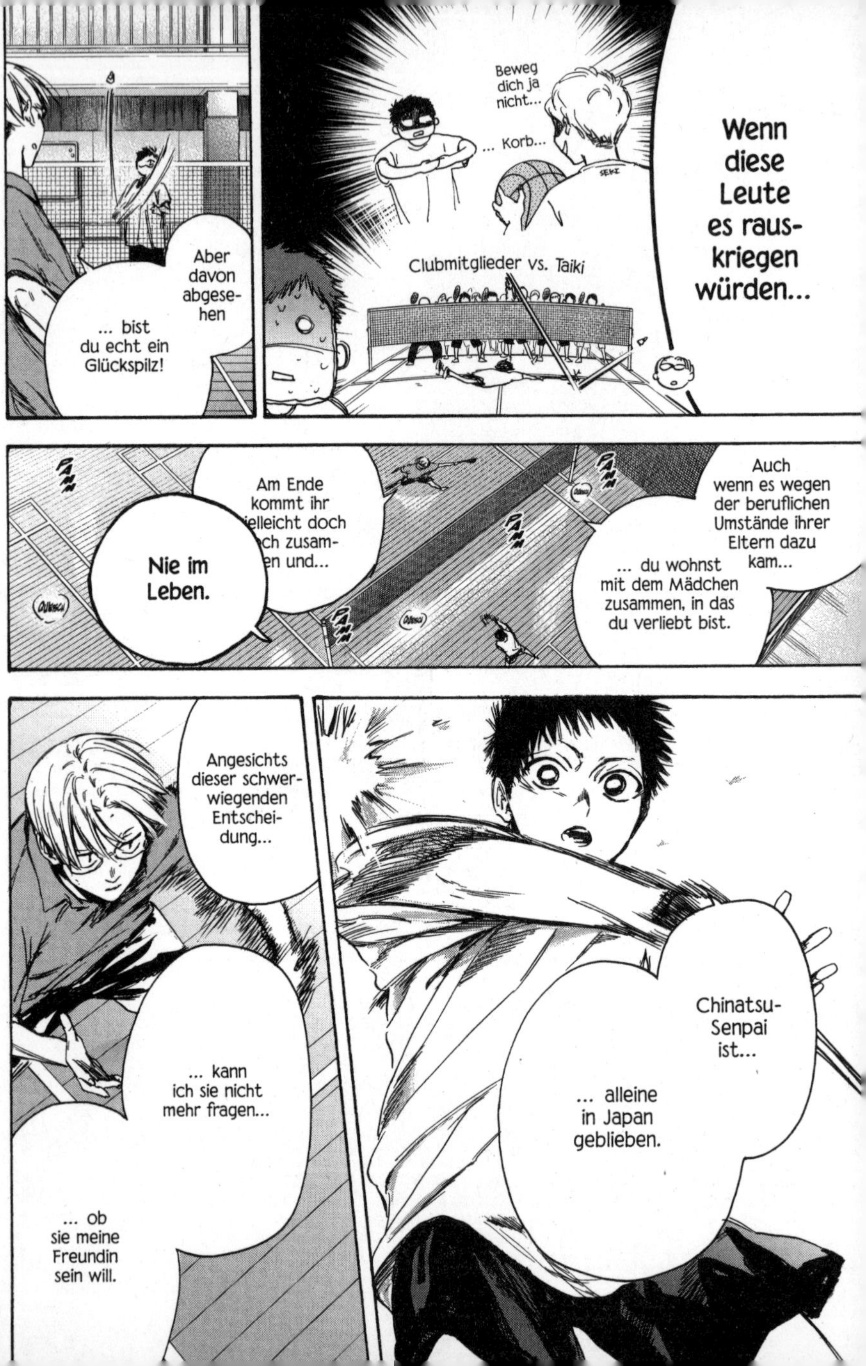
Wenn diese Leute es rauskriegen würden...
Beweg dich ja nicht...
... Korb...
Clubmitglieder vs. Taiki
Aber davon abgesehen
... bist du echt ein Glückspilz!
Auch wenn es wegen der beruflichen Umstände ihrer Eltern dazu kam...
... du wohnst mit dem Mädchen zusammen, in das du verliebt bist.
Am Ende kommt ihr ielleicht doch ch zusam- en und...
Nie im Leben.
Chinatsu-Senpai ist...
... alleine in Japan geblieben.
Angesichts dieser schwerwiegenden Entscheidung...
... kann ich sie nicht mehr fragen...
... ob sie meine Freundin sein will.

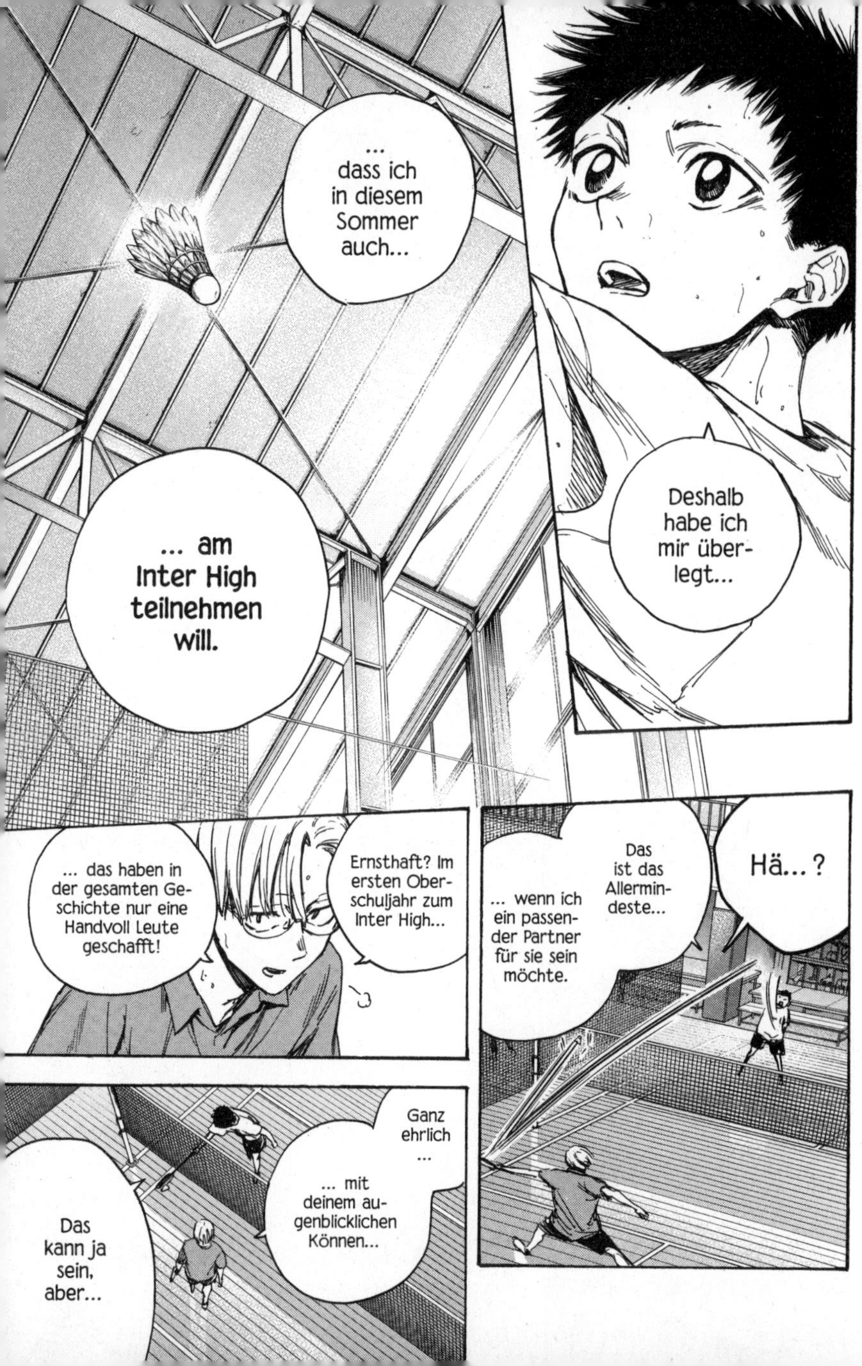
Deshalb habe ich mir überlegt...
... dass ich in diesem Sommer auch...
... am Inter High teilnehmen will.
Hä...?
Das ist das Allermindeste...
... wenn ich ein passender Partner für sie sein möchte.
Ernsthaft? Im ersten Oberschuljahr zum Inter High...
... das haben in der gesamten Geschichte nur eine Handvoll Leute geschafft!
Ganz ehrlich ...
... mit deinem augenblicklichen Können...
Das kann ja sein, aber...

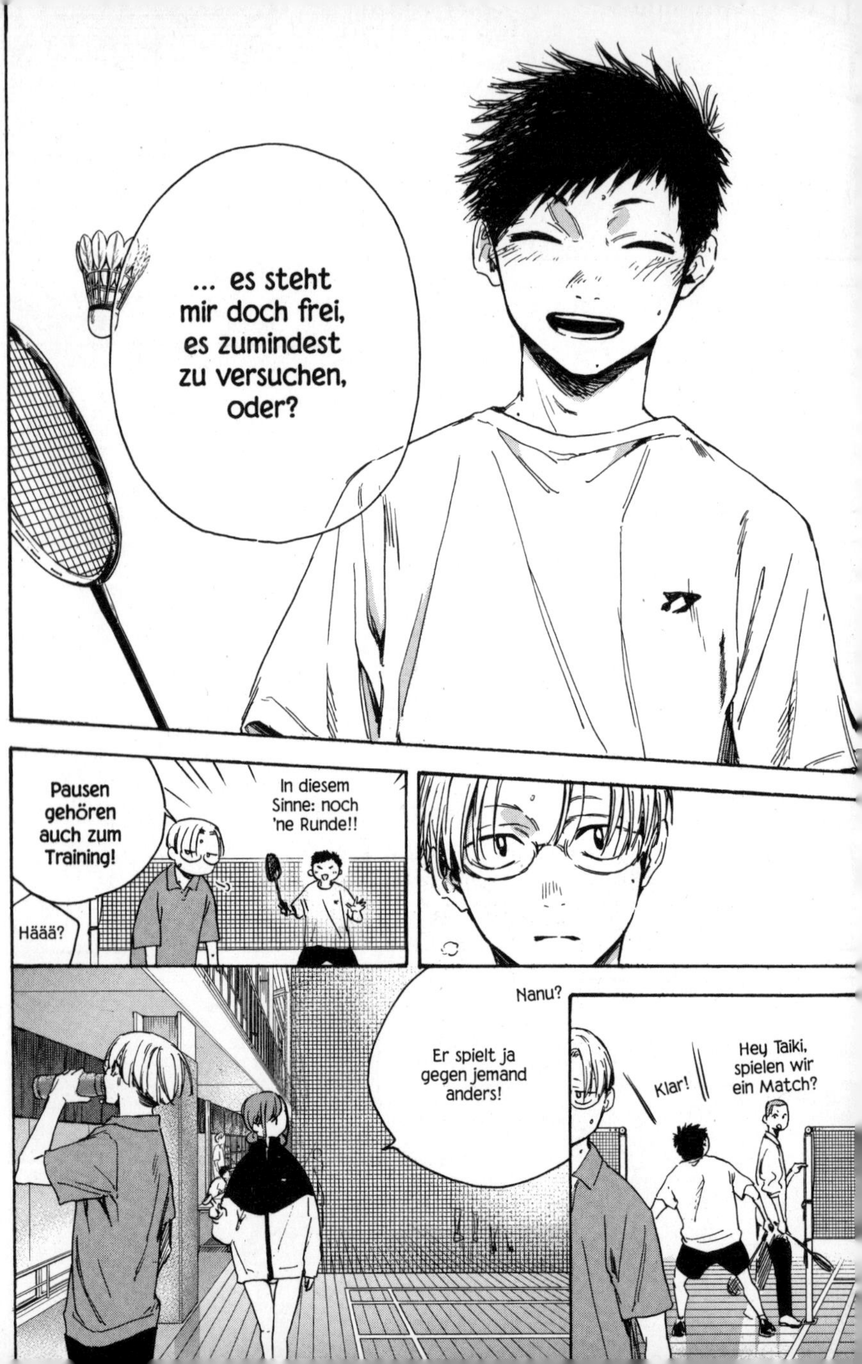
... es steht mir doch frei, es zumindest zu versuchen, oder?
In diesem Sinne: noch 'ne Runde!!
Pausen gehören auch zum Training!
Häää?
Hey Taiki, spielen wir ein Match?
Klar!
Nanu?
Er spielt ja gegen jemand anders!

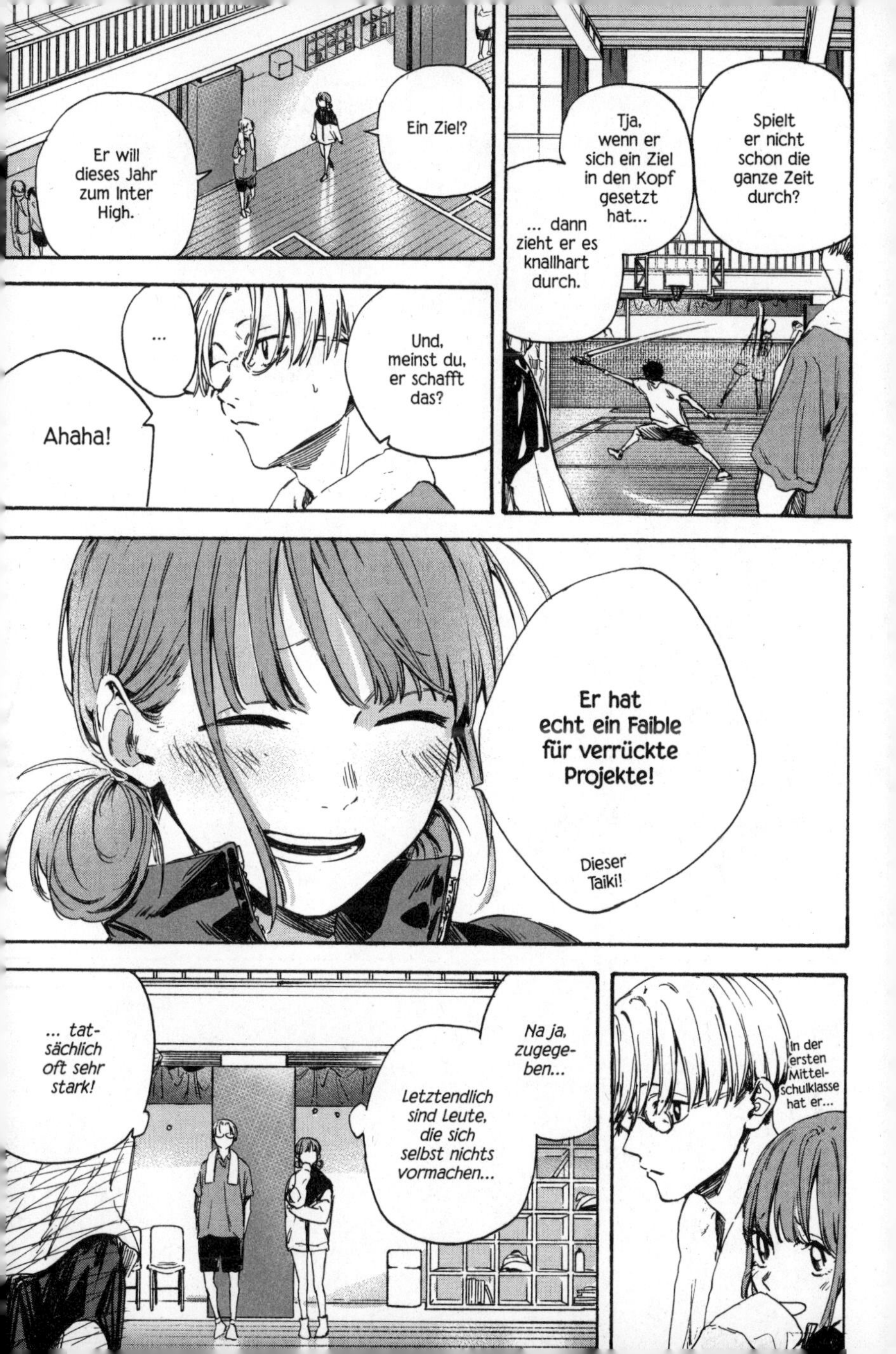
Spielt er nicht schon die ganze Zeit durch?
Tja, wenn er sich ein Ziel in den Kopf gesetzt hat...
... dann zieht er es knallhart durch.
Ein Ziel?
Er will dieses Jahr zum Inter High.
Und, meinst du, er schafft das?
...
Ahaha!
Er hat echt ein Faible für verrückte Projekte!
Dieser Taiki!
In der ersten Mittelschulklasse hat er...
Na ja, zugegeben...
Letztendlich sind Leute, die sich selbst nichts vormachen...
... tatsächlich oft sehr stark!

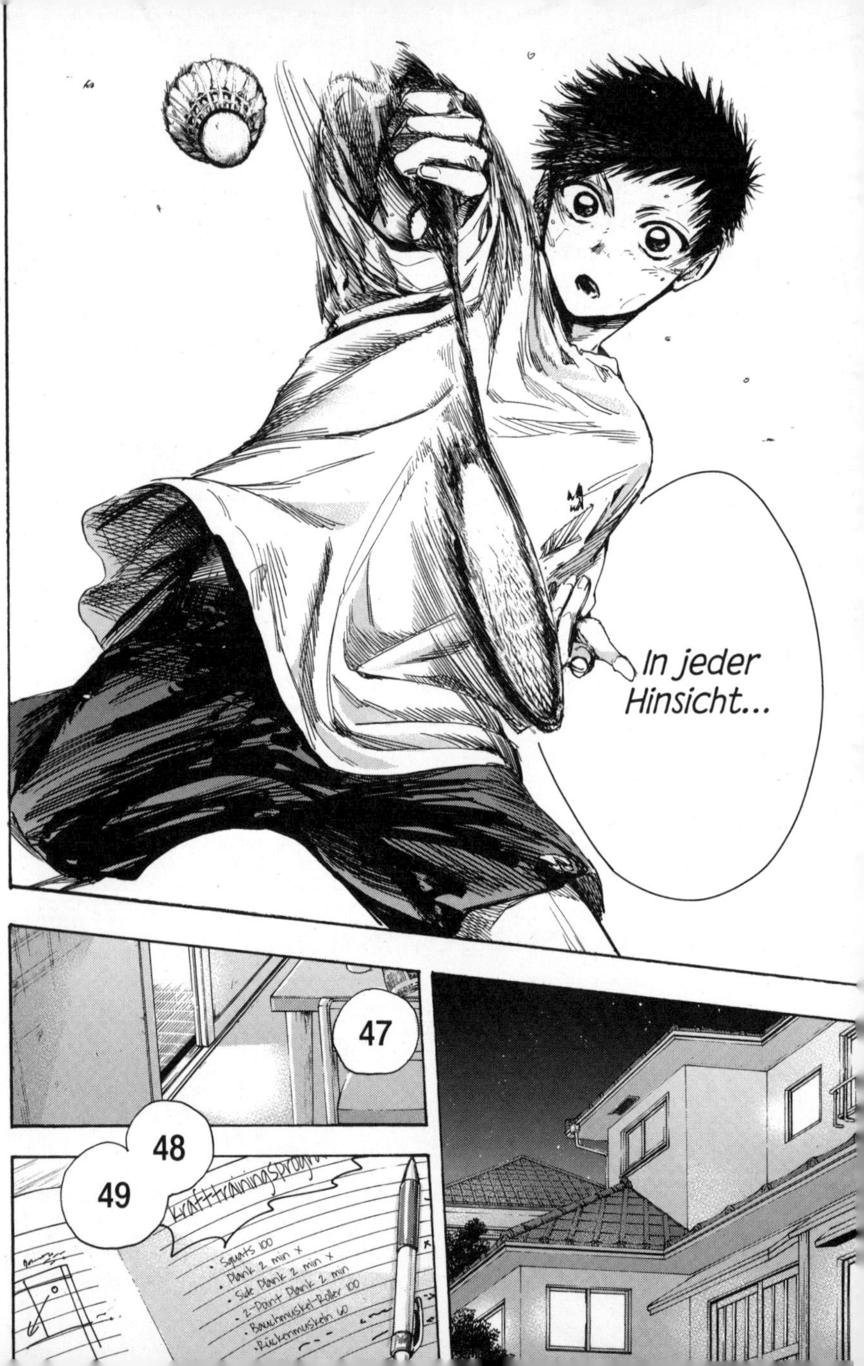
In jeder Hinsicht...
47
48
49
Squats 100
Plank 2 min x
Side Plank 2 min x
2-Point Plank 2 min
Bauchmuskel-Roller 100
Bauchmuskeln 60
Rückenmuskeln

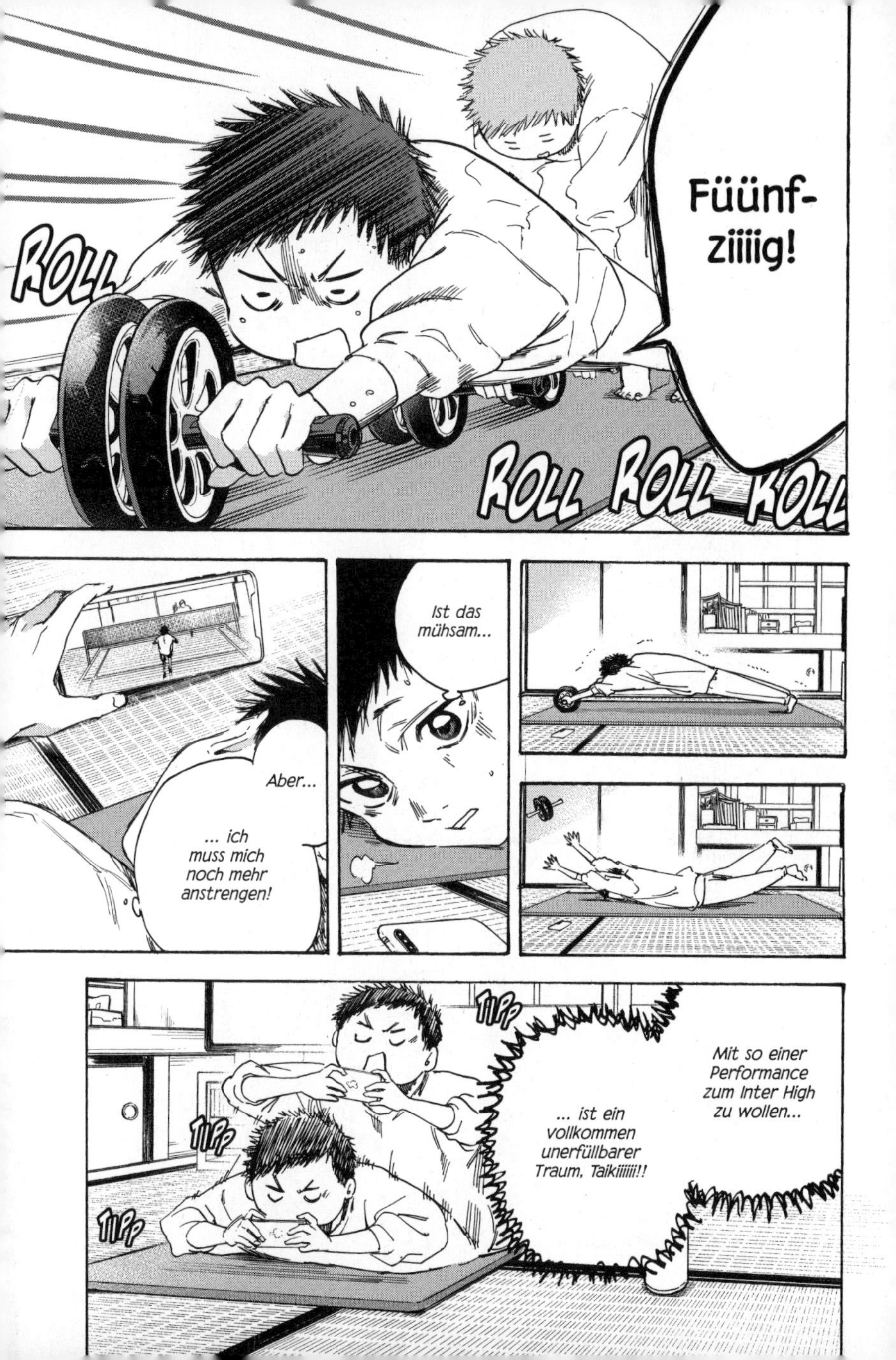
Füünf-
ziiiig!
ROLL
ROLL ROLL ROLL
Ist das
mühsam...
Aber...
... ich
muss mich
noch mehr
anstrengen!
TIPP
TIPP
TIPP
Mit so einer
Performance
zum Inter High
zu wollen...
... ist ein
vollkommen
unerfüllbarer
Traum, Taikiiiiii!!

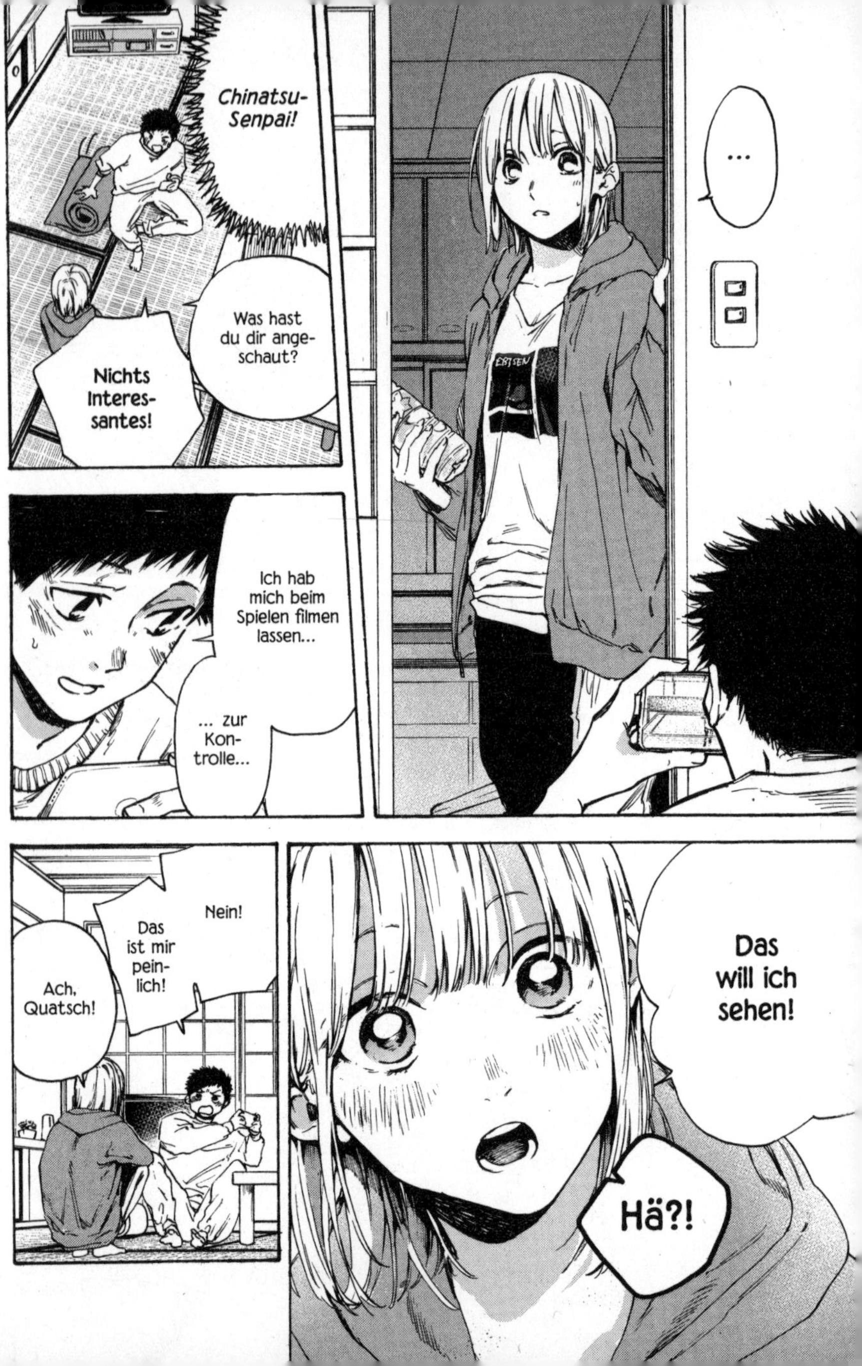
...
Chinatsu-Senpai!
Was hast du dir angeschaut?
Nichts Interessantes!
Ich hab mich beim Spielen filmen lassen...
... zur Kontrolle...
Das will ich sehen!
Hä?!
Nein! Das ist mir peinlich!
Ach, Quatsch!

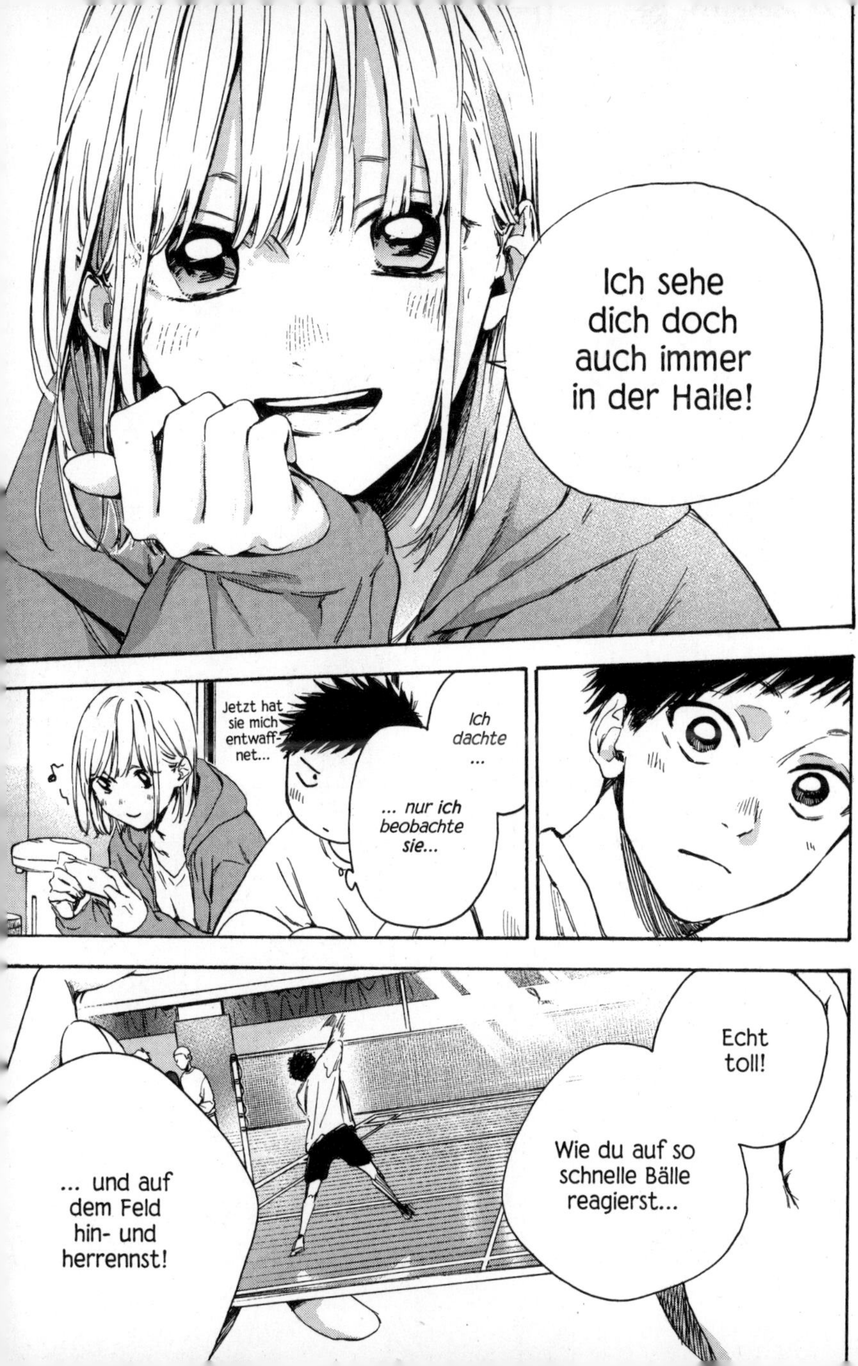
Ich sehe dich doch auch immer in der Halle!
Ich dachte ...
... nur ich beobachte sie...
Jetzt hat sie mich entwaff-net...
Echt toll!
Wie du auf so schnelle Bälle reagierst...
... und auf dem Feld hin- und herrennst!

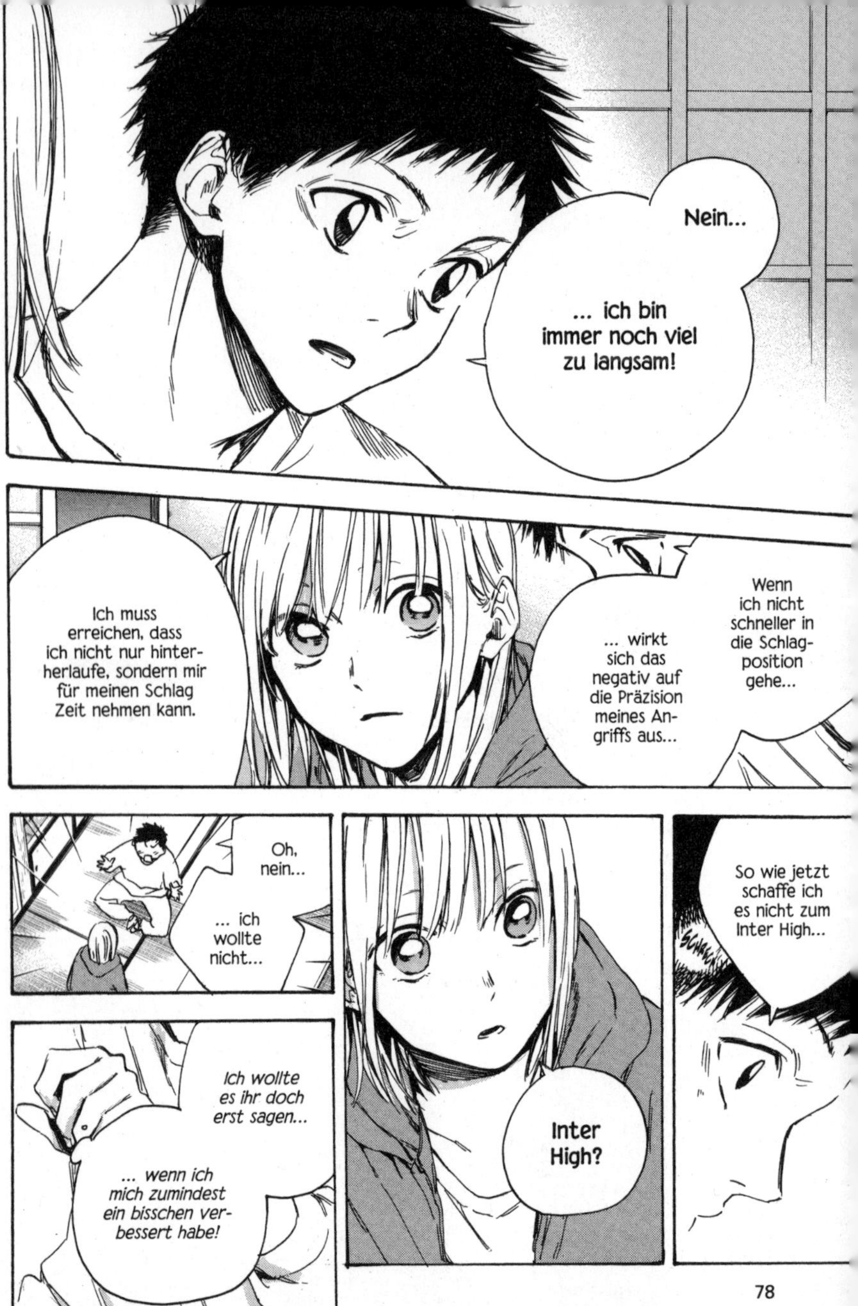
Nein...
... ich bin immer noch viel zu langsam!
Wenn ich nicht schneller in die Schlagposition gehe...
... wirkt sich das negativ auf die Präzision meines Angriffs aus...
Ich muss erreichen, dass ich nicht nur hinterherlaufe, sondern mir für meinen Schlag Zeit nehmen kann.
So wie jetzt schaffe ich es nicht zum Inter High...
Inter High?
Oh, nein...
... ich wollte nicht...
Ich wollte es ihr doch erst sagen...
... wenn ich mich zumindest ein bisschen verbessert habe!

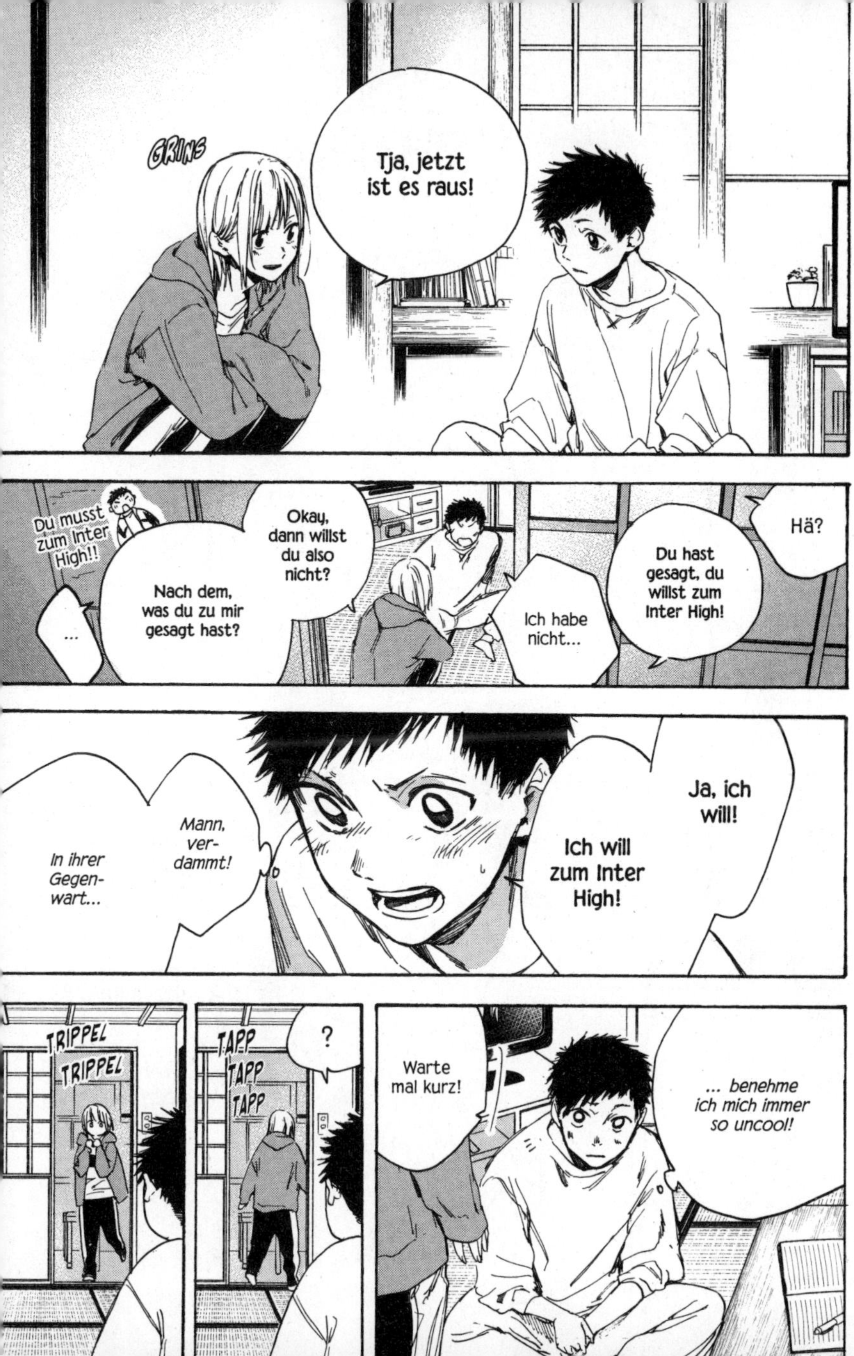
Tja, jetzt ist es raus!
GRINS
Hä?
Du hast gesagt, du willst zum Inter High!
Ich habe nicht...
Okay, dann willst du also nicht?
Nach dem, was du zu mir gesagt hast?
Du musst zum Inter High!!
...
Ja, ich will!
Ich will zum Inter High!
Mann, ver-dammt!
In ihrer Gegen-wart...
... benehme ich mich immer so uncool!
Warte mal kurz!
?
TAPP TAPP TAPP
TRIPPEL TRIPPEL

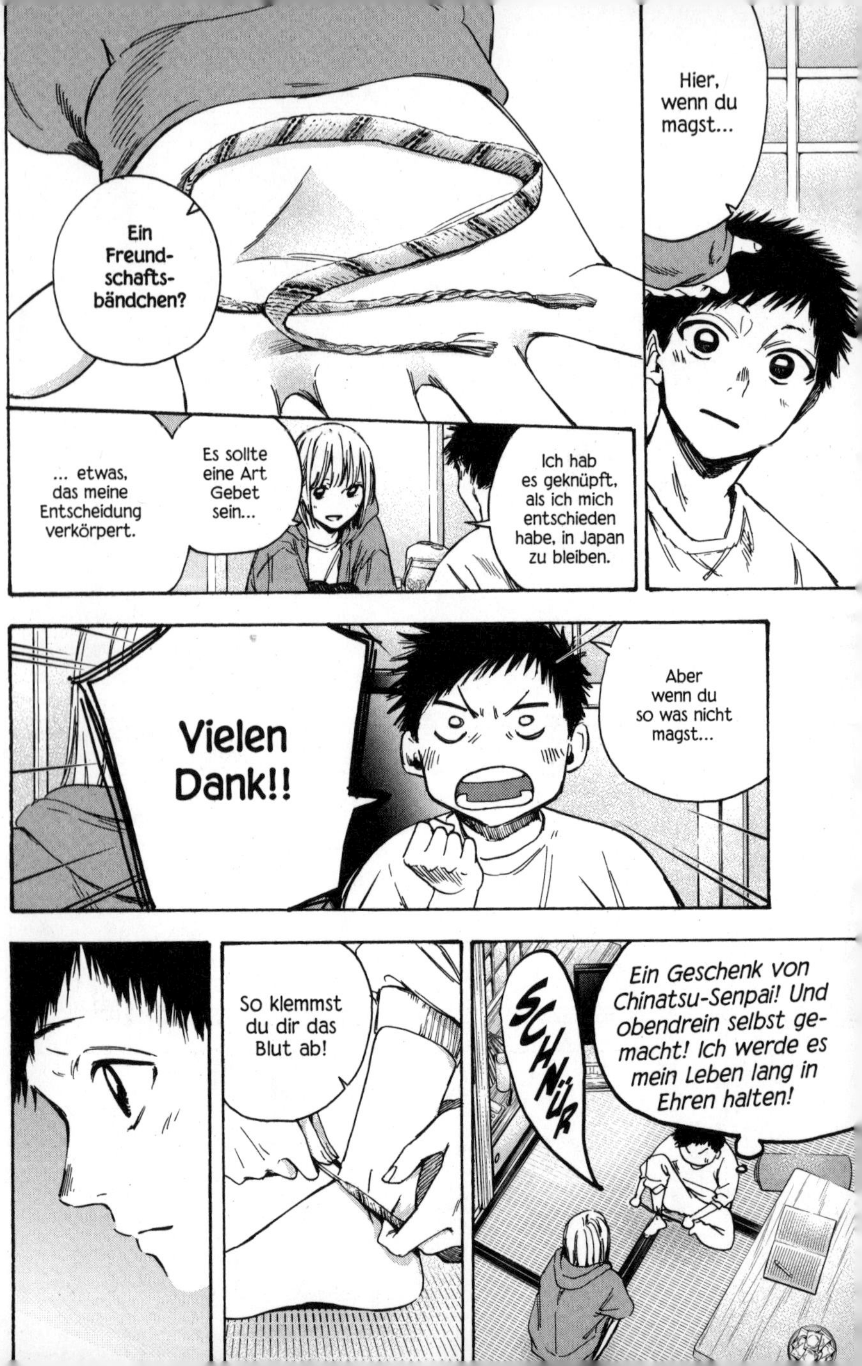

Hier, wenn du magst...
Ein Freundschaftsbändchen?
Ich hab es geknüpft, als ich mich entschieden habe, in Japan zu bleiben.
Es sollte eine Art Gebet sein...
... etwas, das meine Entscheidung verkörpert.
Aber wenn du so was nicht magst...
Vielen Dank!!
Ein Geschenk von Chinatsu-Senpai! Und obendrein selbst gemacht! Ich werde es mein Leben lang in Ehren halten!
SCHNÜR
So klemmst du dir das Blut ab!

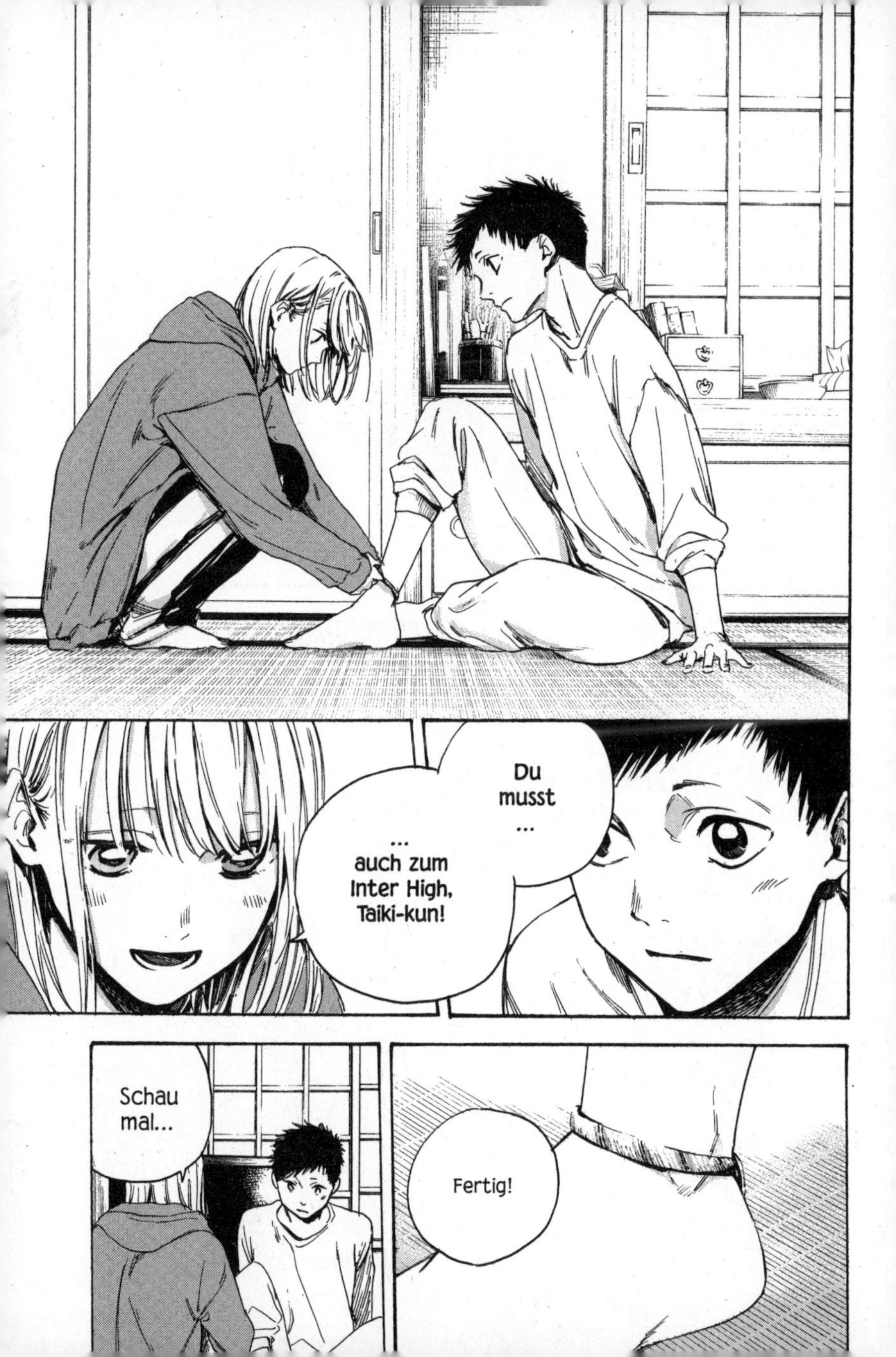
Du musst ...
... auch zum Inter High, Taiki-kun!
Fertig!
Schau mal...

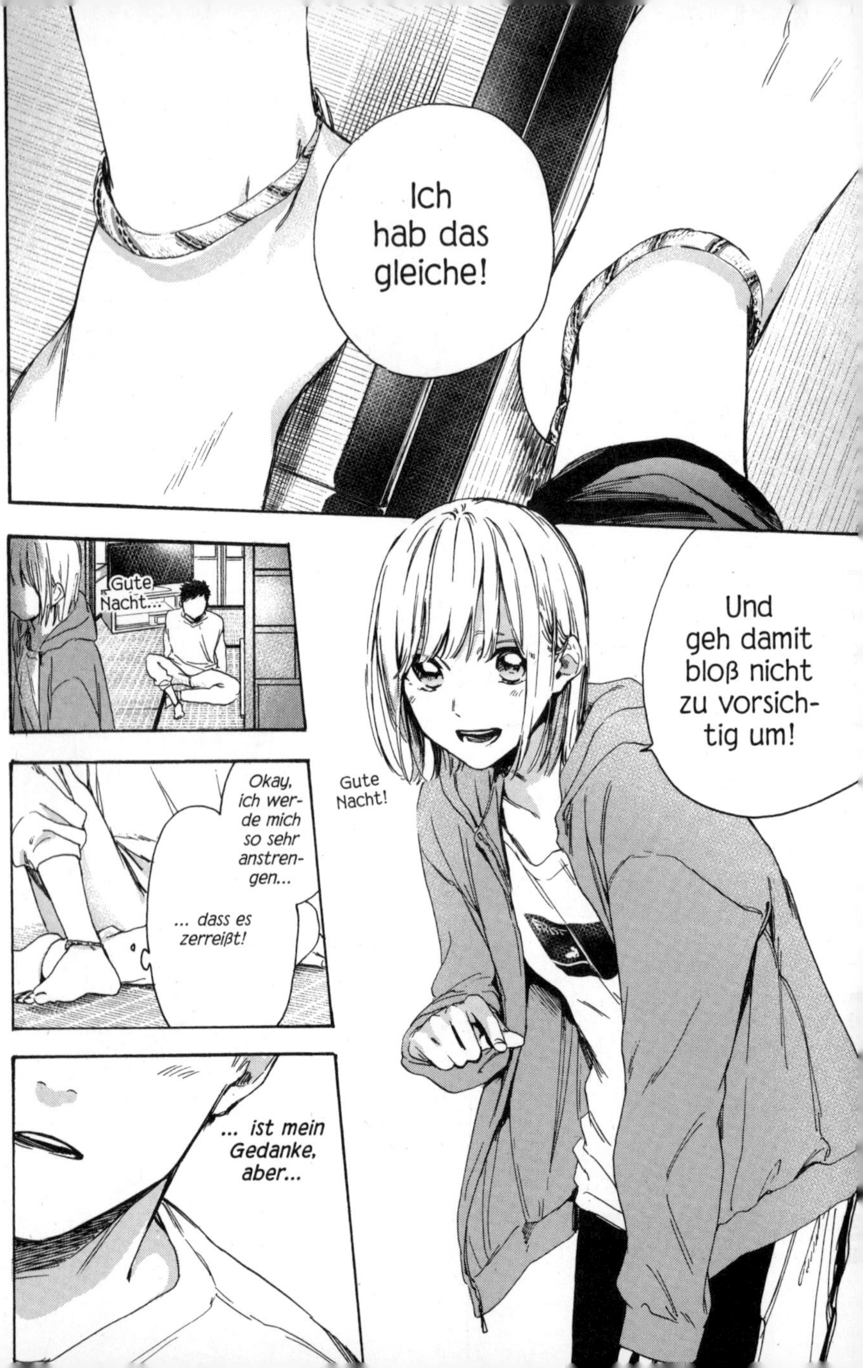
Ich hab das gleiche!
Und geh damit bloß nicht zu vorsich-tig um!
Gute Nacht!
Gute Nacht...
Okay, ich wer-de mich so sehr anstren-gen...
... dass es zerreißt!
... ist mein Gedanke, aber...

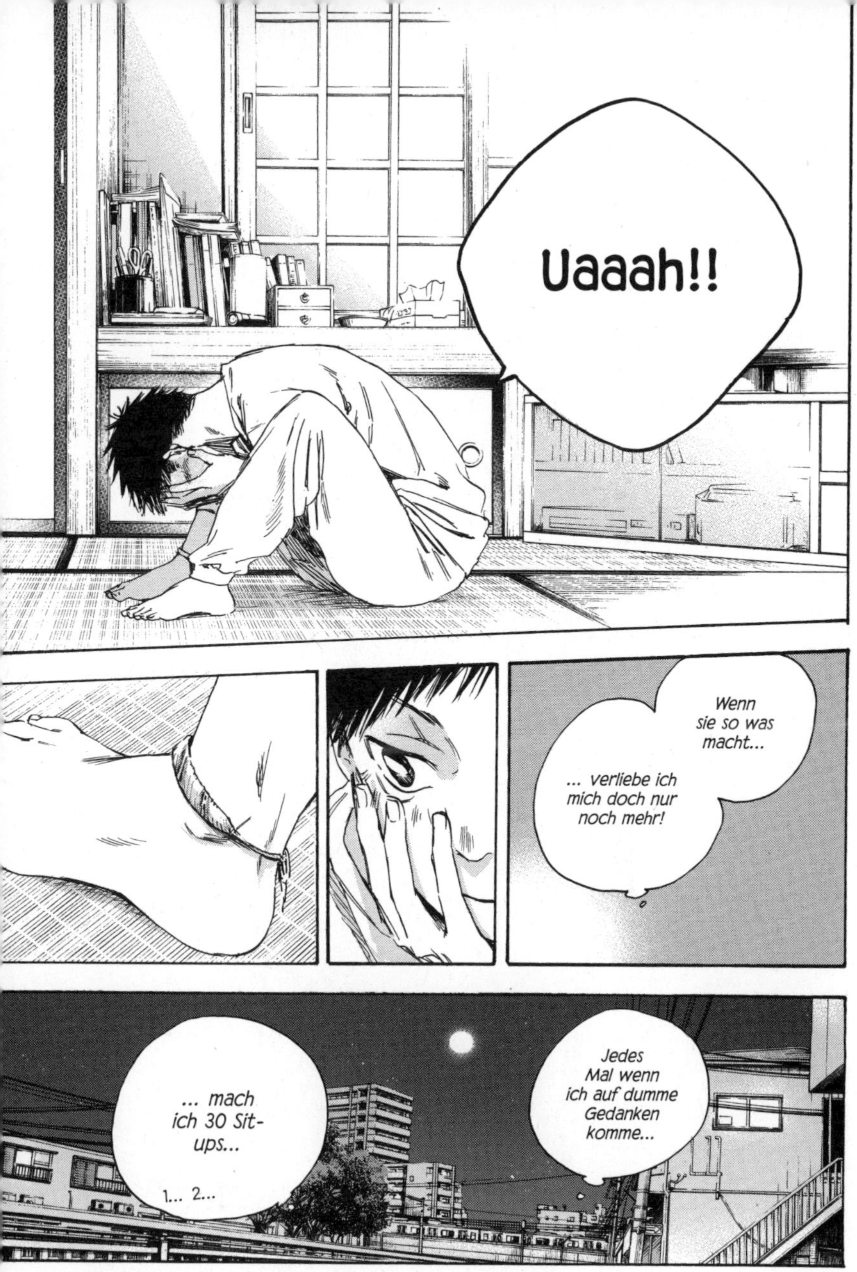
Uaaah!!
Wenn sie so was macht...
... verliebe ich mich doch nur noch mehr!
Jedes Mal wenn ich auf dumme Gedanken komme...
... mach ich 30 Sit-ups...
1... 2...

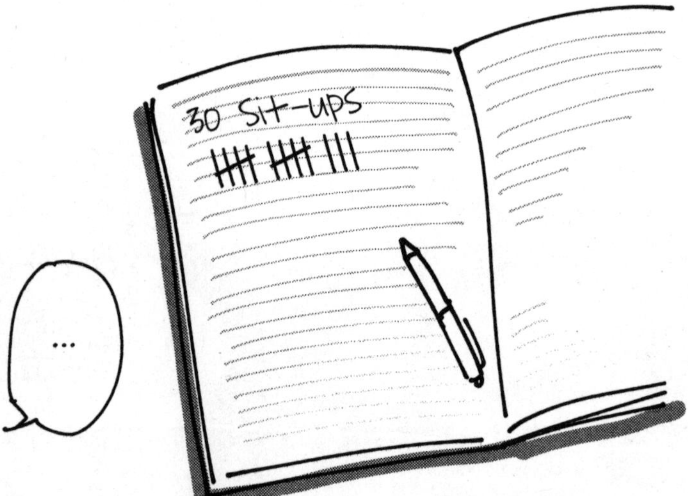
...
30 Sit-ups

#3 So tun, als ob man sich nicht kennt

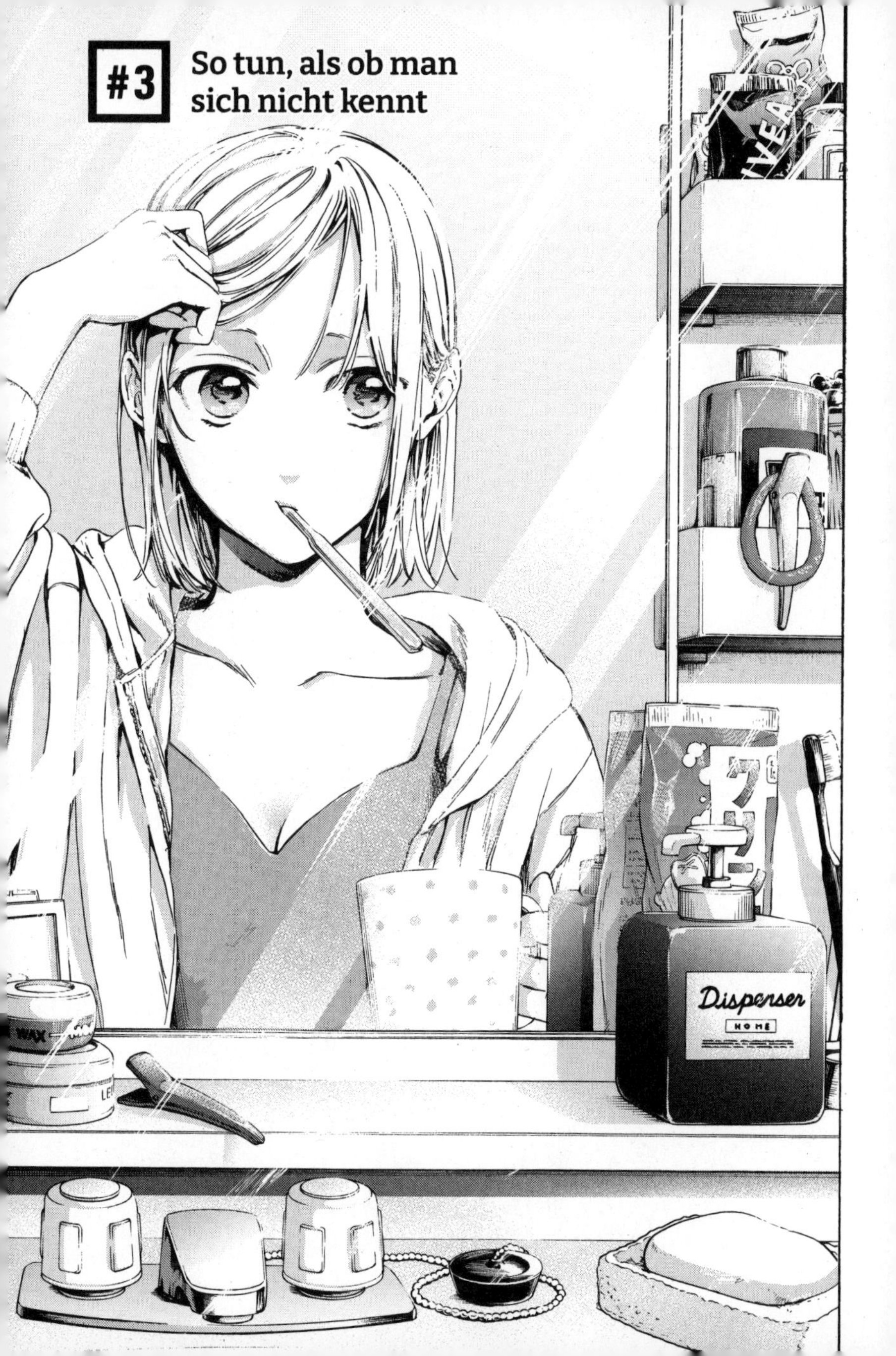

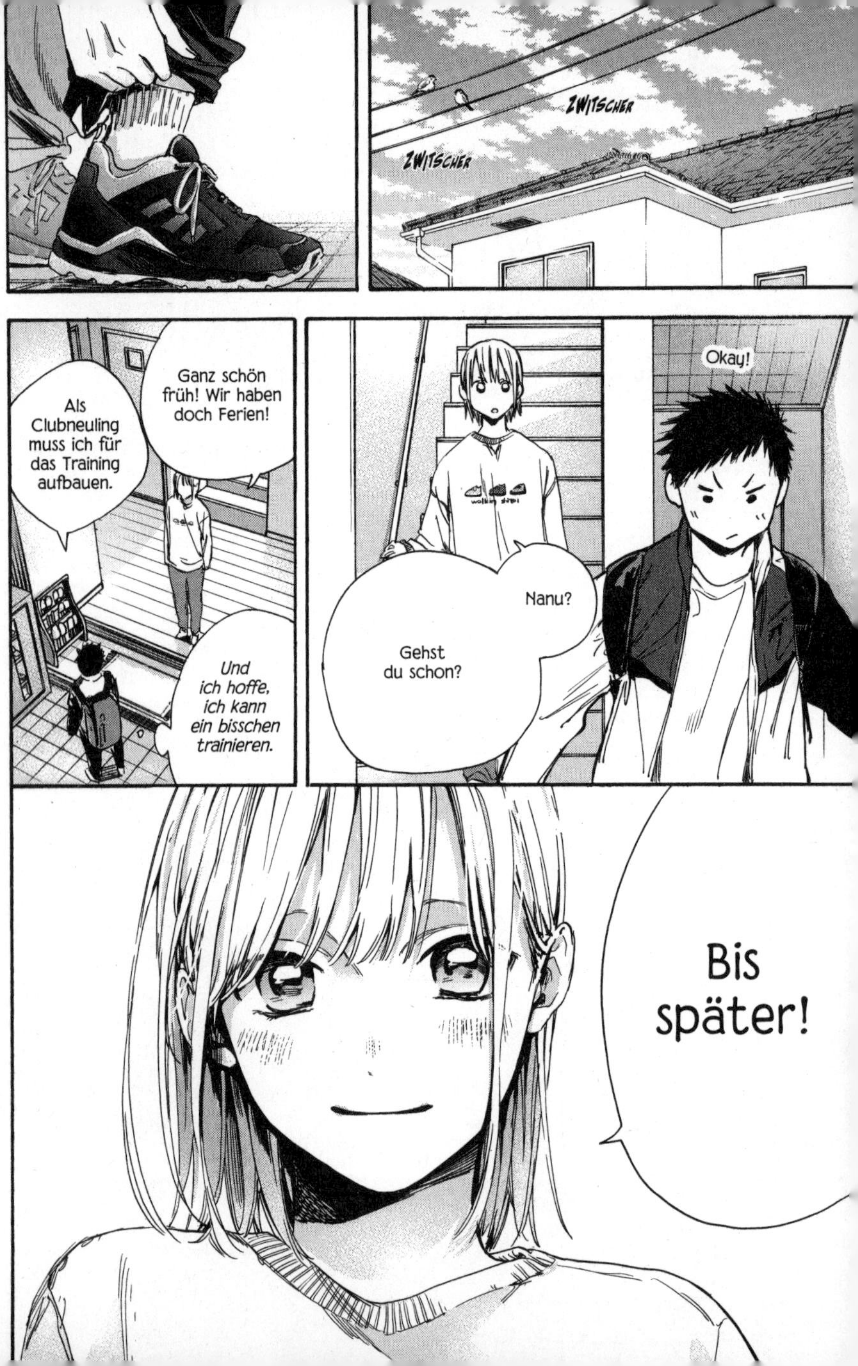
ZWITSCHER
ZWITSCHER
Okay!
Ganz schön früh! Wir haben doch Ferien!
Als Clubneuling muss ich für das Training aufbauen.
Nanu?
Gehst du schon?
Und ich hoffe, ich kann ein bisschen trainieren.
Bis später!

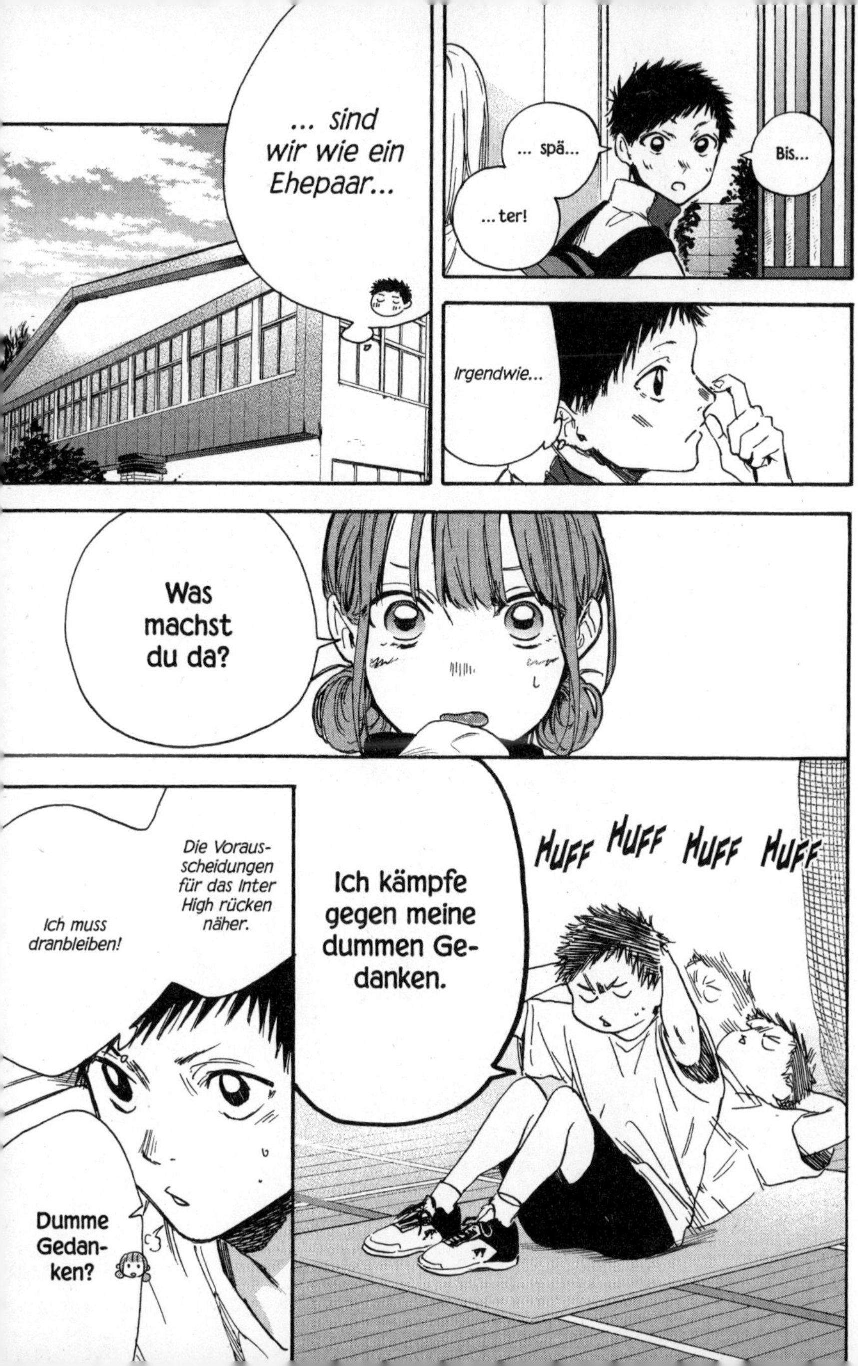

Bis...
... spä...
... ter!
Irgendwie...
... sind wir wie ein Ehepaar...
Was machst du da?
HUFF HUFF HUFF HUFF
Ich kämpfe gegen meine dummen Gedanken.
Die Vorausscheidungen für das Inter High rücken näher.
Ich muss dranbleiben!
Dumme Gedanken?

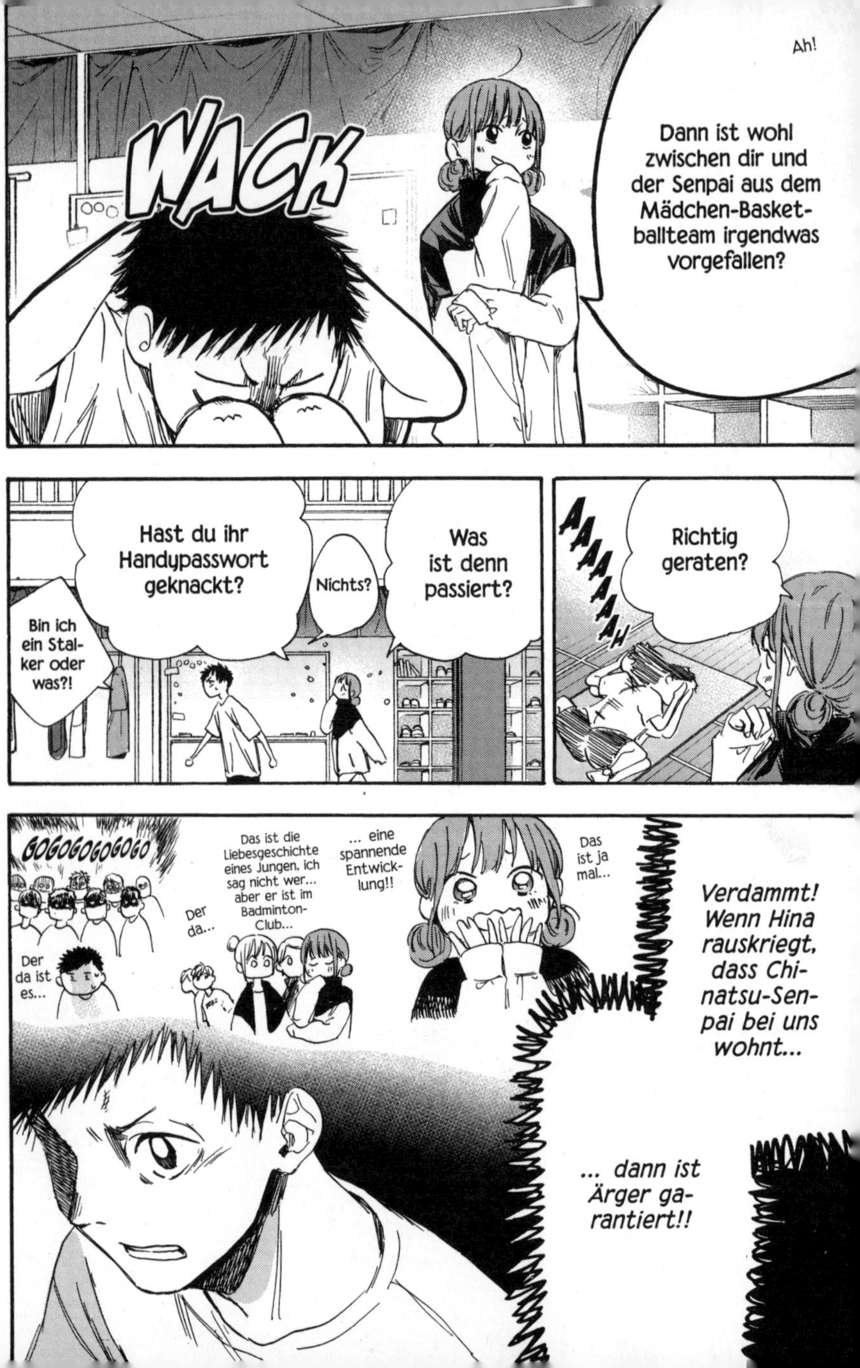
Ah!
Dann ist wohl zwischen dir und der Senpai aus dem Mädchen-Basketballteam irgendwas vorgefallen?
WACK
Richtig geraten?
AAAAAAAH
Was ist denn passiert?
Nichts?
Hast du ihr Handypasswort geknackt?
Bin ich ein Stalker oder was?!
Verdammt! Wenn Hina rauskriegt, dass Chinatsu-Senpai bei uns wohnt...
Das ist ja mal...
... eine spannende Entwicklung!!
Das ist die Liebesgeschichte eines Jungen, ich sag nicht wer... aber er ist im Badminton-Club...
Der da...
GOGOGOGOGOGO
Der da ist es...
... dann ist Ärger garantiert!!

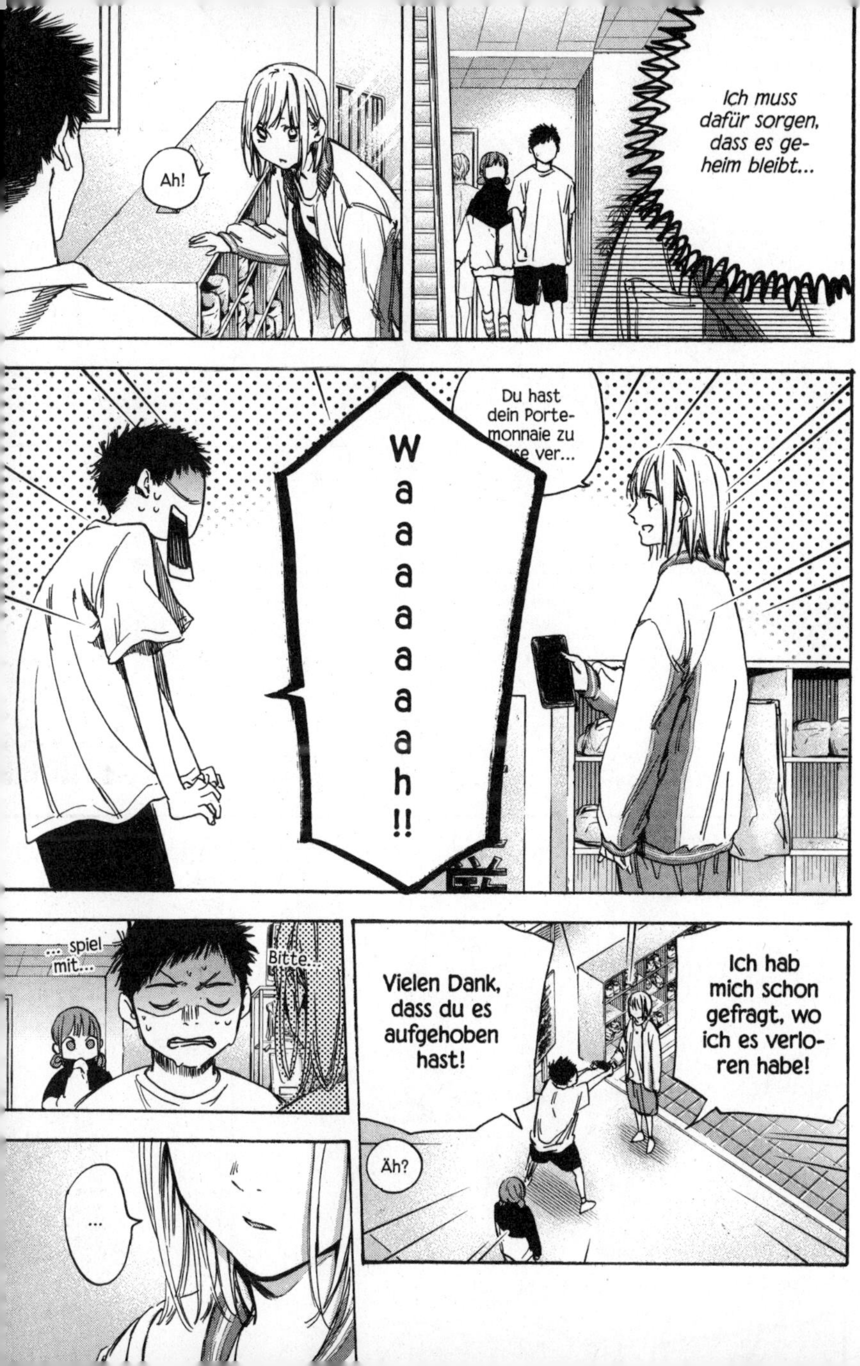
Ich muss dafür sorgen, dass es geheim bleibt...
Ah!
Du hast dein Portemonnaie zu Hause ver...
Waaaaaaaah!!
Ich hab mich schon gefragt, wo ich es verloren habe!
Vielen Dank, dass du es aufgehoben hast!
Äh?
Bitte...
... spiel mit...
...

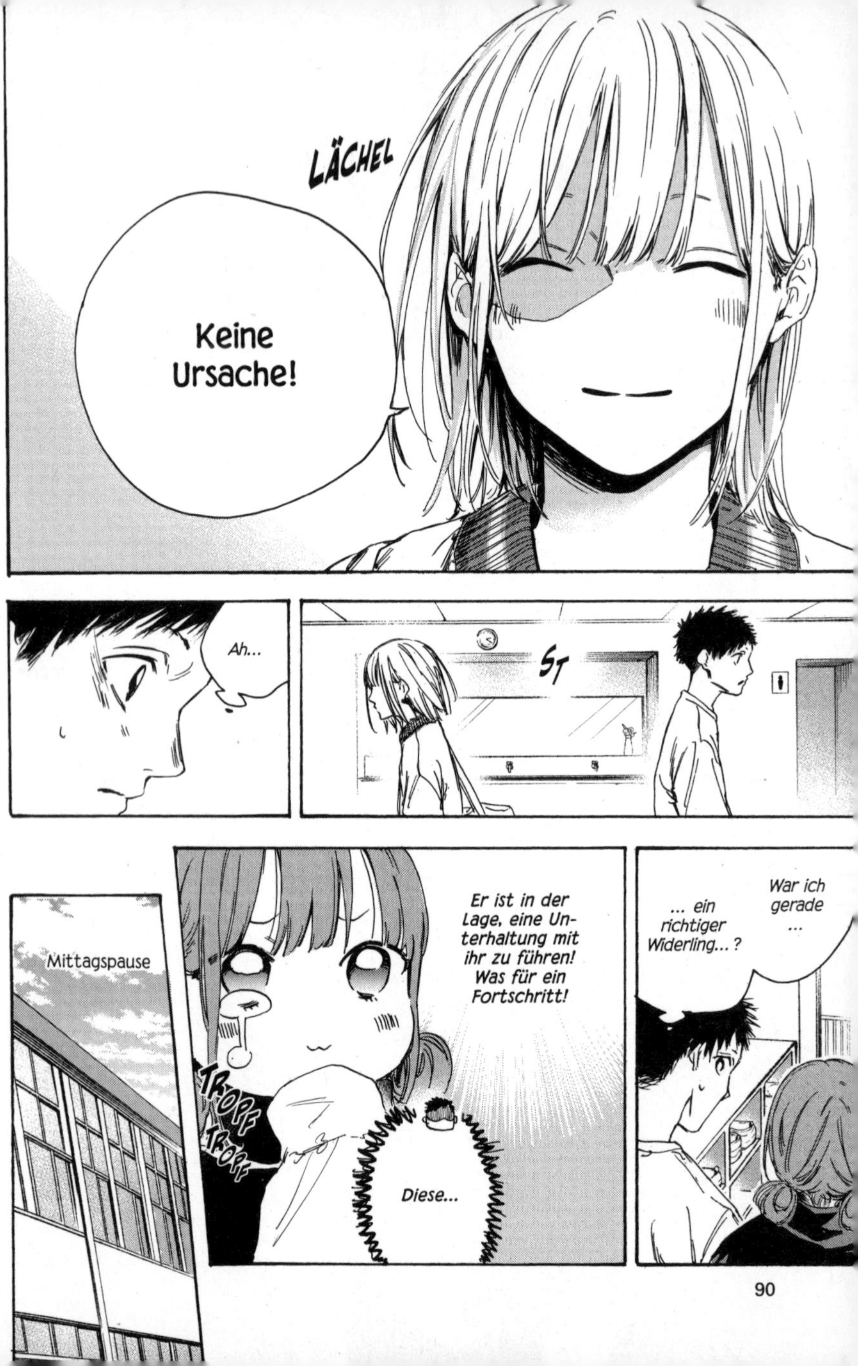
LÄCHEL
Keine Ursache!
ST
Ah...
War ich gerade ...
... ein richtiger Widerling...?
Er ist in der Lage, eine Unterhaltung mit ihr zu führen! Was für ein Fortschritt!
TROPF TROPF
Diese...
Mittagspause

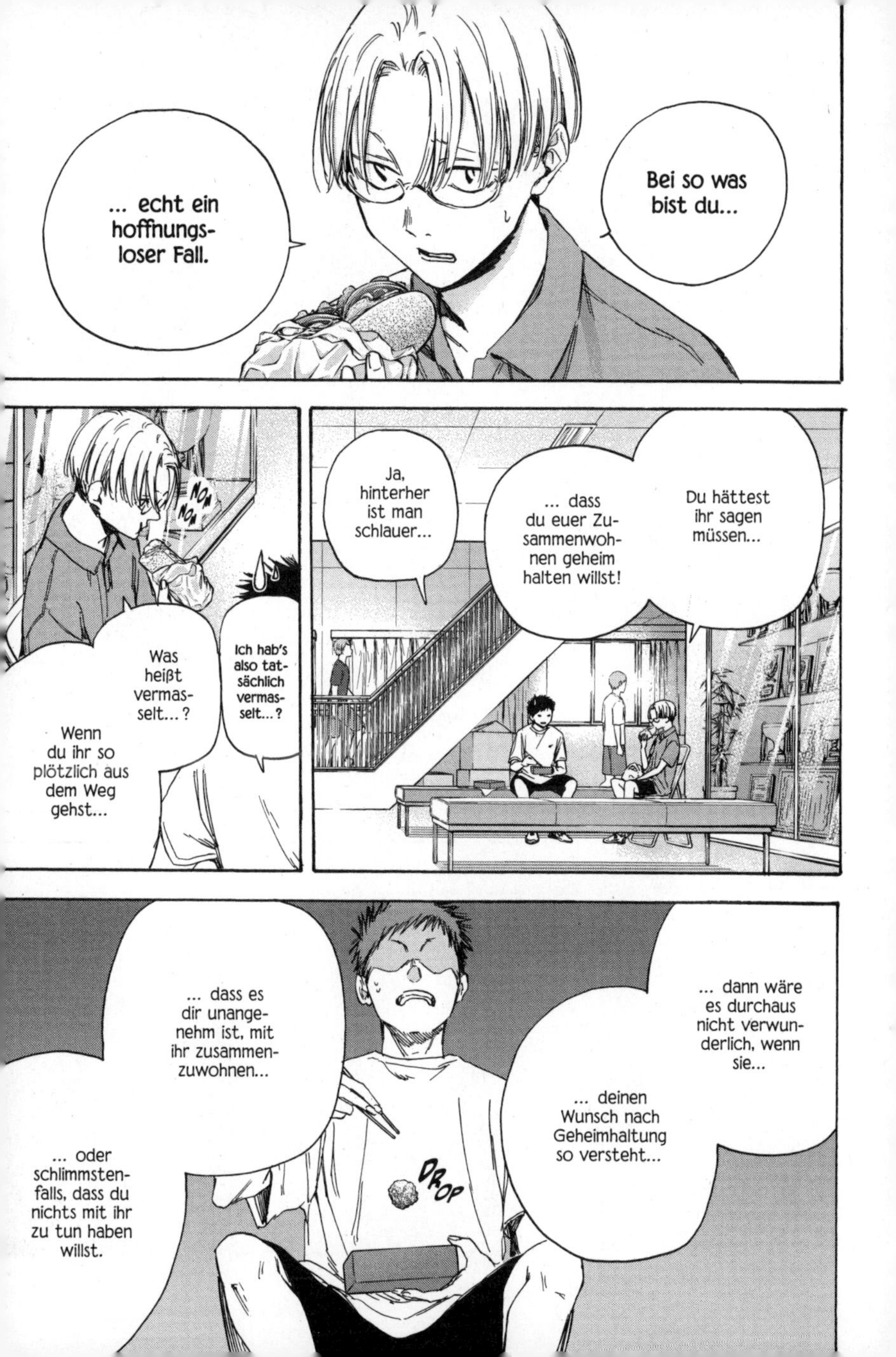
Bei so was bist du...
... echt ein hoffnungsloser Fall.
Du hättest ihr sagen müssen...
... dass du euer Zusammenwohnen geheim halten willst!
Ja, hinterher ist man schlauer...
NOM NOM
Ich hab's also tatsächlich vermasselt...?
Was heißt vermasselt...?
Wenn du ihr so plötzlich aus dem Weg gehst...
... dann wäre es durchaus nicht verwunderlich, wenn sie...
... deinen Wunsch nach Geheimhaltung so versteht...
... dass es dir unangenehm ist, mit ihr zusammenzuwohnen...
... oder schlimmstenfalls, dass du nichts mit ihr zu tun haben willst.
DROP

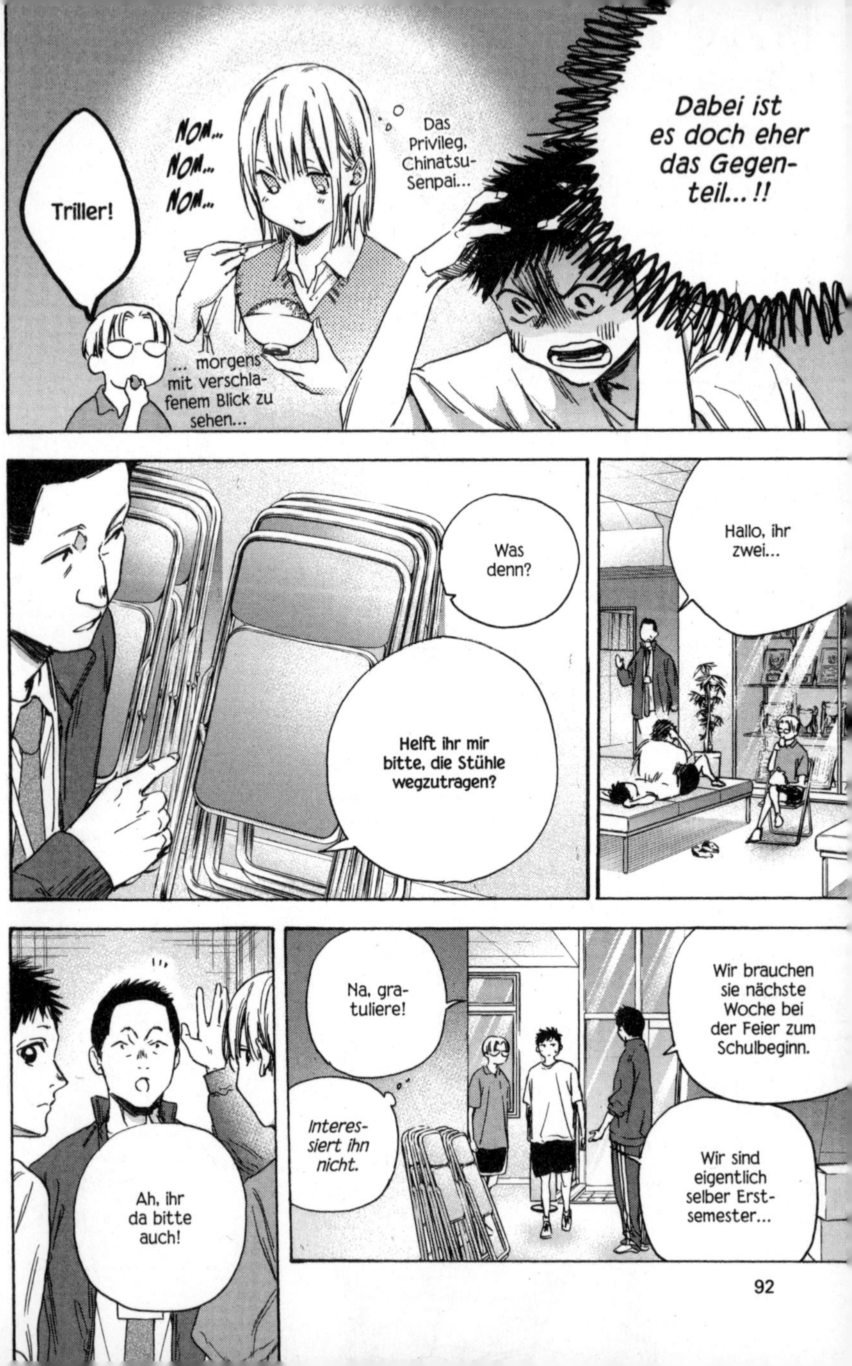

Dabei ist es doch eher das Gegenteil...!!
Das Privileg, Chinatsu-Senpai...
... morgens mit verschlafenem Blick zu sehen...
NOM... NOM... NOM...
Triller!
Hallo, ihr zwei...
Was denn?
Helft ihr mir bitte, die Stühle wegzutragen?
Wir brauchen sie nächste Woche bei der Feier zum Schulbeginn.
Wir sind eigentlich selber Erstsemester...
Na, gratuliere!
Interessiert ihn nicht.
Ah, ihr da bitte auch!

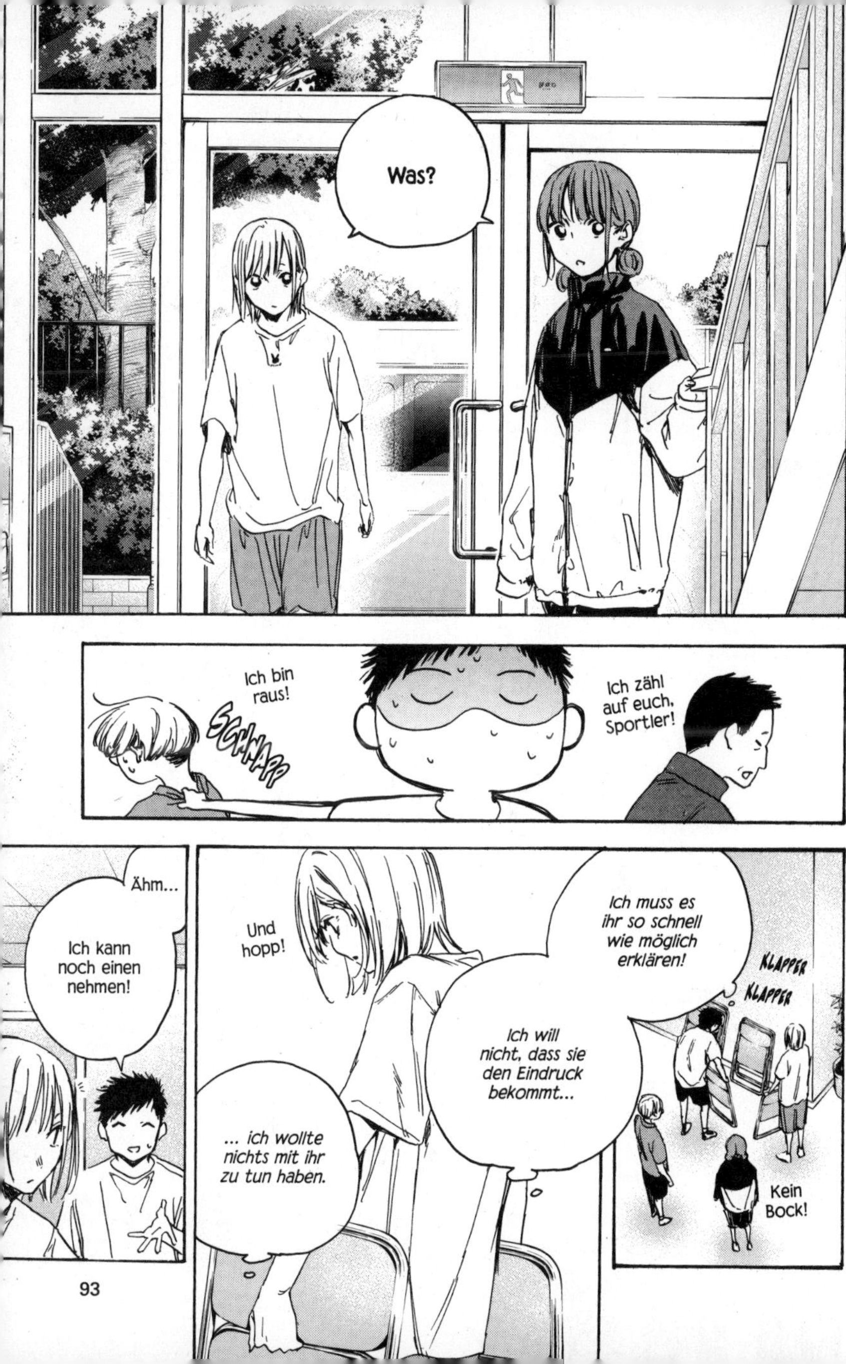
Was?
Ich zähl auf euch, Sportler!
SCHNAPP
Ich bin raus!
Kein Bock!
KLAPPER
KLAPPER
Ich muss es ihr so schnell wie möglich erklären!
Ich will nicht, dass sie den Eindruck bekommt...
... ich wollte nichts mit ihr zu tun haben.
Und hopp!
Ähm...
Ich kann noch einen nehmen!

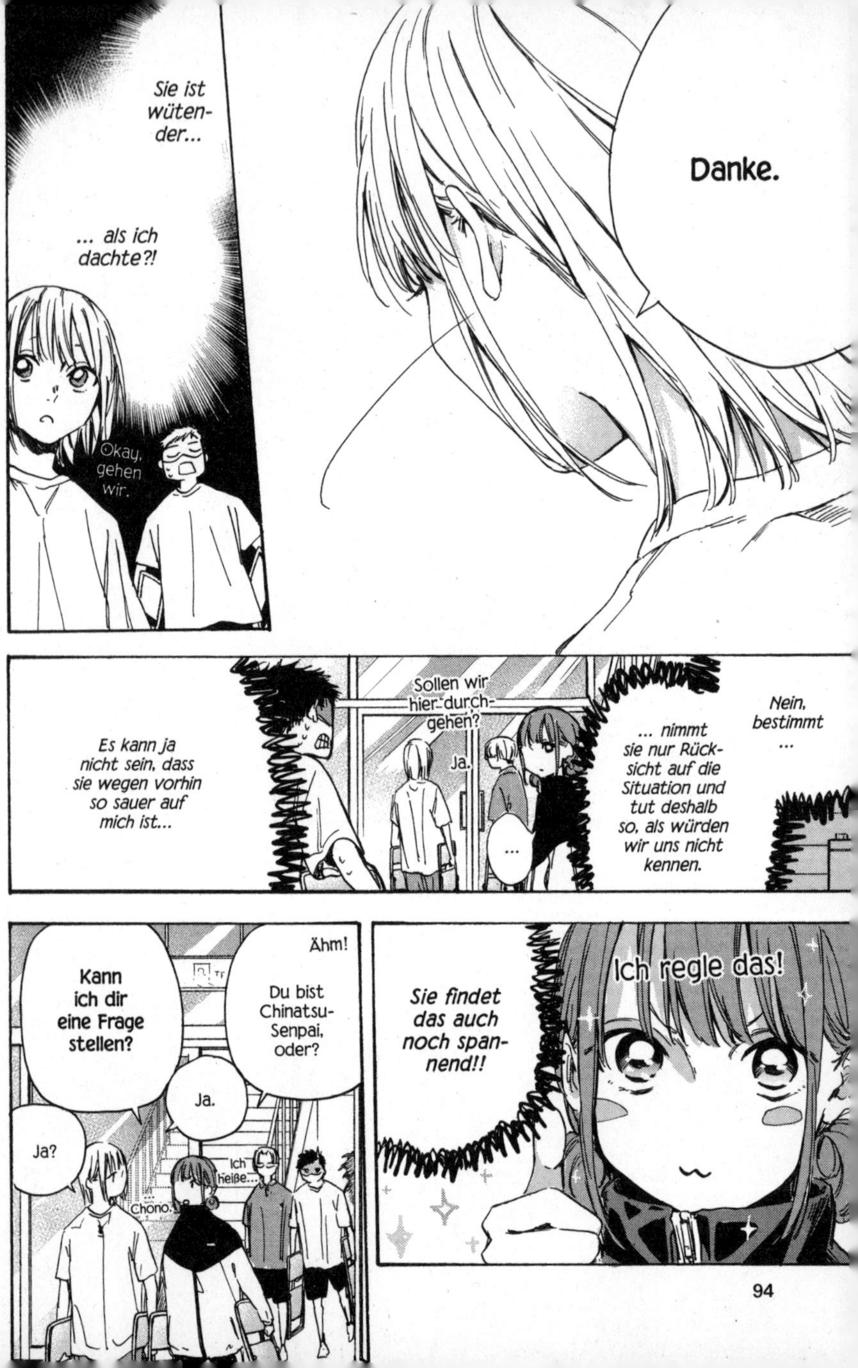
Danke.
Sie ist wütender...
... als ich dachte?!
Okay, gehen wir.
Nein, bestimmt ...
... nimmt sie nur Rücksicht auf die Situation und tut deshalb so, als würden wir uns nicht kennen.
Sollen wir hier durchgehen?
Ja.
...
Es kann ja nicht sein, dass sie wegen vorhin so sauer auf mich ist...
Ich regle das!
Sie findet das auch noch spannend!!
Ähm!
Du bist Chinatsu-Senpai, oder?
Kann ich dir eine Frage stellen?
Ja.
Ja?
Ich heiße...
... Chono.

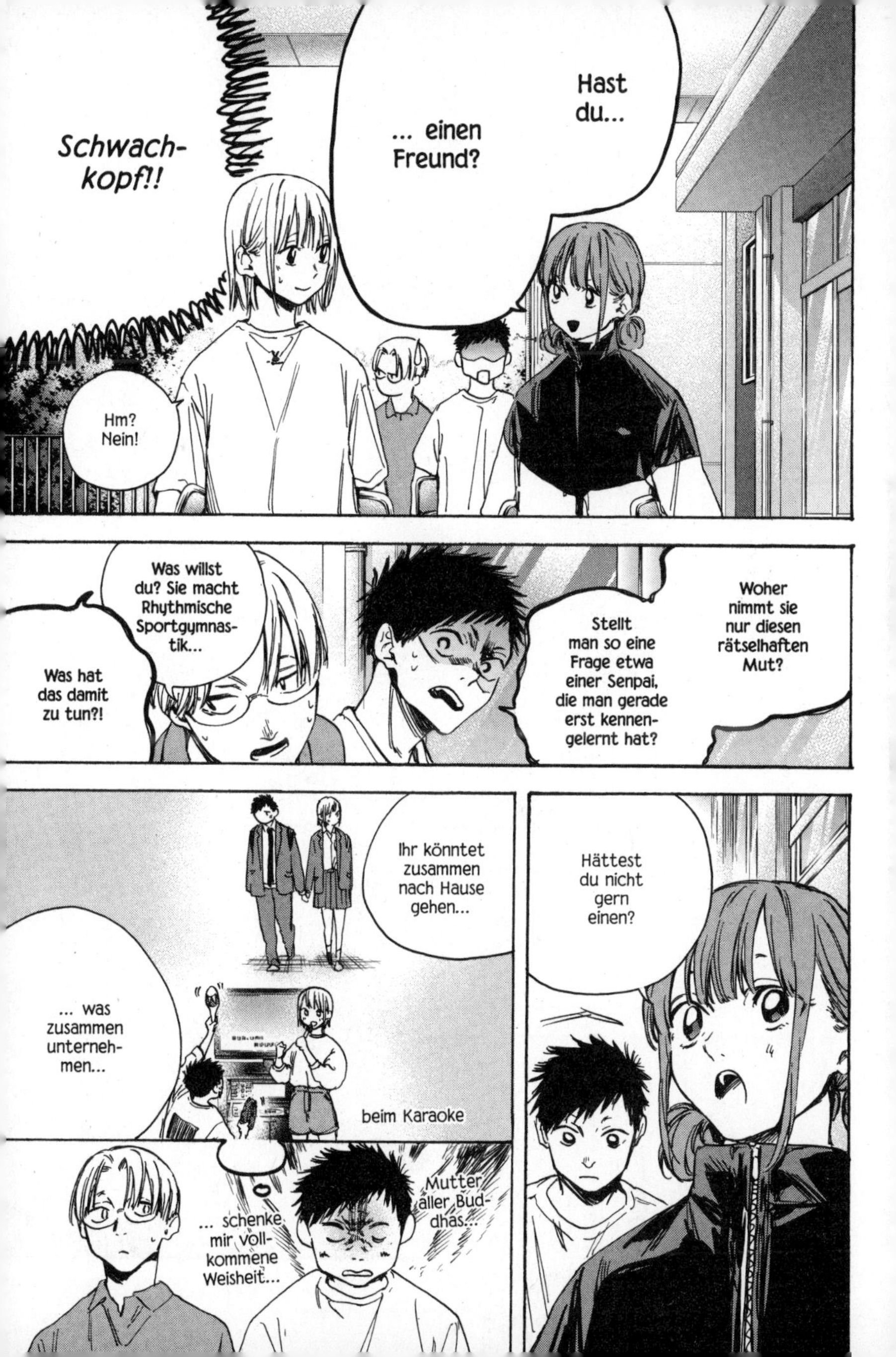
Hast du...
... einen Freund?
Schwachkopf!!
Hm? Nein!
Woher nimmt sie nur diesen rätselhaften Mut?
Stellt man so eine Frage etwa einer Senpai, die man gerade erst kennengelernt hat?
Was willst du? Sie macht Rhythmische Sportgymnastik...
Was hat das damit zu tun?!
Hättest du nicht gern einen?
Ihr könntet zusammen nach Hause gehen...
... was zusammen unternehmen...
beim Karaoke
Mutter aller Buddhas...
... schenke mir vollkommene Weisheit...

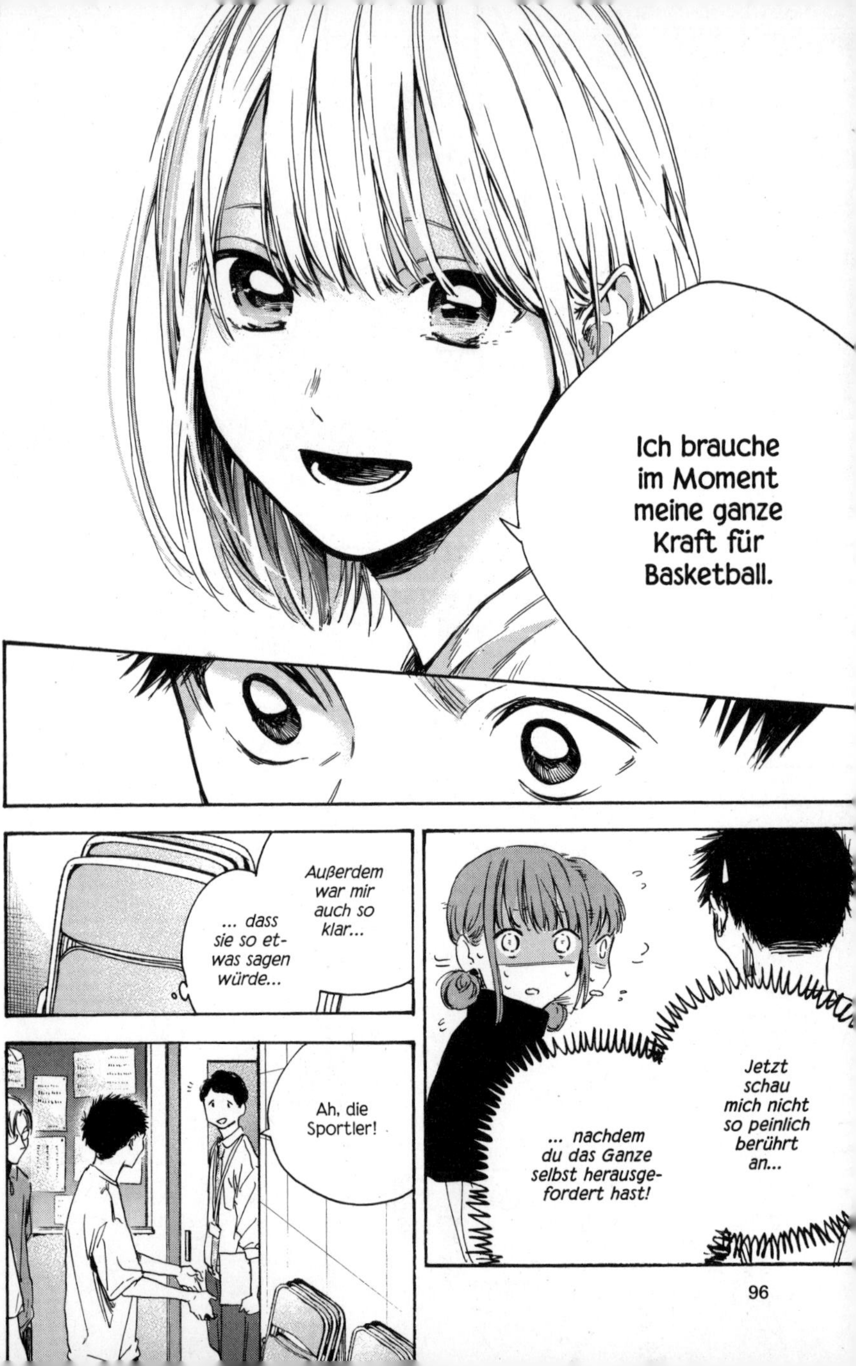
Ich brauche im Moment meine ganze Kraft für Basketball.
Jetzt schau mich nicht so peinlich berührt an...
... nachdem du das Ganze selbst herausgefordert hast!
Außerdem war mir auch so klar...
... dass sie so etwas sagen würde...
Ah, die Sportler!

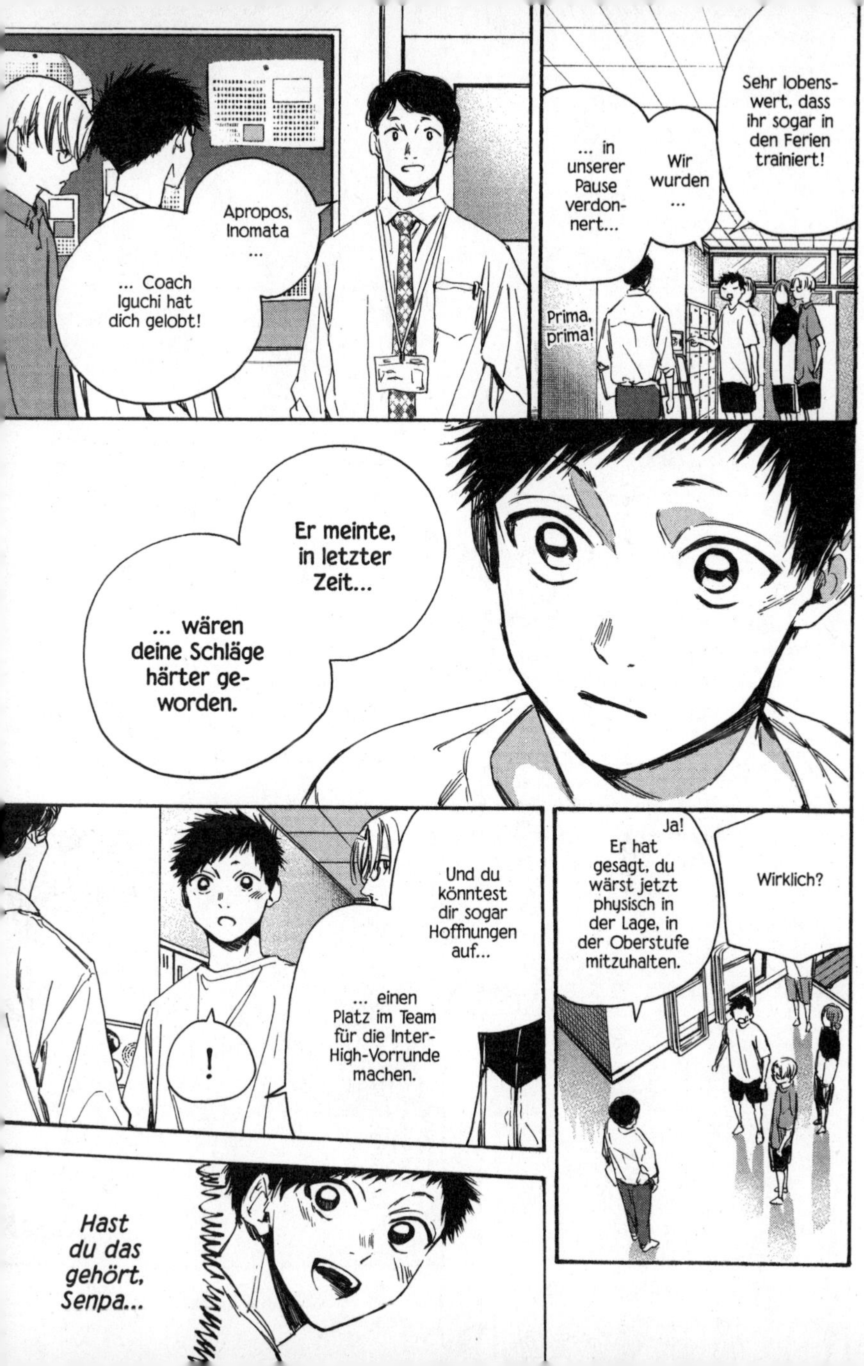
Sehr lobenswert, dass ihr sogar in den Ferien trainiert!
Wir wurden ...
... in unserer Pause verdonnert...
Prima, prima!
Apropos, Inomata ...
... Coach Iguchi hat dich gelobt!
Er meinte, in letzter Zeit...
... wären deine Schläge härter geworden.
Wirklich?
Ja! Er hat gesagt, du wärst jetzt physisch in der Lage, in der Oberstufe mitzuhalten.
Und du könntest dir sogar Hoffnungen auf...
... einen Platz im Team für die Inter-High-Vorrunde machen.
!
Hast du das gehört, Senpa...

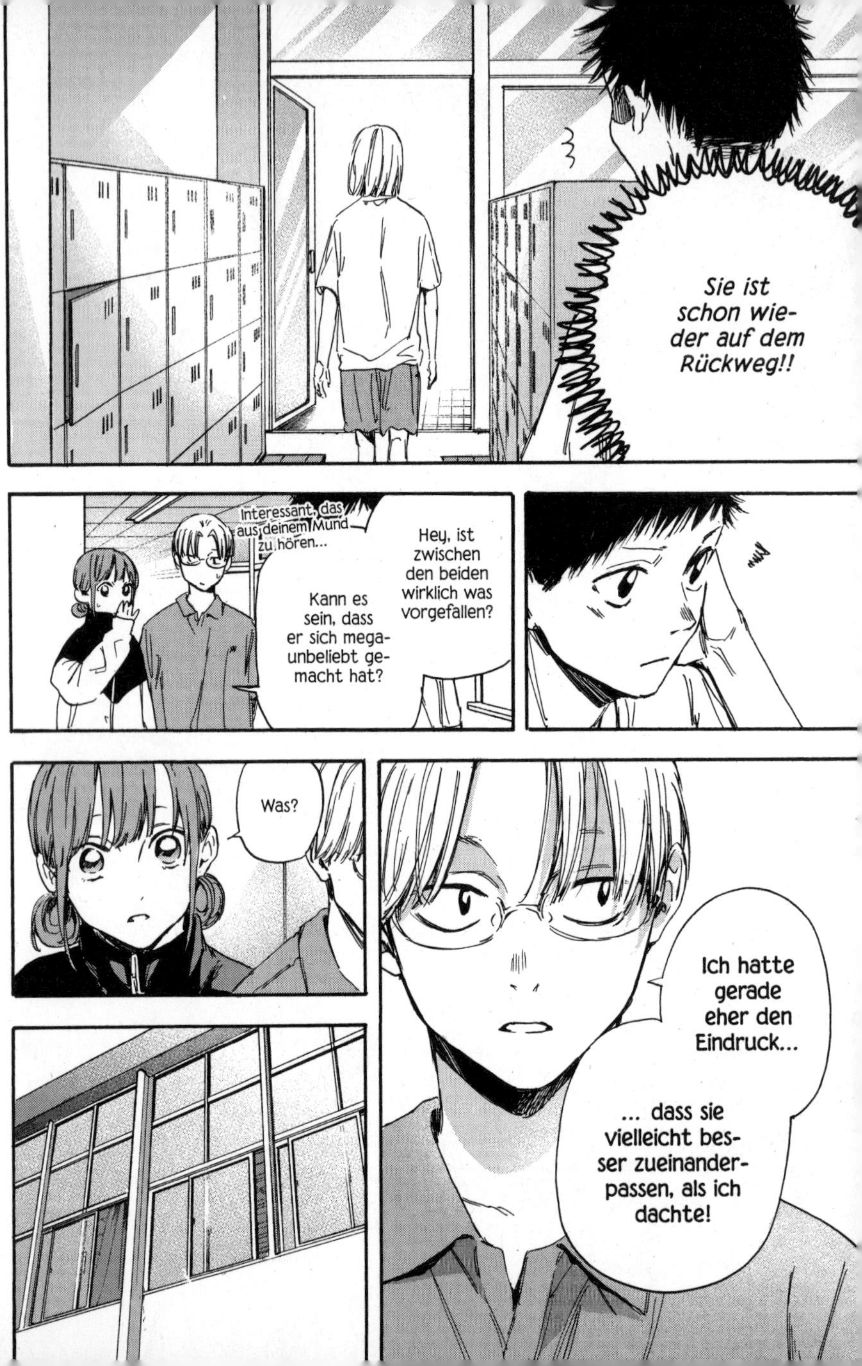
Sie ist schon wie-der auf dem Rückweg!!
Hey, ist zwischen den beiden wirklich was vorgefallen?
Kann es sein, dass er sich mega-unbeliebt ge-macht hat?
Interessant, das aus deinem Mund zu hören...
Ich hatte gerade eher den Eindruck...
... dass sie vielleicht bes-ser zueinander-passen, als ich dachte!
Was?

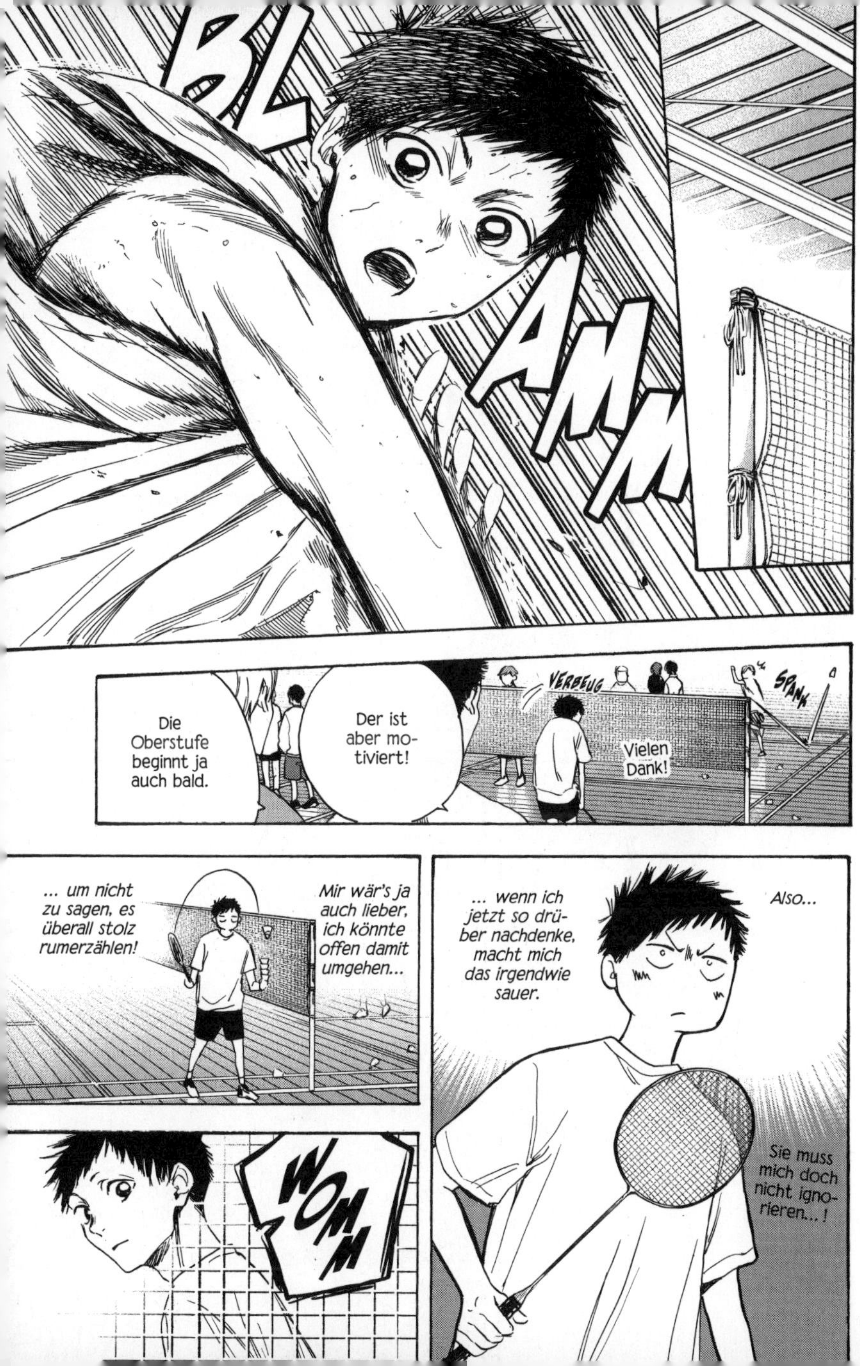
BLAMM
SPANK
VERBEUG
Vielen Dank!
Der ist aber motiviert!
Die Oberstufe beginnt ja auch bald.
Also...
... wenn ich jetzt so drüber nachdenke, macht mich das irgendwie sauer.
Mir wär's ja auch lieber, ich könnte offen damit umgehen...
... um nicht zu sagen, es überall stolz rumerzählen!
Sie muss mich doch nicht ignorieren...!
WOMM

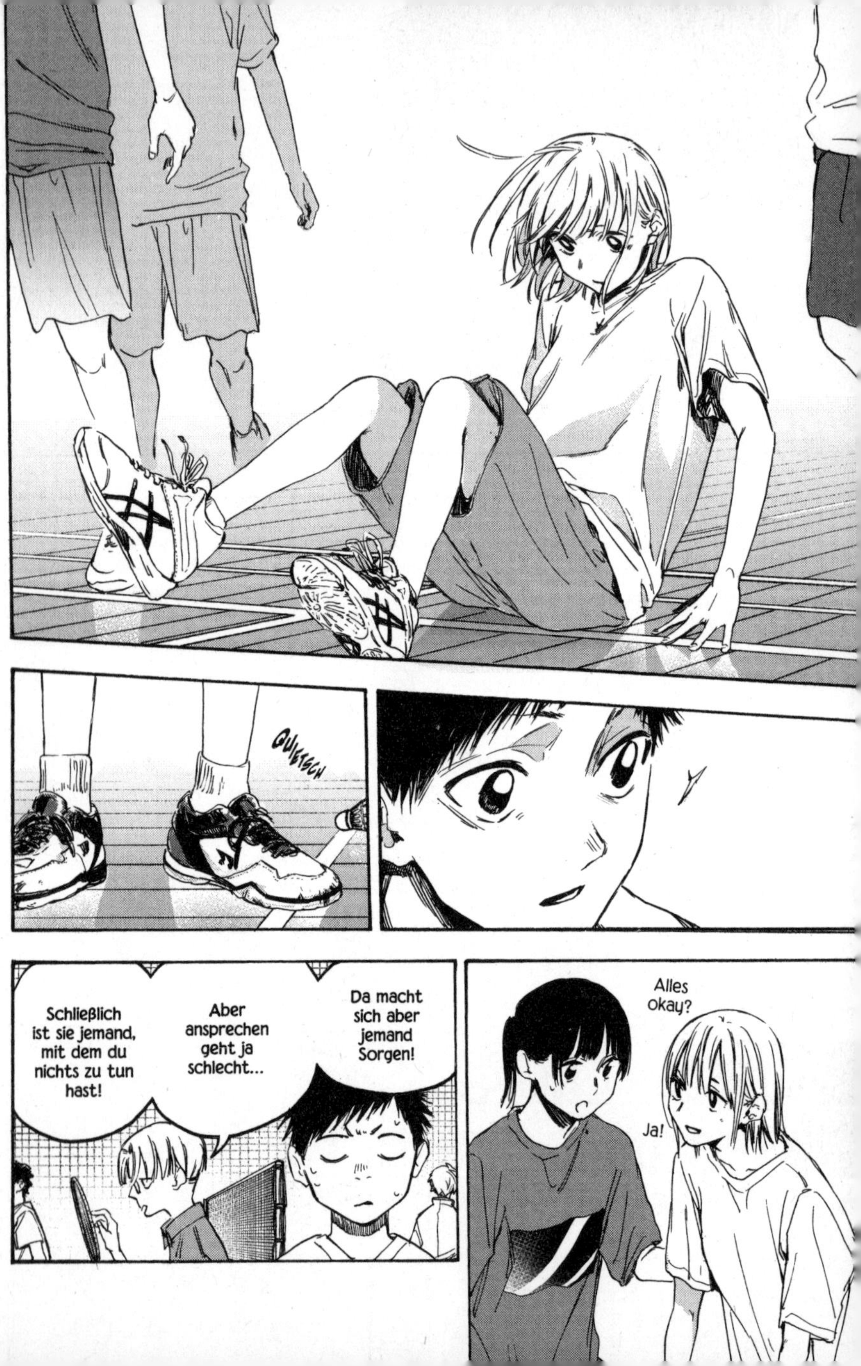
QUIETSCH
Alles okay?
Ja!
Da macht sich aber jemand Sorgen!
Aber ansprechen geht ja schlecht...
Schließlich ist sie jemand, mit dem du nichts zu tun hast!

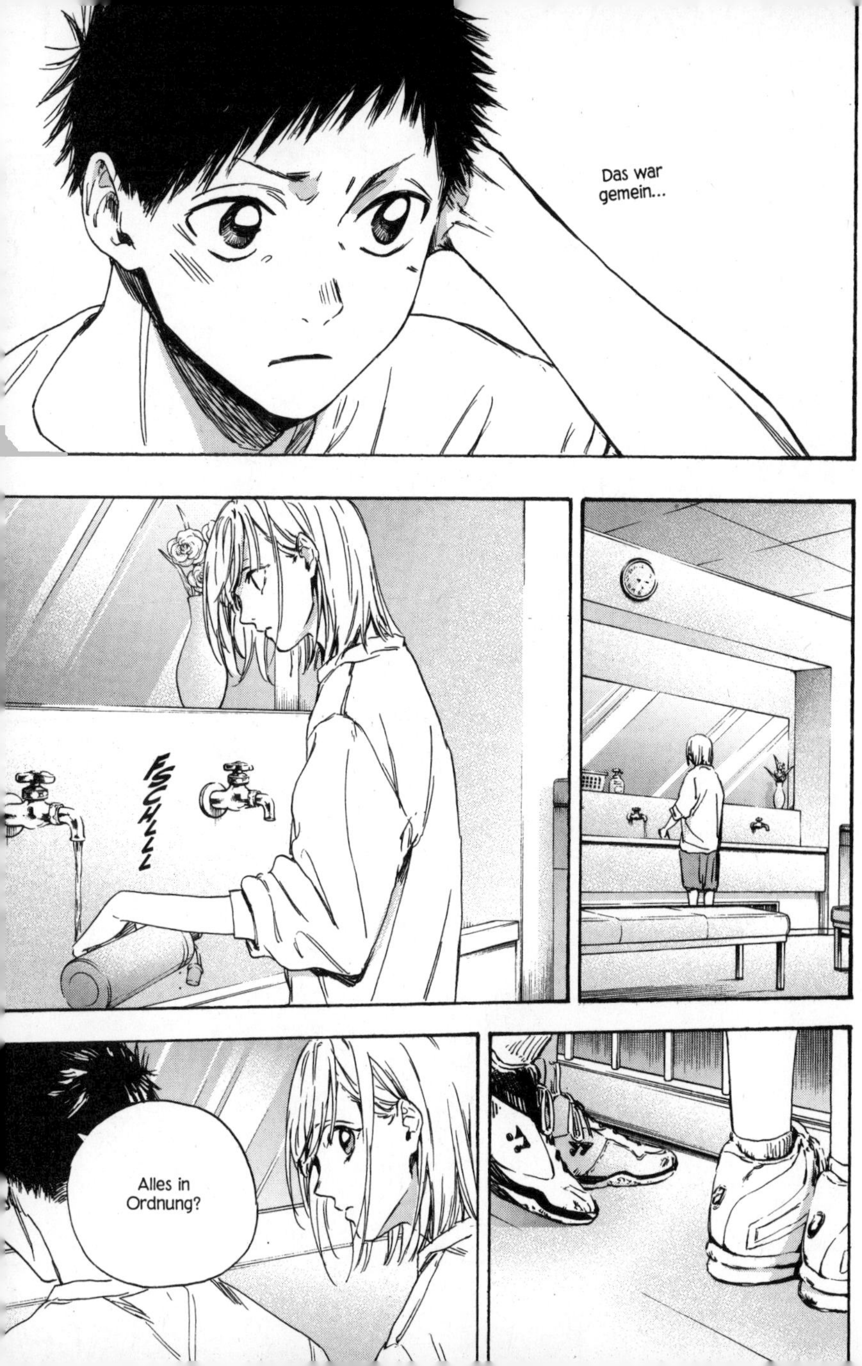
Das war gemein...
FSCHLLL
Alles in Ordnung?

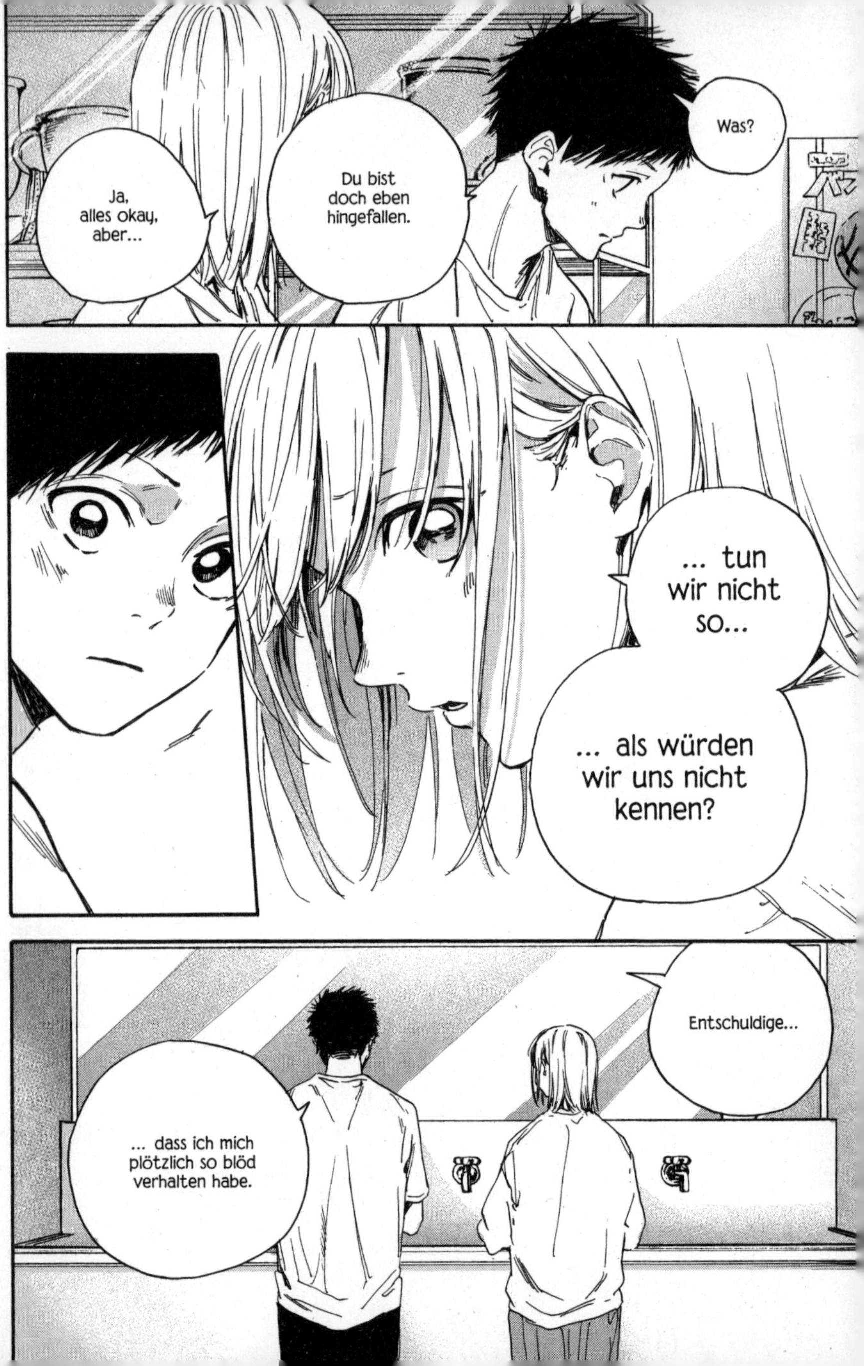
Was?
Du bist doch eben hingefallen.
Ja, alles okay, aber...
... tun wir nicht so...
... als würden wir uns nicht kennen?
Entschuldige...
... dass ich mich plötzlich so blöd verhalten habe.

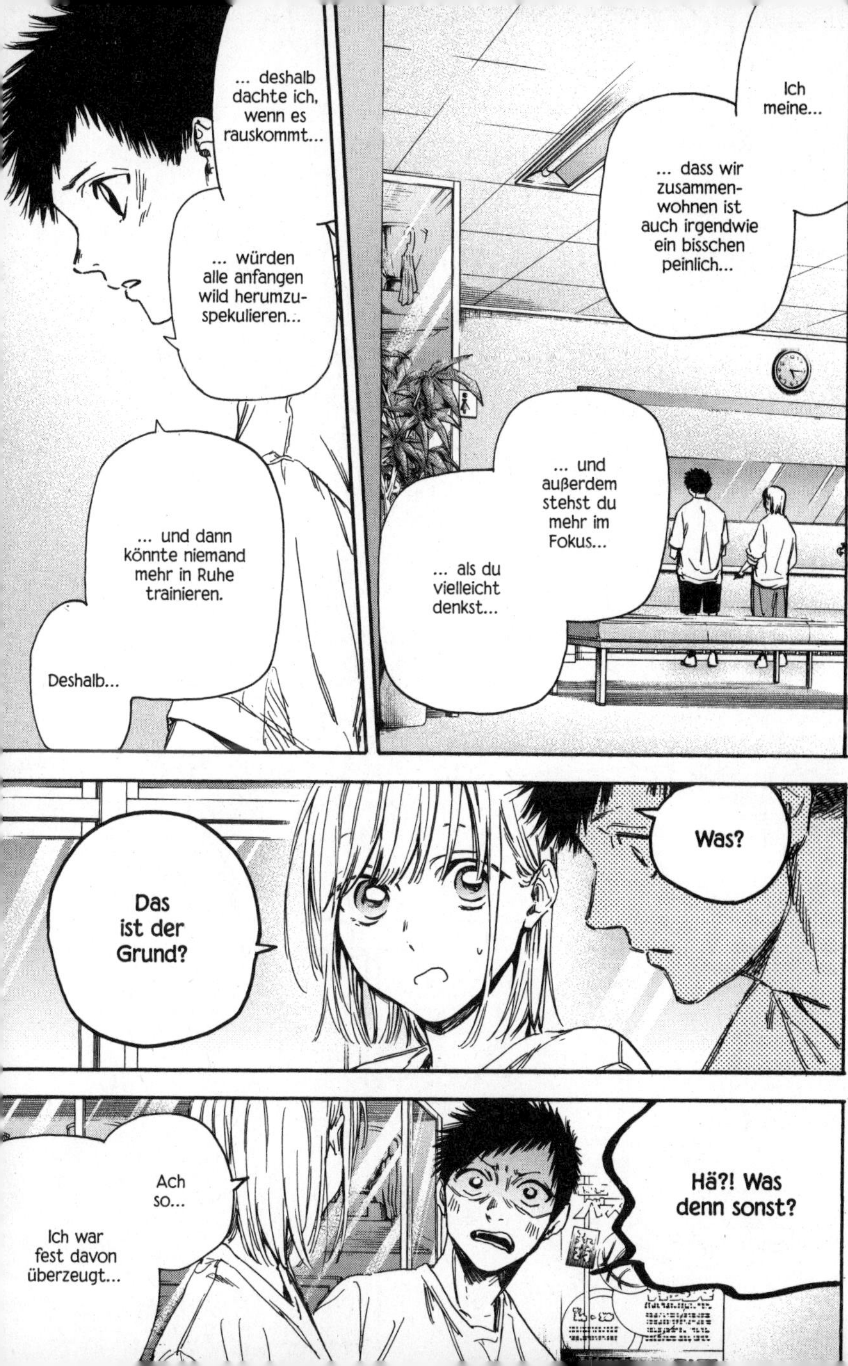
Ich meine...
... dass wir zusammen-wohnen ist auch irgendwie ein bisschen peinlich...
... und außerdem stehst du mehr im Fokus...
... als du vielleicht denkst...
... deshalb dachte ich, wenn es rauskommt...
... würden alle anfangen wild herumzu-spekulieren...
... und dann könnte niemand mehr in Ruhe trainieren.
Deshalb...
Was?
Das ist der Grund?
Hä?! Was denn sonst?
Ach so...
Ich war fest davon überzeugt...

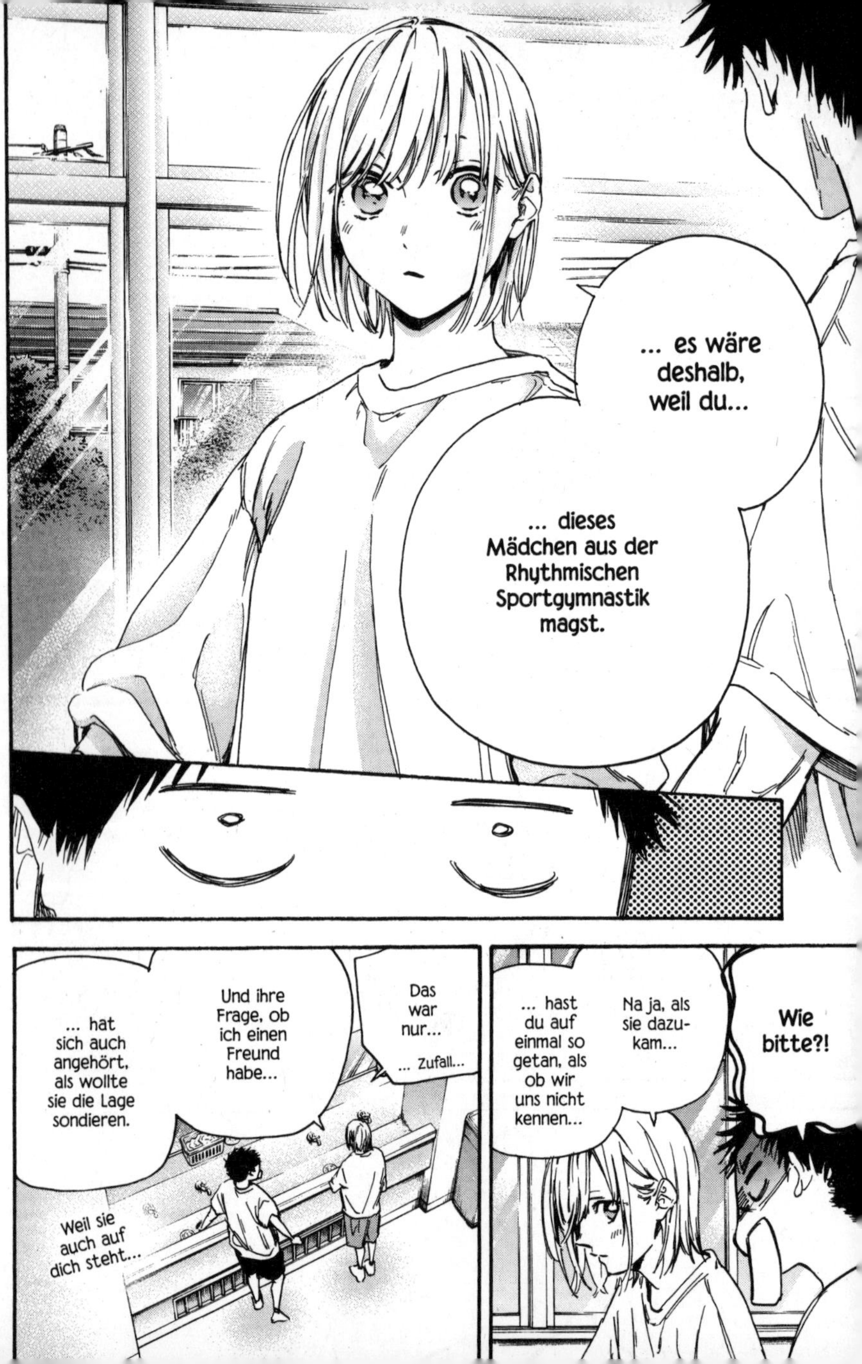
... es wäre deshalb, weil du...
... dieses Mädchen aus der Rhythmischen Sportgymnastik magst.
Wie bitte?!
Na ja, als sie dazu-kam...
... hast du auf einmal so getan, als ob wir uns nicht kennen...
Das war nur...
... Zufall...
Und ihre Frage, ob ich einen Freund habe...
... hat sich auch angehört, als wollte sie die Lage sondieren.
Weil sie auch auf dich steht...

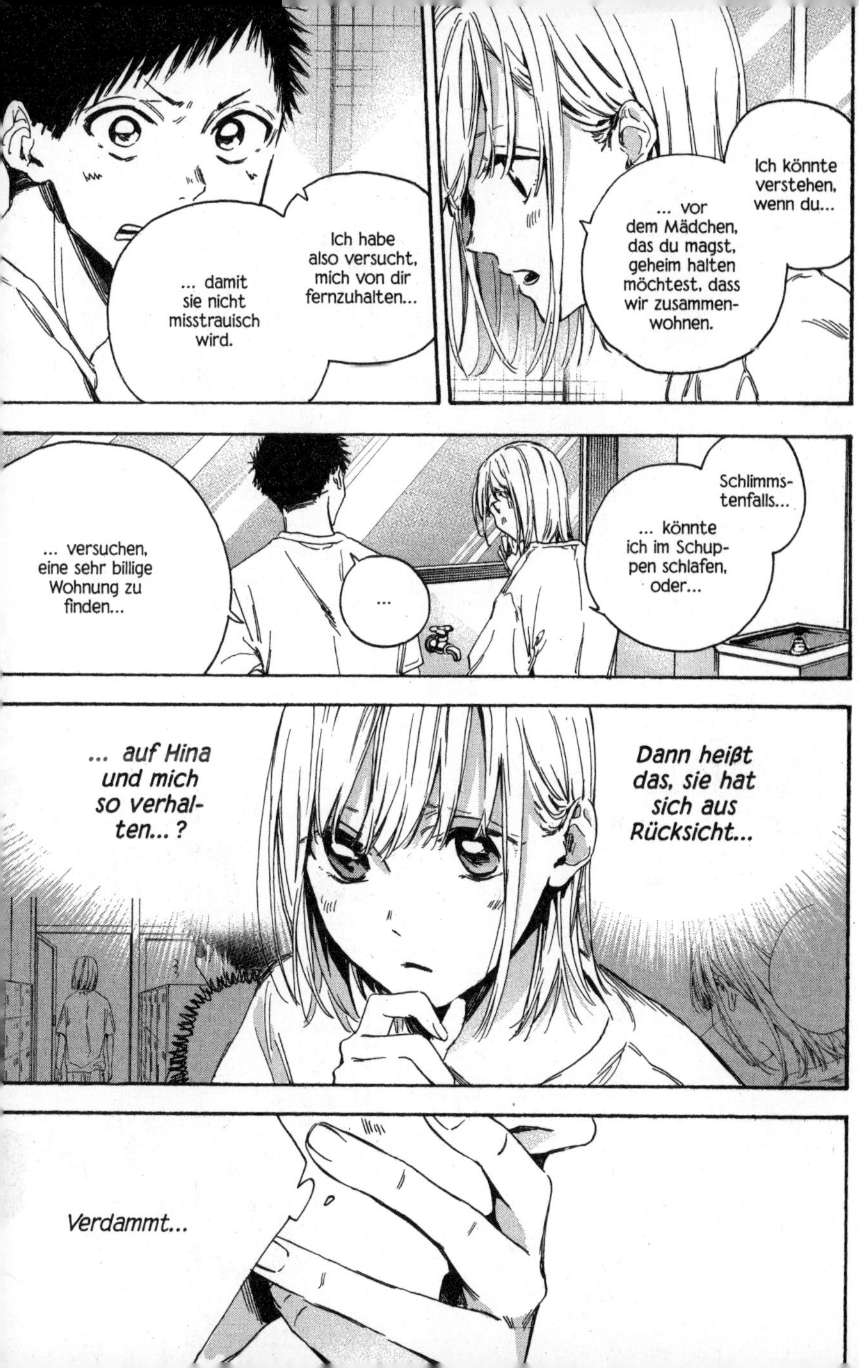

Ich könnte verstehen, wenn du...
... vor dem Mädchen, das du magst, geheim halten möchtest, dass wir zusammen-wohnen.
Ich habe also versucht, mich von dir fernzuhalten...
... damit sie nicht misstrauisch wird.
Schlimms-tenfalls...
... könnte ich im Schup-pen schlafen, oder...
...
... versuchen, eine sehr billige Wohnung zu finden...
Dann heißt das, sie hat sich aus Rücksicht...
... auf Hina und mich so verhal-ten...?
Verdammt...

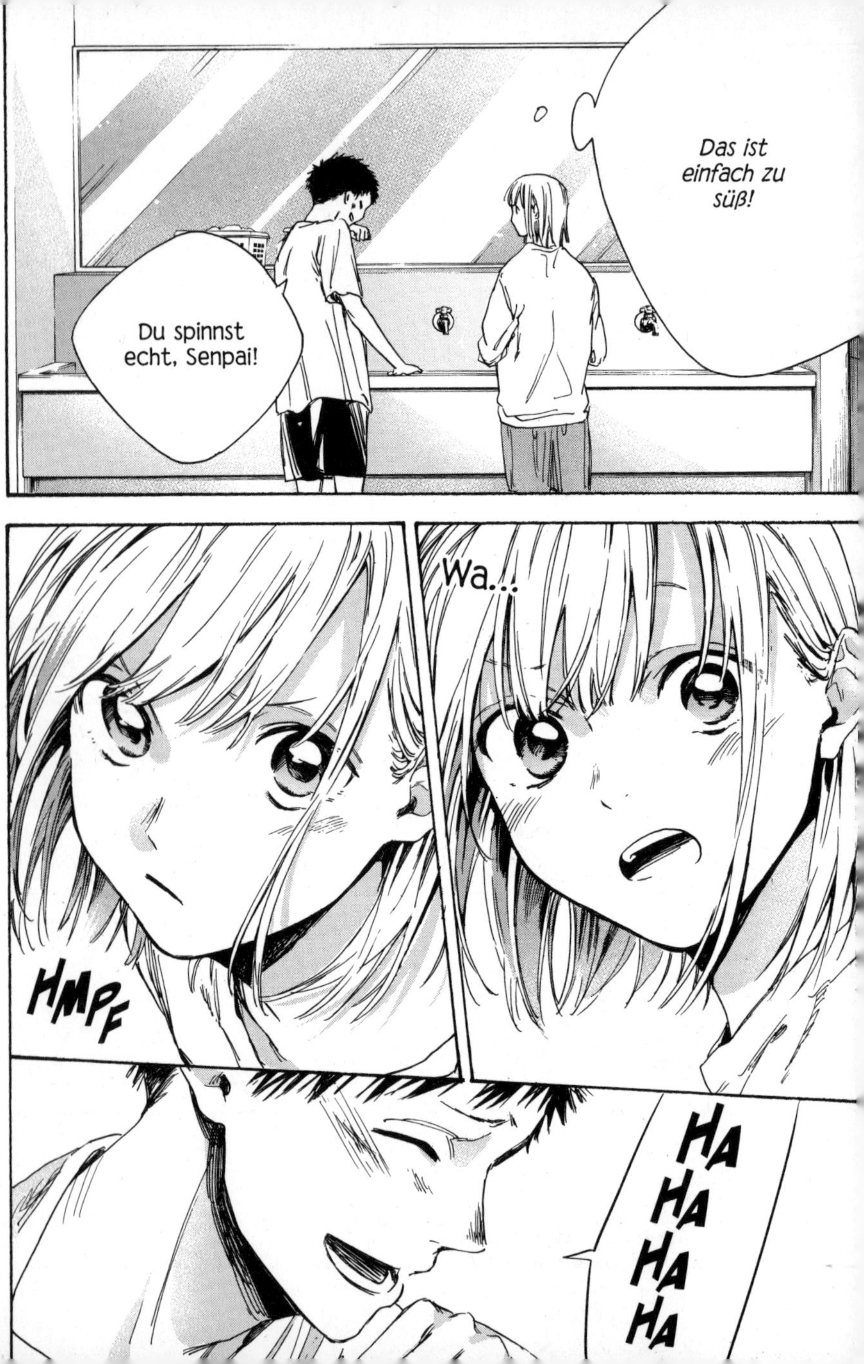
Das ist einfach zu süß!
Du spinnst echt, Senpai!
Wa...
HMPF
HA HA HA HA HA

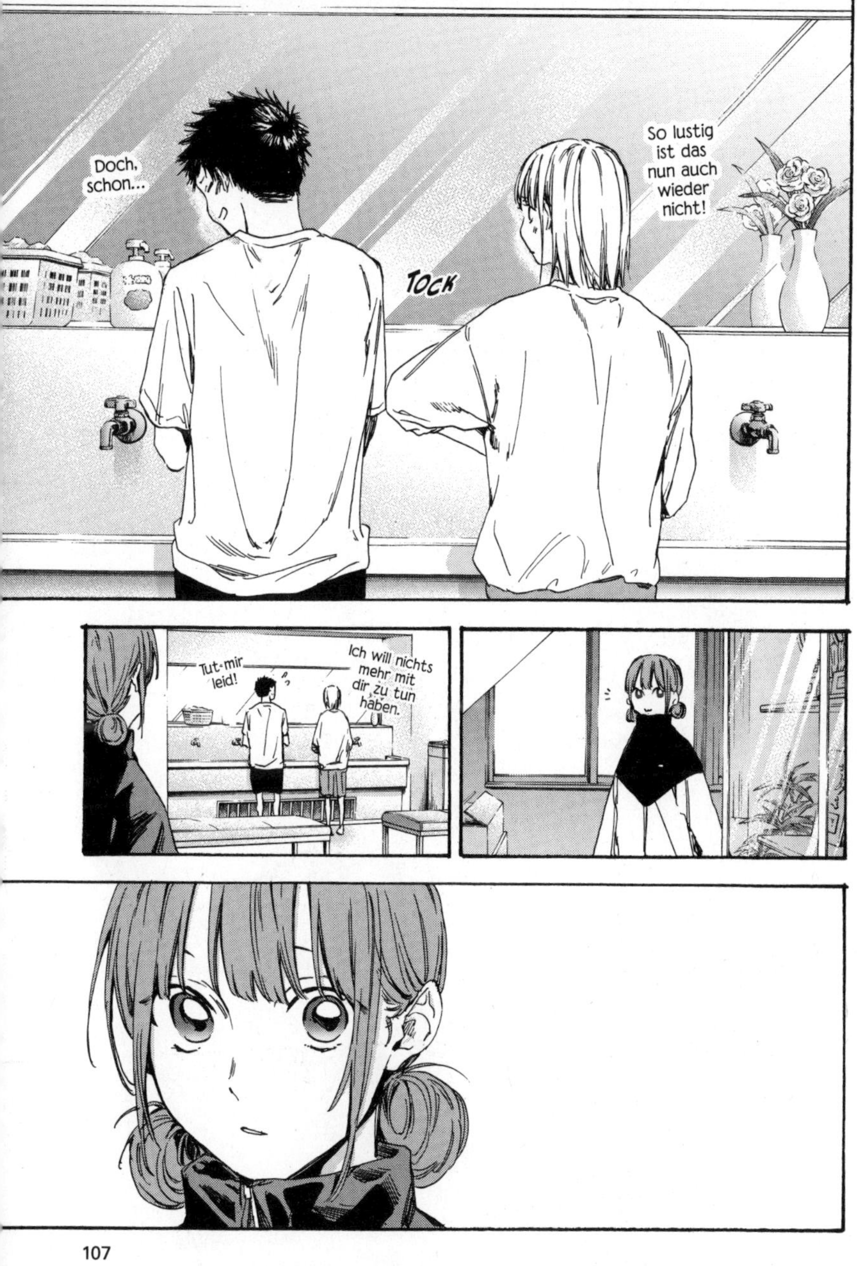
So lustig ist das nun auch wieder nicht!
TOCK
Doch, schon...
Ich will nichts mehr mit dir zu tun haben.
Tut mir leid!

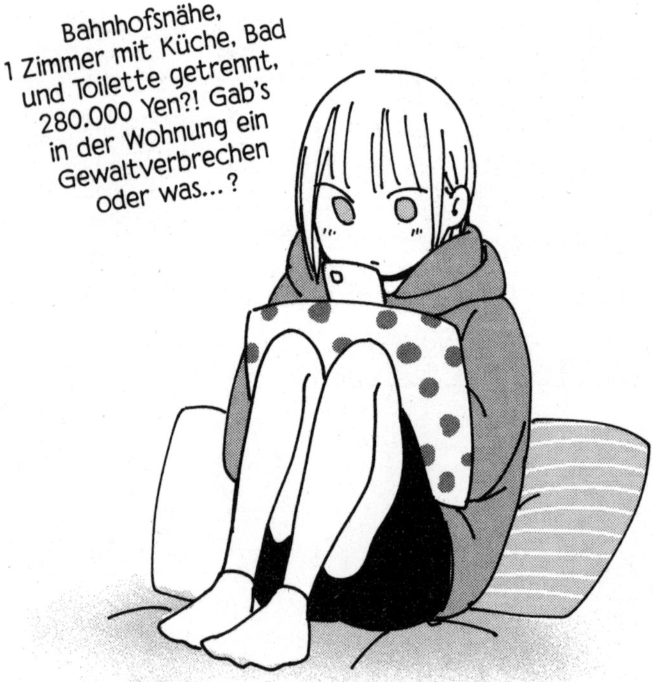
Bahnhofsnähe, 1 Zimmer mit Küche, Bad und Toilette getrennt, 280.000 Yen?! Gab's in der Wohnung ein Gewaltverbrechen oder was...?

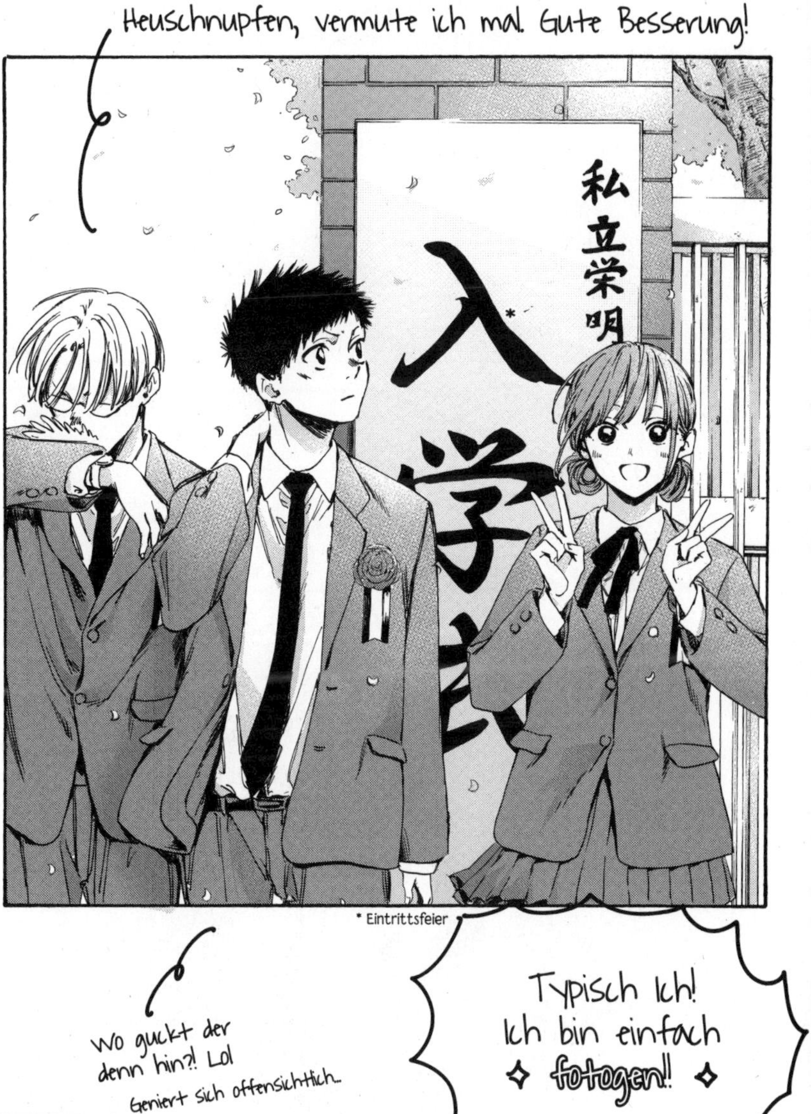

#4 Die Erwählte

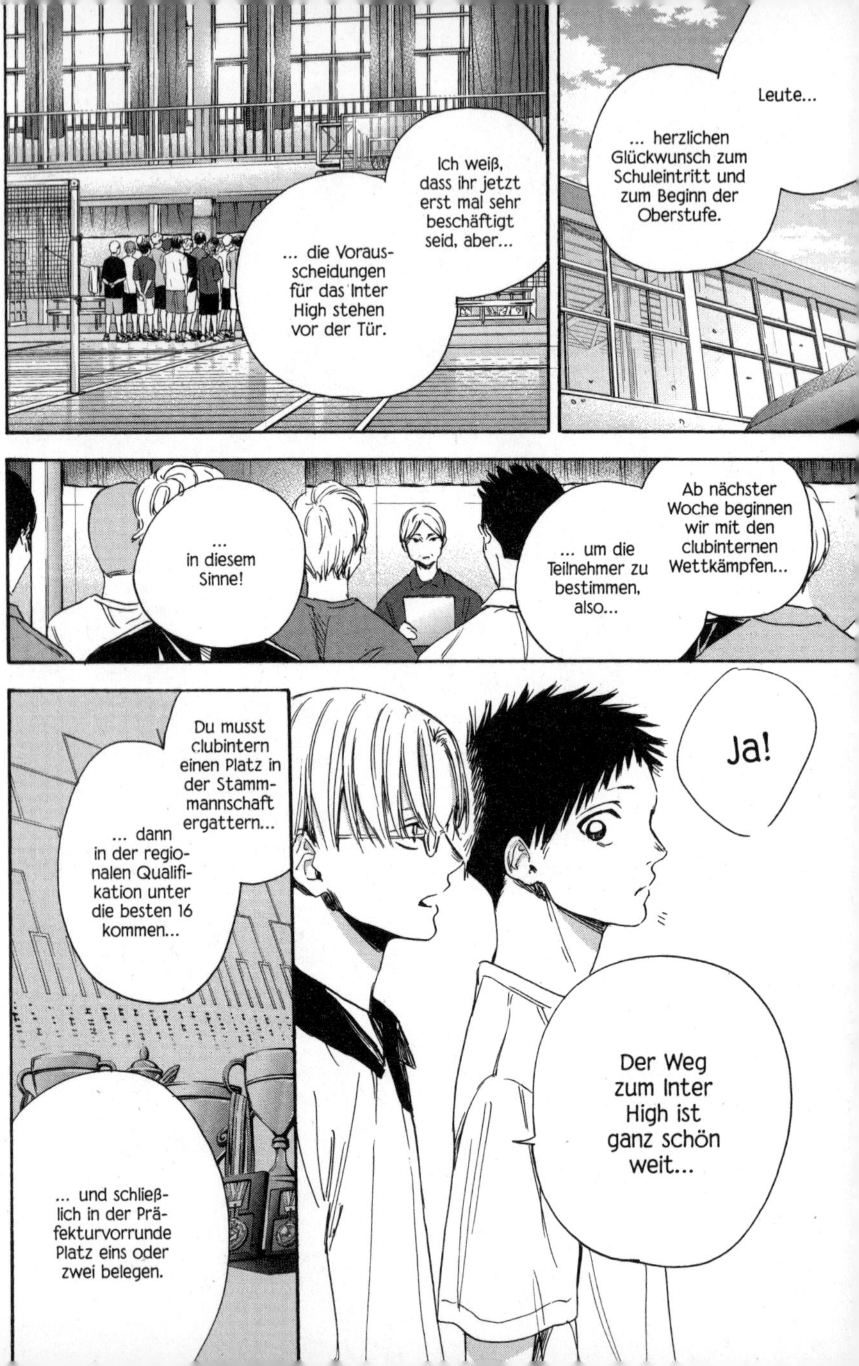
Leute...
... herzlichen Glückwunsch zum Schuleintritt und zum Beginn der Oberstufe.
Ich weiß, dass ihr jetzt erst mal sehr beschäftigt seid, aber...
... die Vorausscheidungen für das Inter High stehen vor der Tür.
Ab nächster Woche beginnen wir mit den clubinternen Wettkämpfen...
... um die Teilnehmer zu bestimmen, also...
... in diesem Sinne!
Ja!
Der Weg zum Inter High ist ganz schön weit...
Du musst clubintern einen Platz in der Stammmannschaft ergattern...
... dann in der regionalen Qualifikation unter die besten 16 kommen...
... und schließlich in der Präfekturvorrunde Platz eins oder zwei belegen.

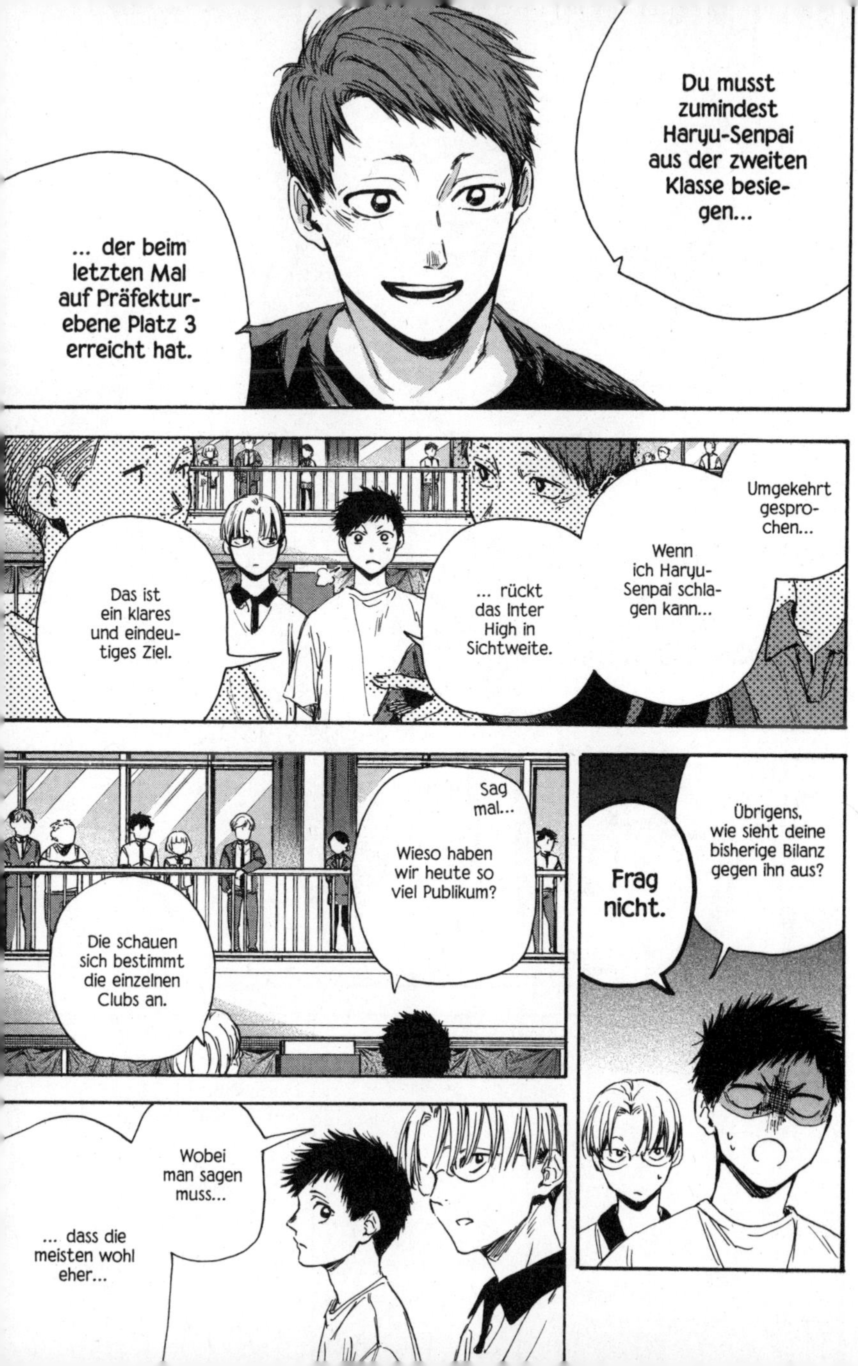
Du musst zumindest Haryu-Senpai aus der zweiten Klasse besiegen...
... der beim letzten Mal auf Präfekturebene Platz 3 erreicht hat.
Umgekehrt gesprochen...
Wenn ich Haryu-Senpai schlagen kann...
... rückt das Inter High in Sichtweite.
Das ist ein klares und eindeutiges Ziel.
Übrigens, wie sieht deine bisherige Bilanz gegen ihn aus?
Frag nicht.
Sag mal...
Wieso haben wir heute so viel Publikum?
Die schauen sich bestimmt die einzelnen Clubs an.
Wobei man sagen muss...
... dass die meisten wohl eher...

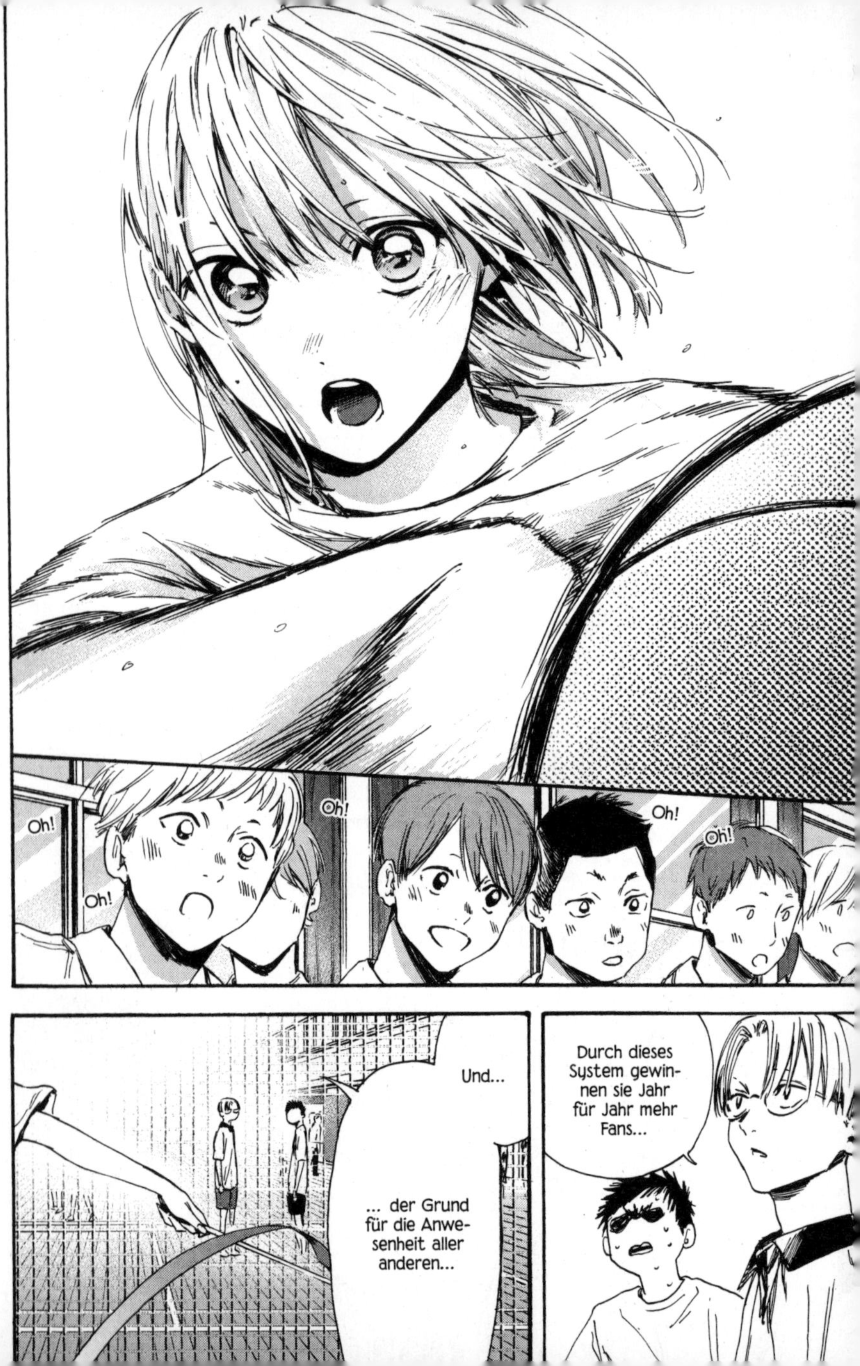
Oh!
Oh!
Oh!
Oh!
Oh!
Durch dieses System gewinnen sie Jahr für Jahr mehr Fans...
Und...
... der Grund für die Anwesenheit aller anderen...

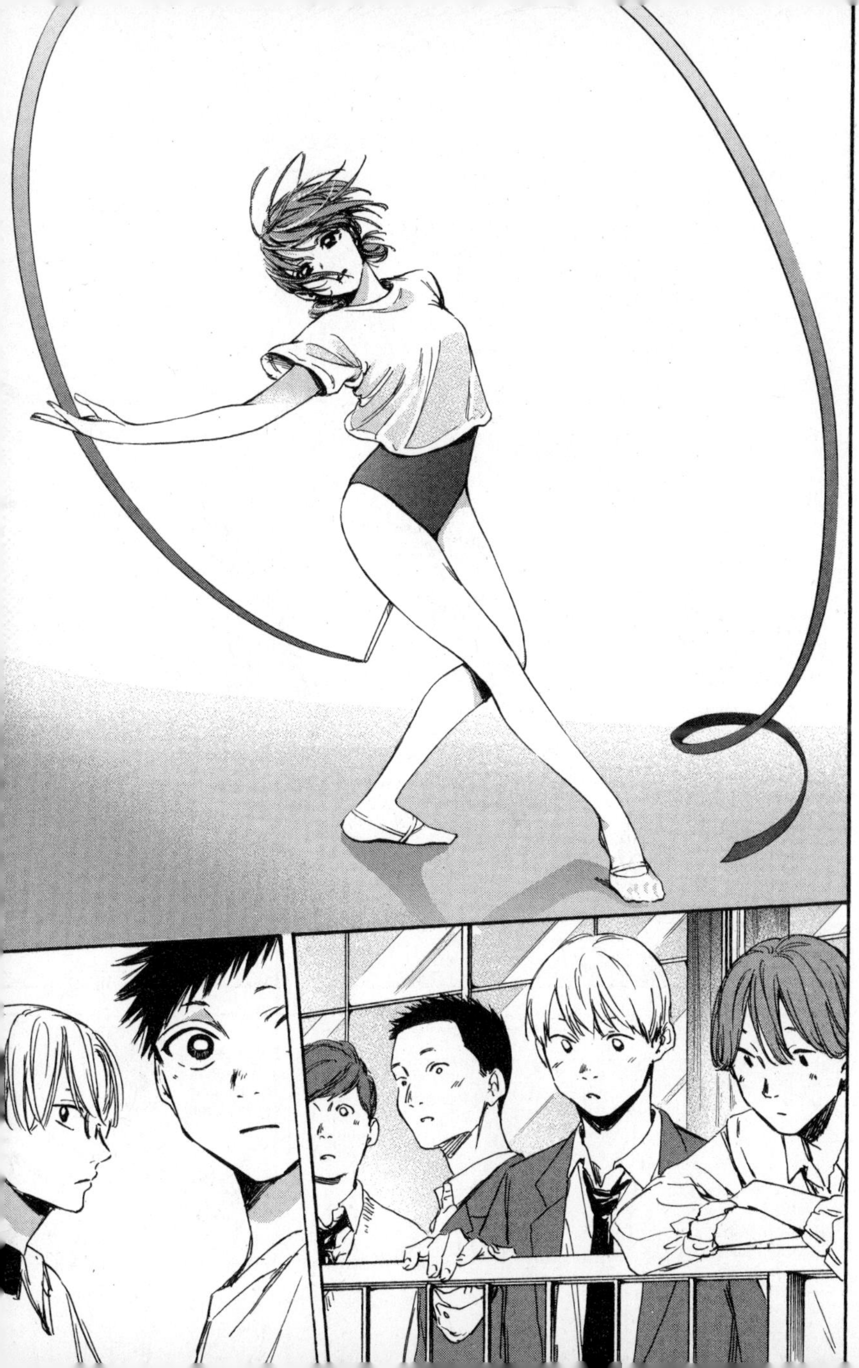

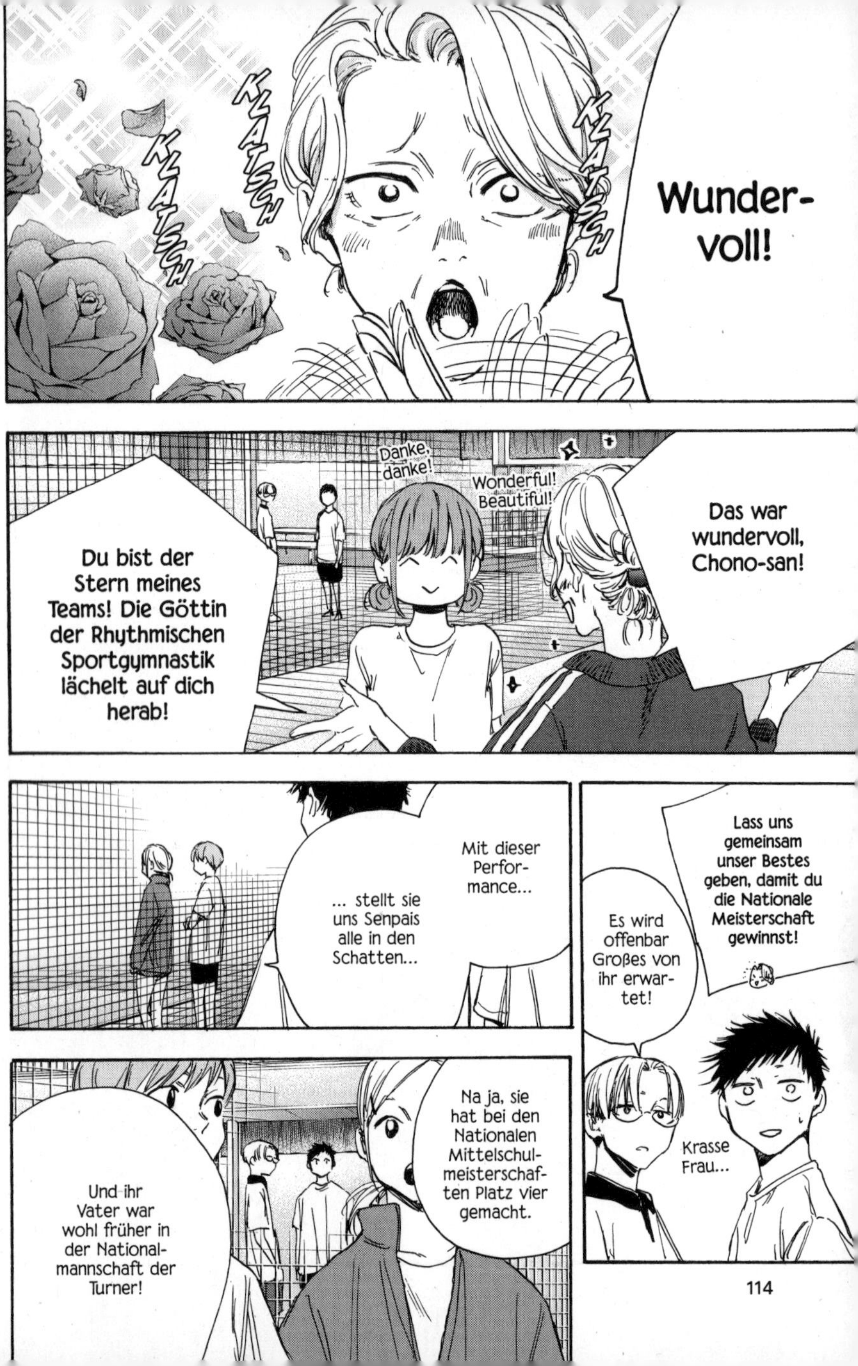

Wunder-
voll!
KLATSCH
KLATSCH
KLATSCH
Das war wundervoll, Chono-san!
Wonderful! Beautiful!
Danke, danke!
Du bist der Stern meines Teams! Die Göttin der Rhythmischen Sportgymnastik lächelt auf dich herab!
Lass uns gemeinsam unser Bestes geben, damit du die Nationale Meisterschaft gewinnst!
Es wird offenbar Großes von ihr erwar-tet!
Krasse Frau...
Mit dieser Perfor-mance...
... stellt sie uns Senpais alle in den Schatten...
Na ja, sie hat bei den Nationalen Mittelschul-meisterschaf-ten Platz vier gemacht.
Und ihr Vater war wohl früher in der National-mannschaft der Turner!

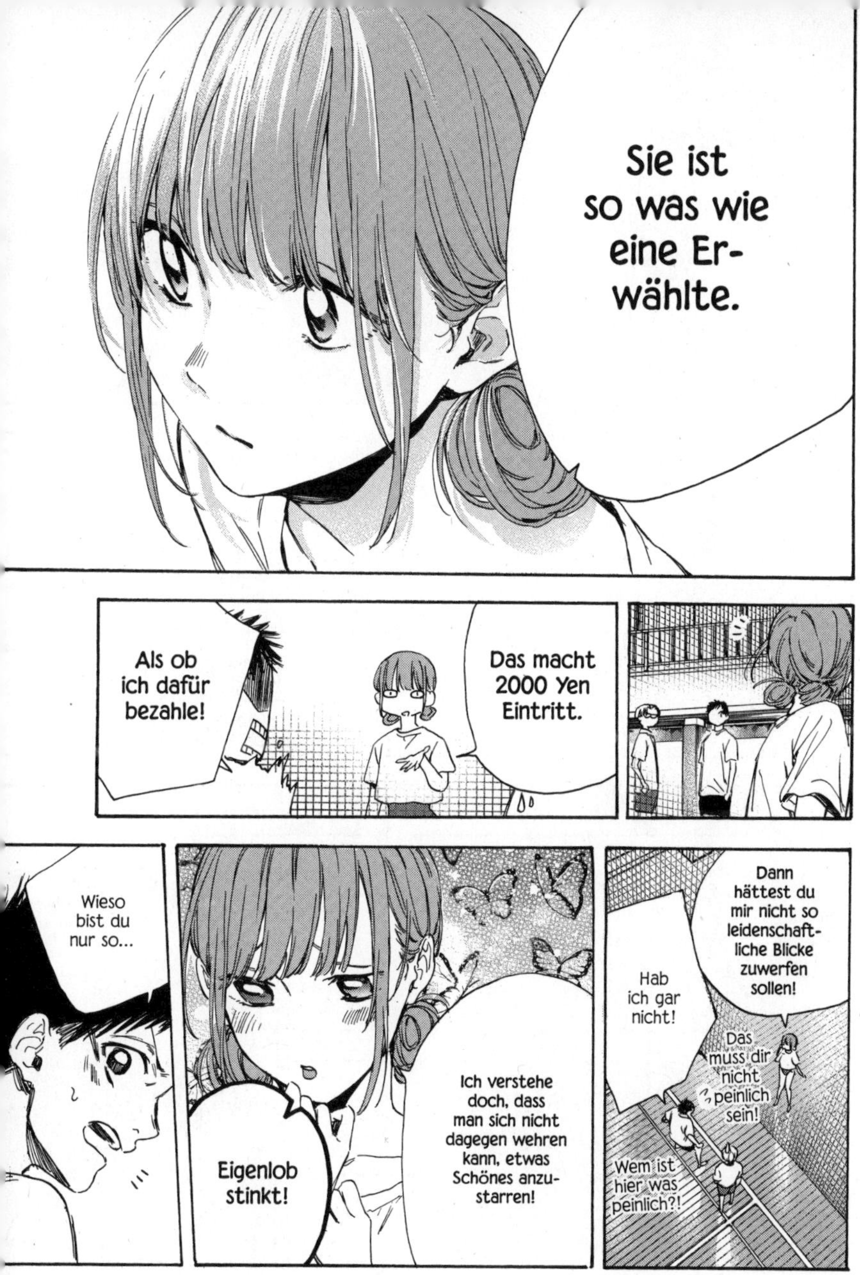
Sie ist so was wie eine Er-wählte.
Das macht 2000 Yen Eintritt.
Als ob ich dafür bezahle!
Dann hättest du mir nicht so leidenschaft-liche Blicke zuwerfen sollen!
Hab ich gar nicht!
Das muss dir nicht peinlich sein!
Wem ist hier was peinlich?!
Ich verstehe doch, dass man sich nicht dagegen wehren kann, etwas Schönes anzu-starren!
Eigenlob stinkt!
Wieso bist du nur so...

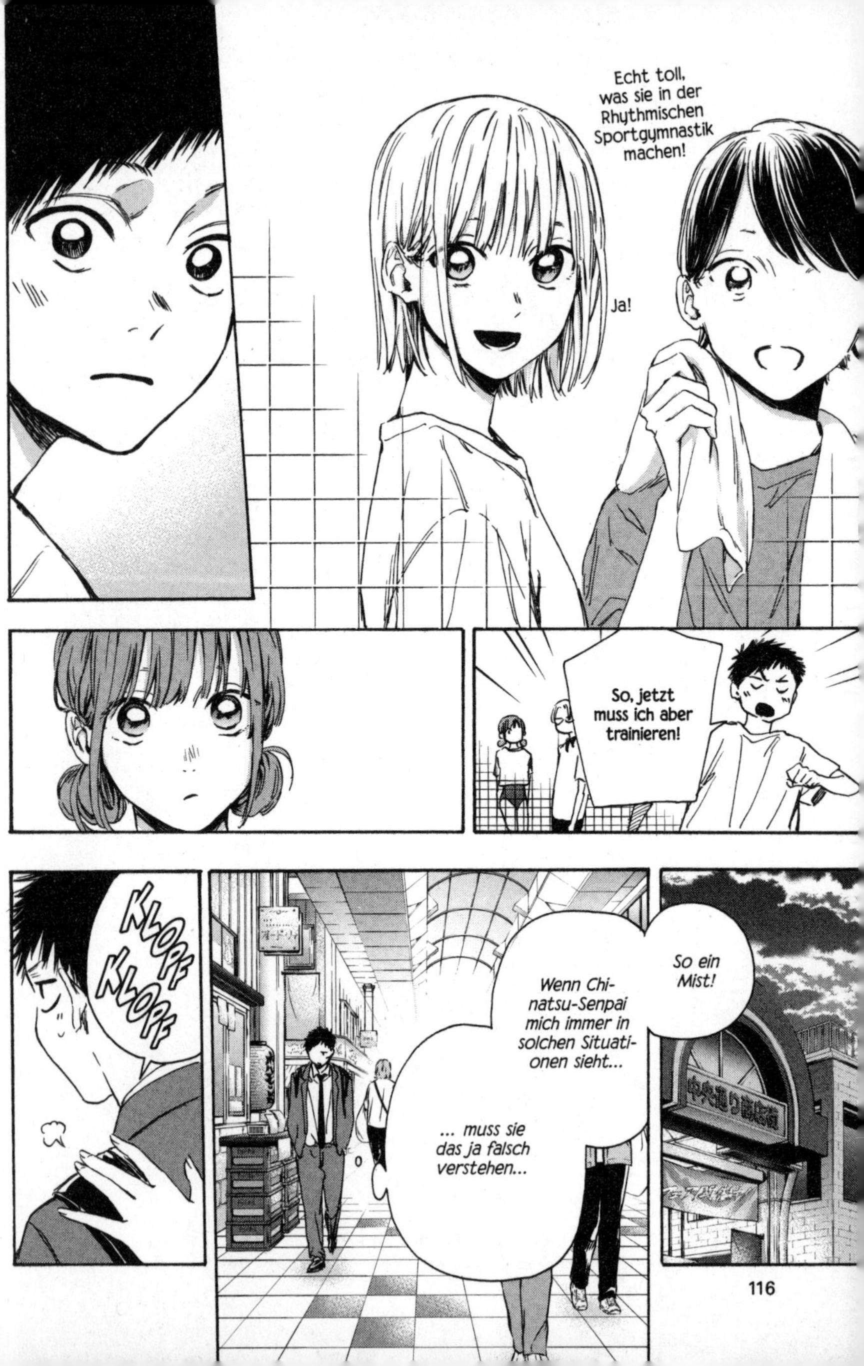
Echt toll, was sie in der Rhythmischen Sportgymnastik machen!
Ja!
So, jetzt muss ich aber trainieren!
So ein Mist!
Wenn Chi-natsu-Senpai mich immer in solchen Situati-onen sieht...
... muss sie das ja falsch verstehen...
KLOPF KLOPF

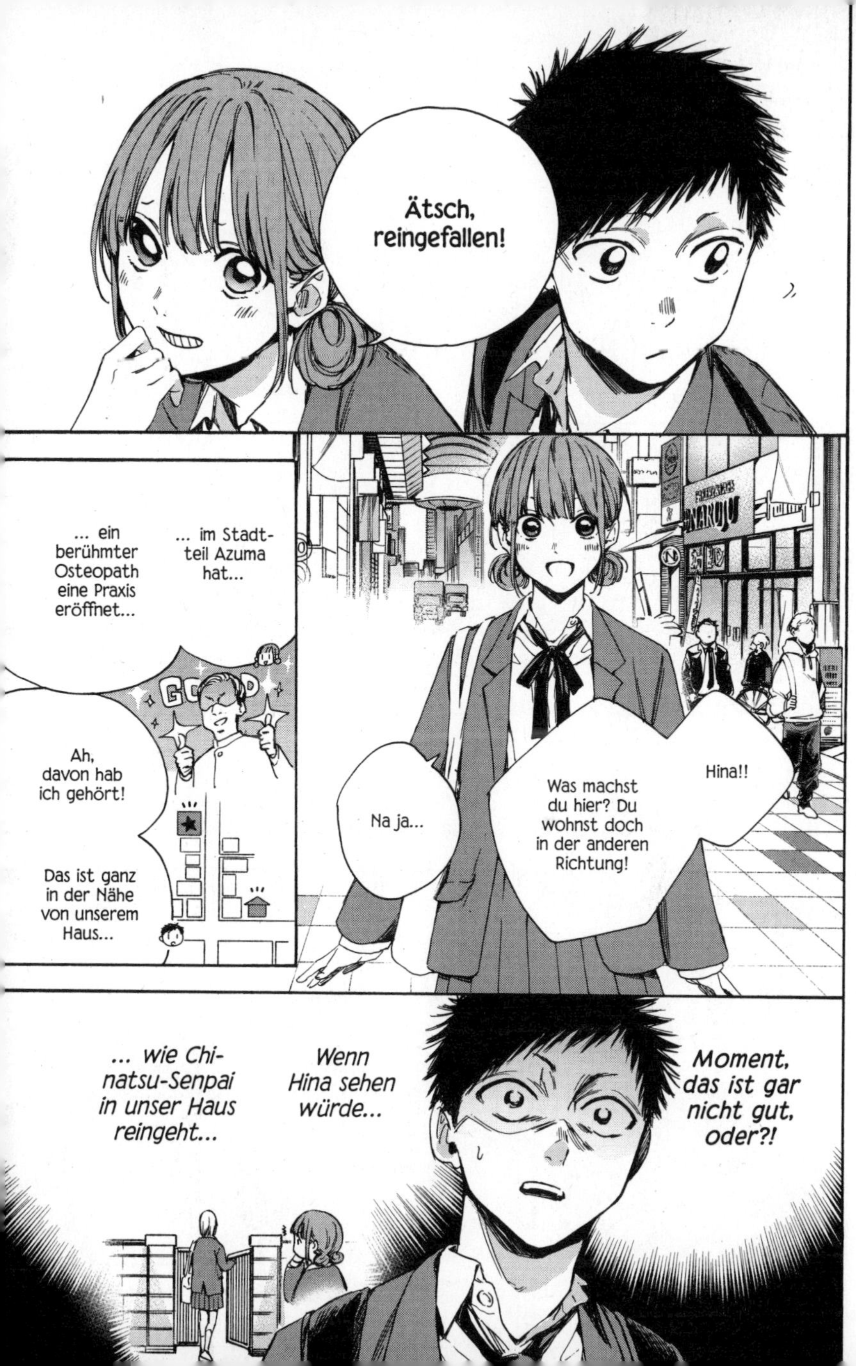
Ätsch, reingefallen!
Hina!!
Was machst du hier? Du wohnst doch in der anderen Richtung!
Na ja...
... im Stadt-teil Azuma hat...
... ein berühmter Osteopath eine Praxis eröffnet...
Ah, davon hab ich gehört!
Das ist ganz in der Nähe von unserem Haus...
Moment, das ist gar nicht gut, oder?!
Wenn Hina sehen würde...
... wie Chi-natsu-Senpai in unser Haus reingeht...

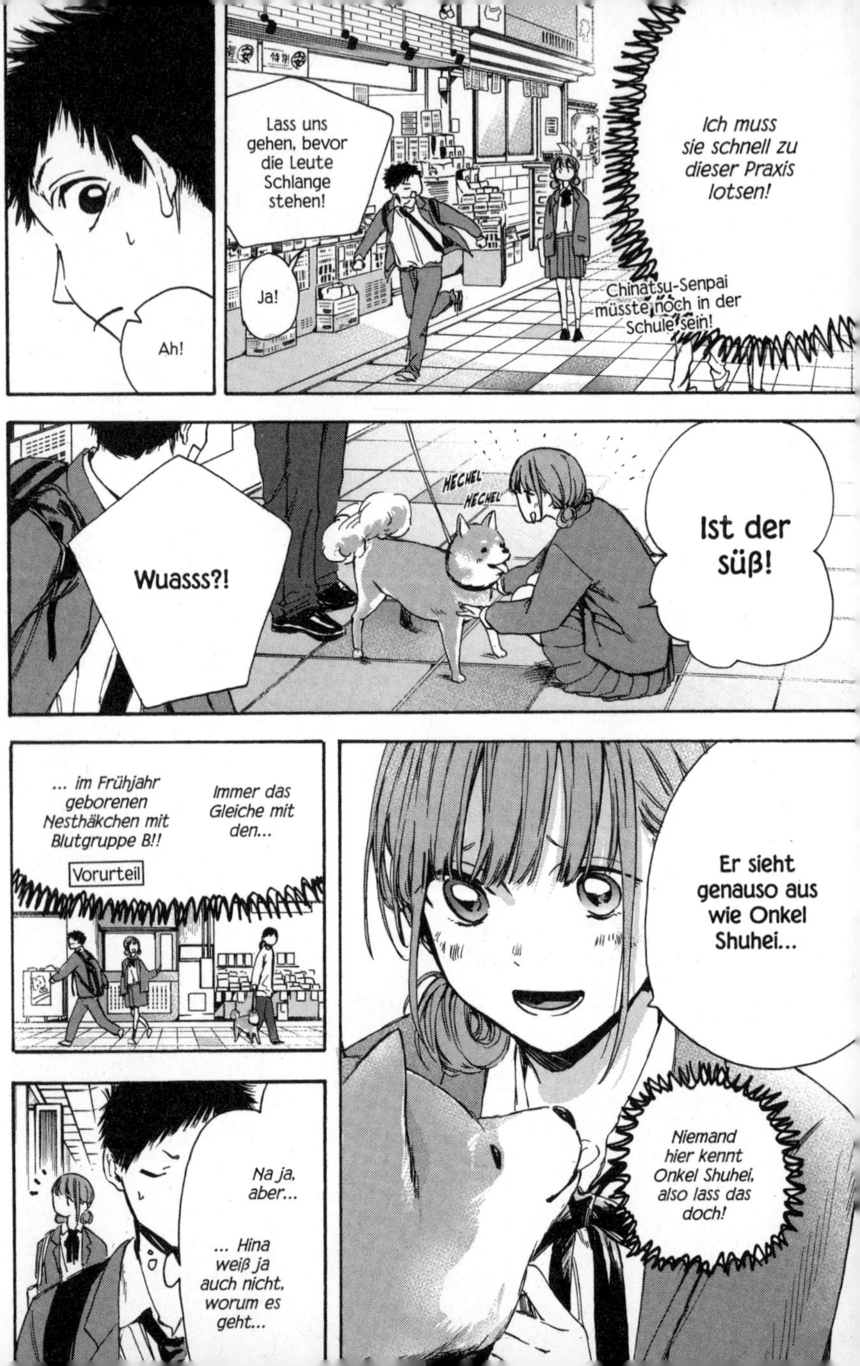
Ich muss sie schnell zu dieser Praxis lotsen!
Chinatsu-Senpai müsste noch in der Schule sein!
Lass uns gehen, bevor die Leute Schlange stehen!
Ja!
Ah!
Ist der süß!
HECHEL
HECHEL
Wuasss?!
Er sieht genauso aus wie Onkel Shuhei...
Niemand hier kennt Onkel Shuhei, also lass das doch!
Immer das Gleiche mit den...
... im Frühjahr geborenen Nesthäkchen mit Blutgruppe B!!
Vorurteil
Na ja, aber...
... Hina weiß ja auch nicht, worum es geht...

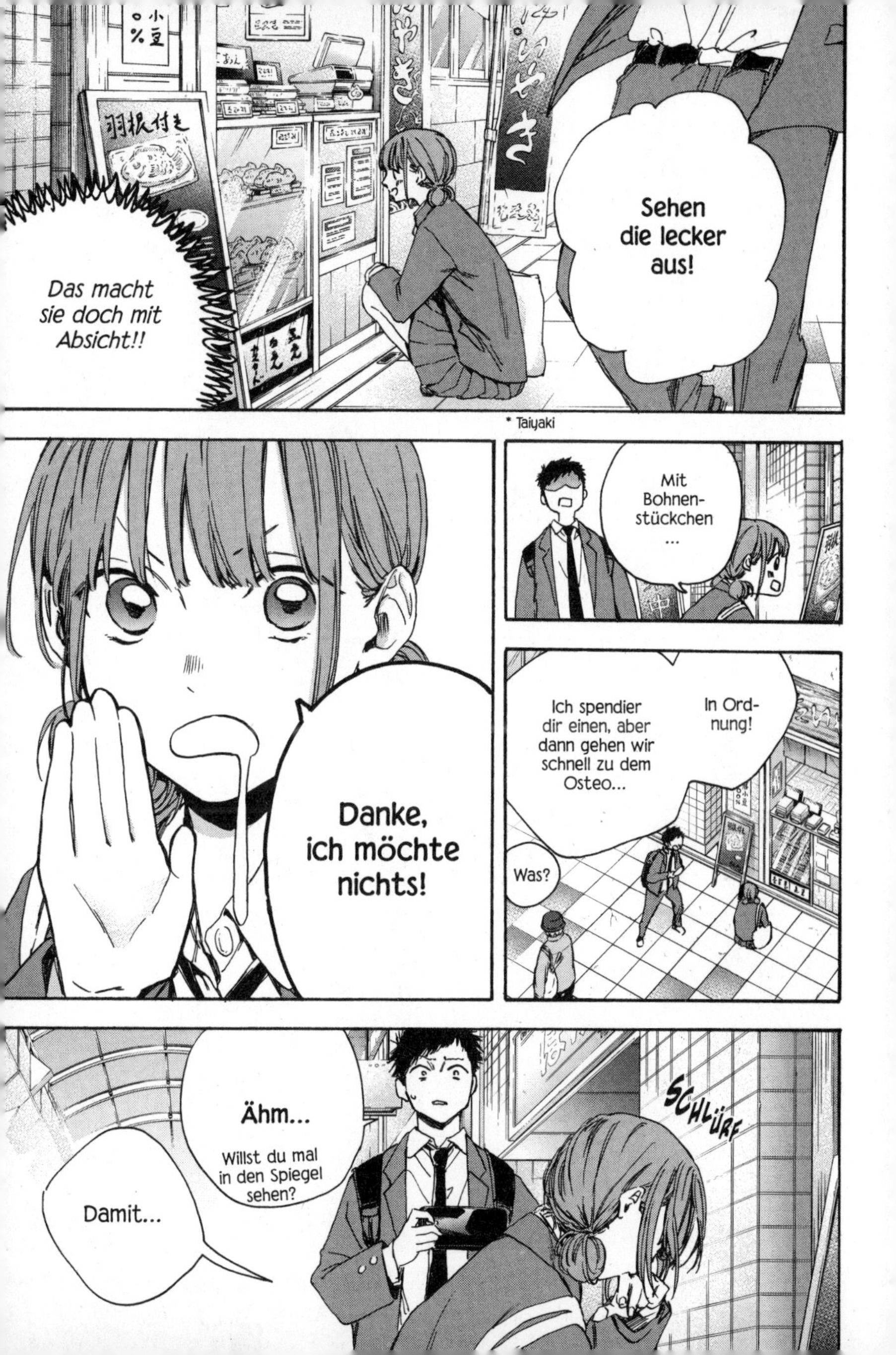
Sehen die lecker aus!
Das macht sie doch mit Absicht!!
* Taiyaki
Mit Bohnenstückchen ...
Danke, ich möchte nichts!
In Ordnung!
Ich spendier dir einen, aber dann gehen wir schnell zu dem Osteo...
Was?
SCHLÜRF
Ähm...
Willst du mal in den Spiegel sehen?
Damit...

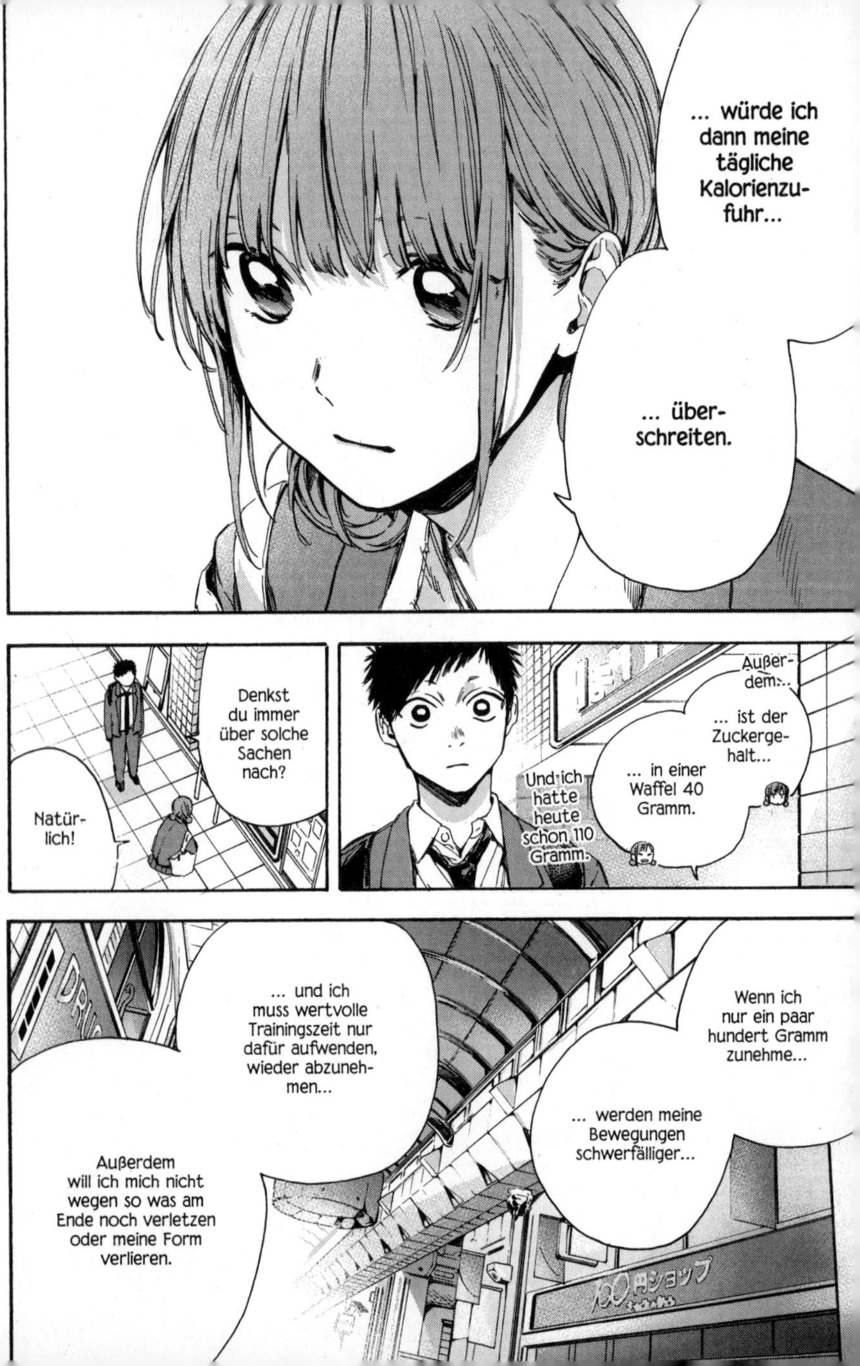
... würde ich dann meine tägliche Kalorienzufuhr...
... überschreiten.
Außerdem...
... ist der Zuckergehalt...
... in einer Waffel 40 Gramm.
Und ich hatte heute schon 110 Gramm.
Denkst du immer über solche Sachen nach?
Natürlich!
Wenn ich nur ein paar hundert Gramm zunehme...
... werden meine Bewegungen schwerfälliger...
... und ich muss wertvolle Trainingszeit nur dafür aufwenden, wieder abzunehmen...
Außerdem will ich mich nicht wegen so was am Ende noch verletzen oder meine Form verlieren.

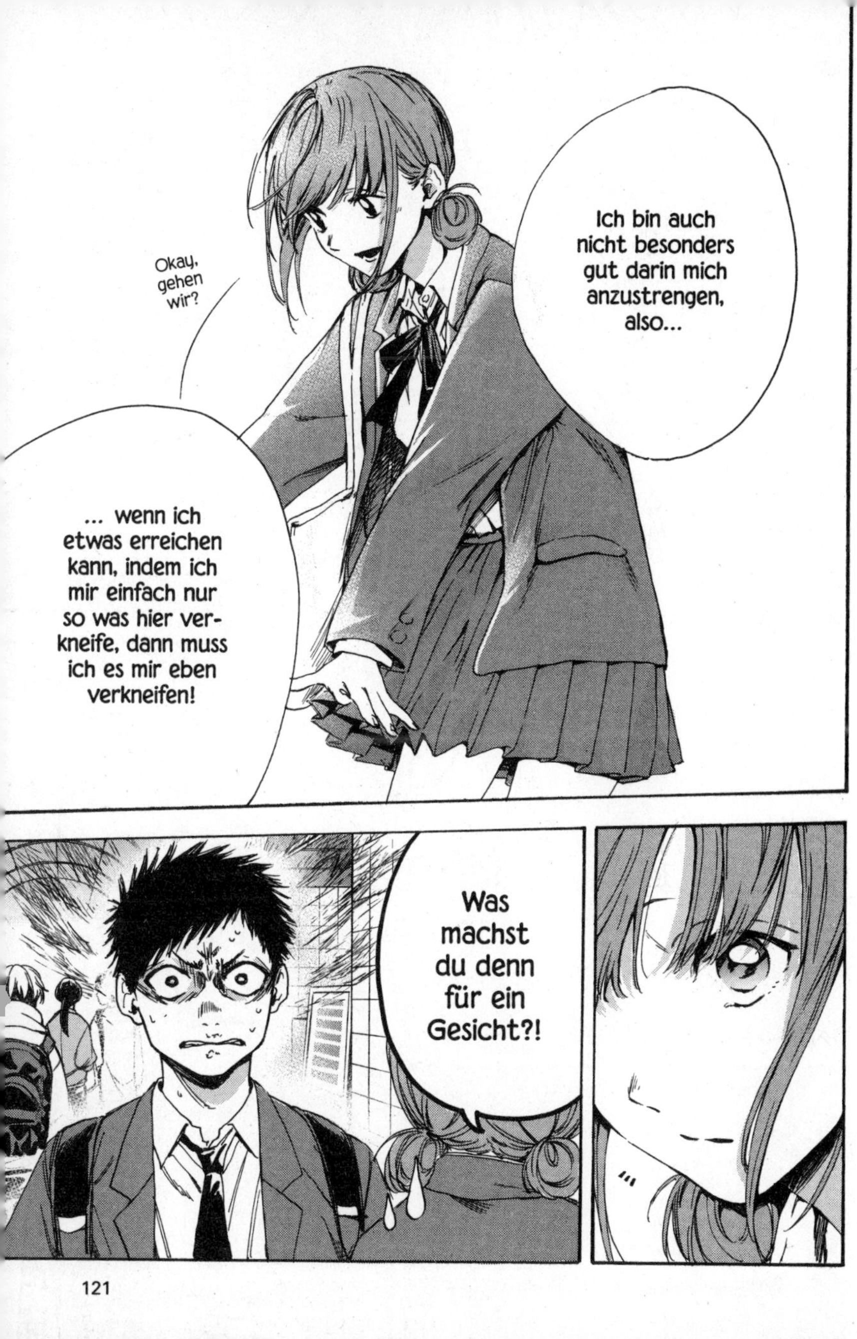

Ich bin auch nicht besonders gut darin mich anzustrengen, also...
... wenn ich etwas erreichen kann, indem ich mir einfach nur so was hier verkneife, dann muss ich es mir eben verkneifen!
Okay, gehen wir?
Was machst du denn für ein Gesicht?!

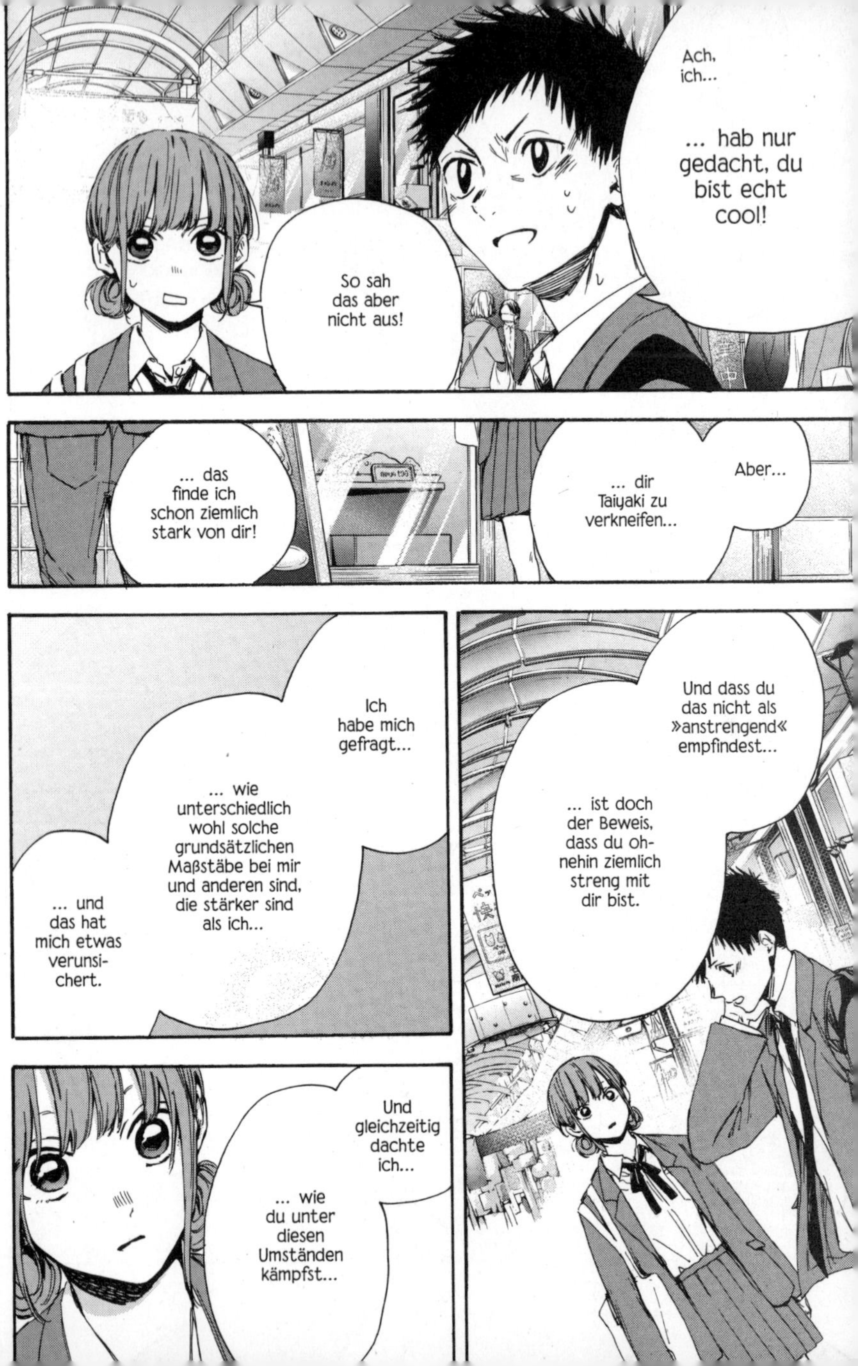
Ach, ich...
... hab nur gedacht, du bist echt cool!
So sah das aber nicht aus!
Aber...
... dir Taiyaki zu verkneifen...
... das finde ich schon ziemlich stark von dir!
Und dass du das nicht als »anstrengend« empfindest...
... ist doch der Beweis, dass du ohnehin ziemlich streng mit dir bist.
Ich habe mich gefragt...
... wie unterschiedlich wohl solche grundsätzlichen Maßstäbe bei mir und anderen sind, die stärker sind als ich...
... und das hat mich etwas verunsichert.
Und gleichzeitig dachte ich...
... wie du unter diesen Umständen kämpfst...

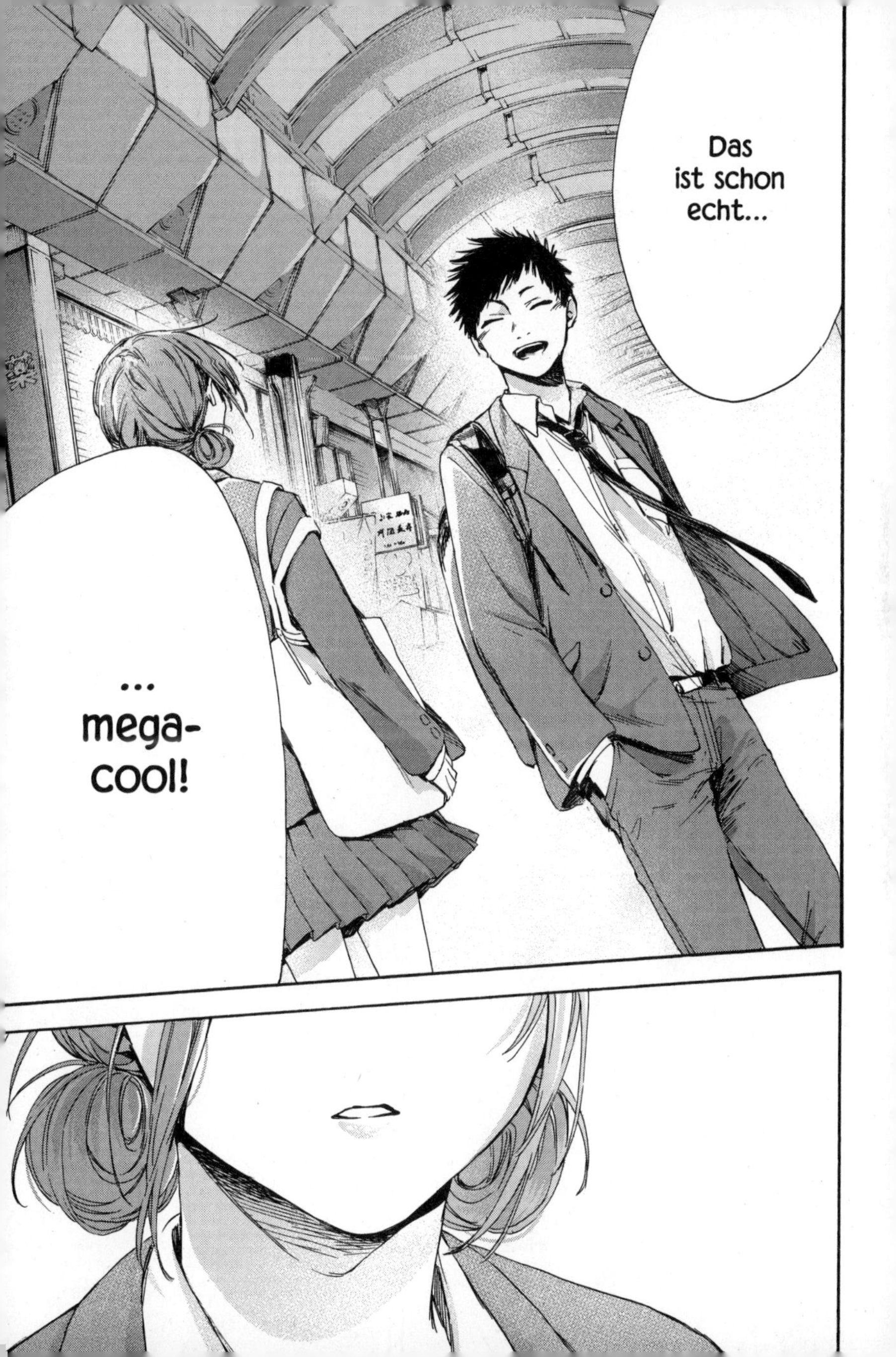
Das ist schon echt...
... mega-cool!

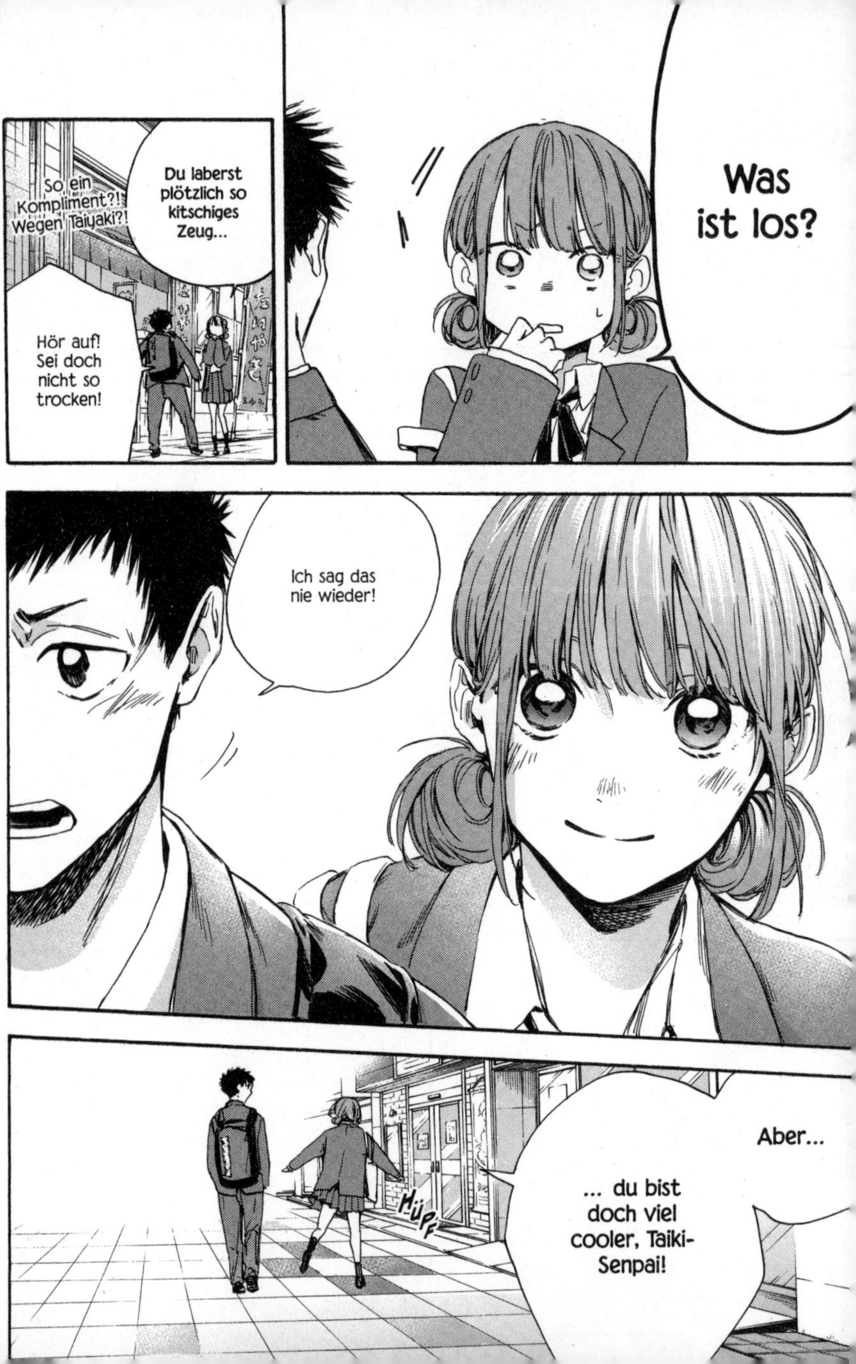
Was ist los?
Du laberst plötzlich so kitschiges Zeug...
So ein Kompliment?!! Wegen Taiyaki?!
Hör auf! Sei doch nicht so trocken!
Ich sag das nie wieder!
Aber...
... du bist doch viel cooler, Taiki-Senpai!
HÜPF

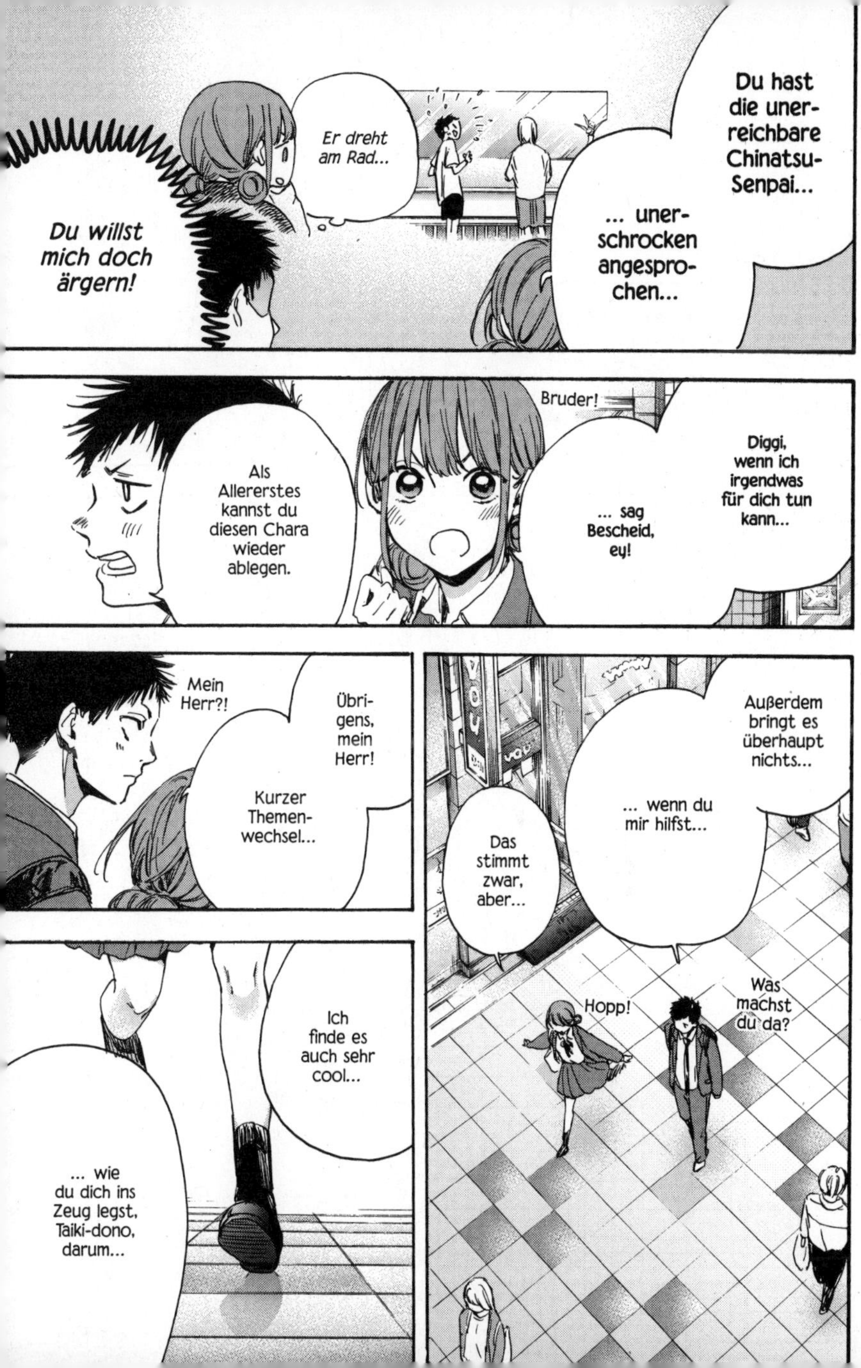

Du hast die unerreichbare Chinatsu-Senpai...
... unerschrocken angesprochen...
Er dreht am Rad...
Du willst mich doch ärgern!
Bruder!
Diggi, wenn ich irgendwas für dich tun kann...
... sag Bescheid, ey!
Als Allererstes kannst du diesen Chara wieder ablegen.
Außerdem bringt es überhaupt nichts...
... wenn du mir hilfst...
Das stimmt zwar, aber...
Was machst du da?
Hopp!
Übrigens, mein Herr!
Kurzer Themenwechsel...
Mein Herr?!
Ich finde es auch sehr cool...
... wie du dich ins Zeug legst, Taiki-dono, darum...

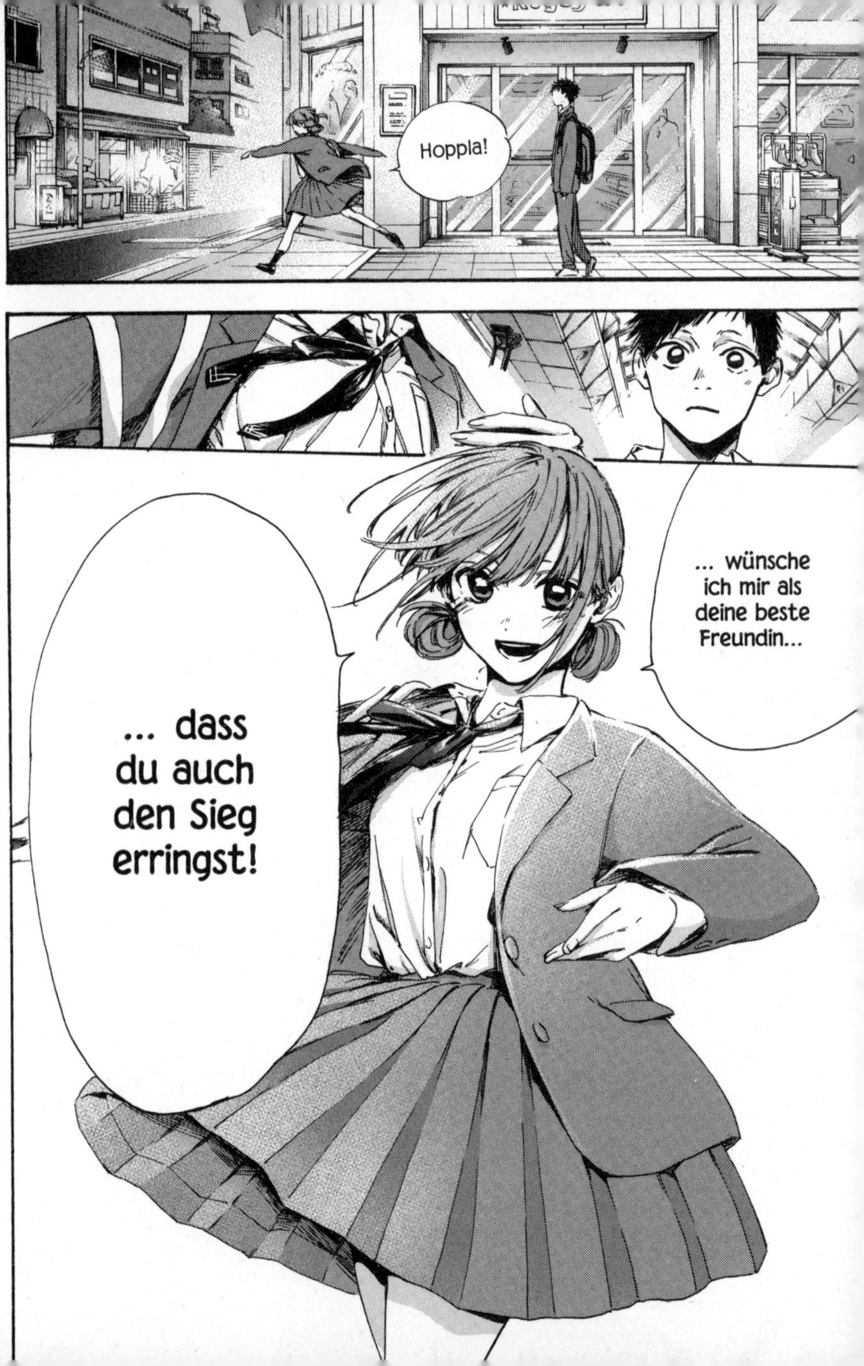
Hoppla!
... wünsche ich mir als deine beste Freundin...
... dass du auch den Sieg erringst!

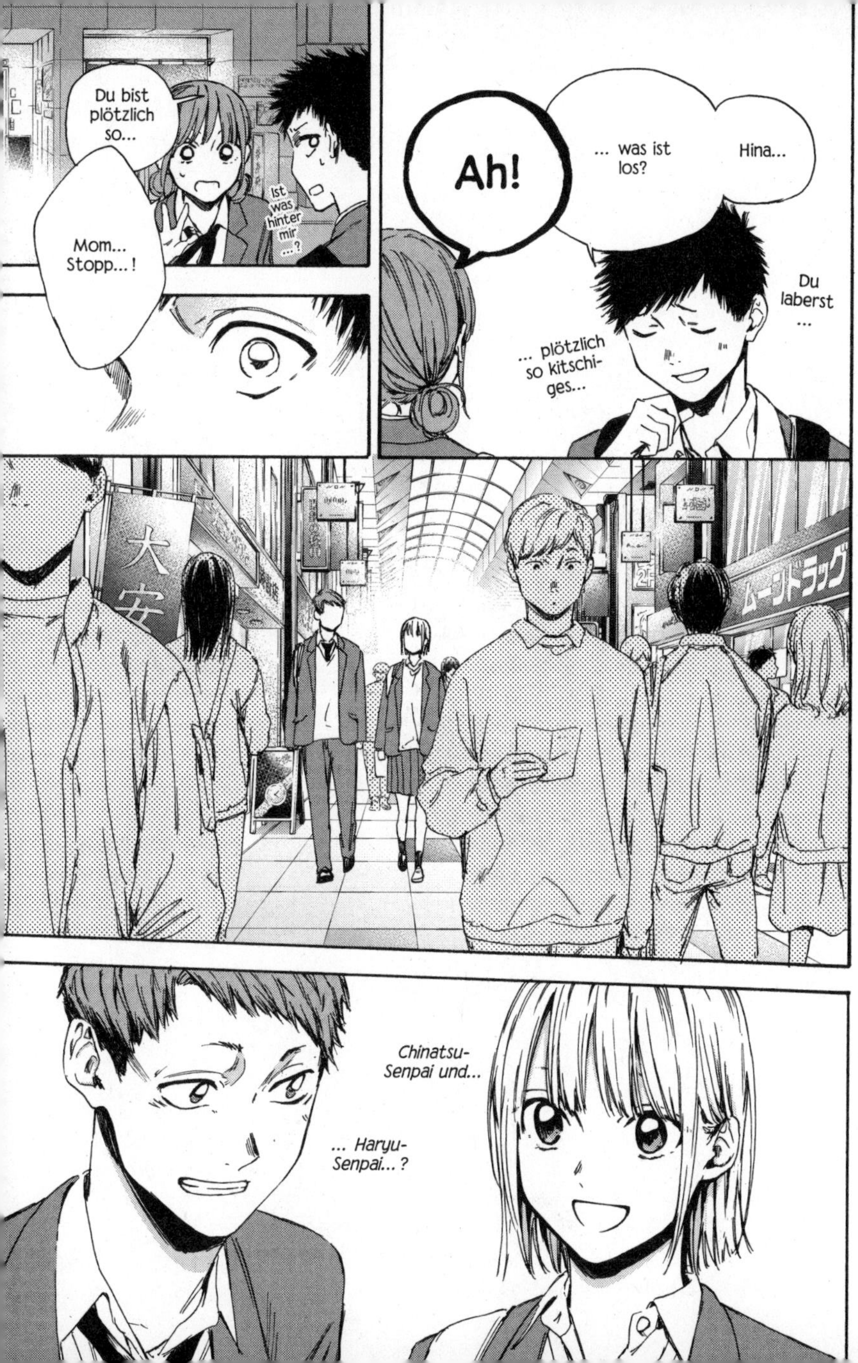
Hina...
... was ist los?
Ah!
Du laberst ...
... plötzlich so kitschiges...
Ist was hinter mir ...?
Du bist plötzlich so...
Mom... Stopp...!
Chinatsu-Senpai und...
... Haryu-Senpai...?

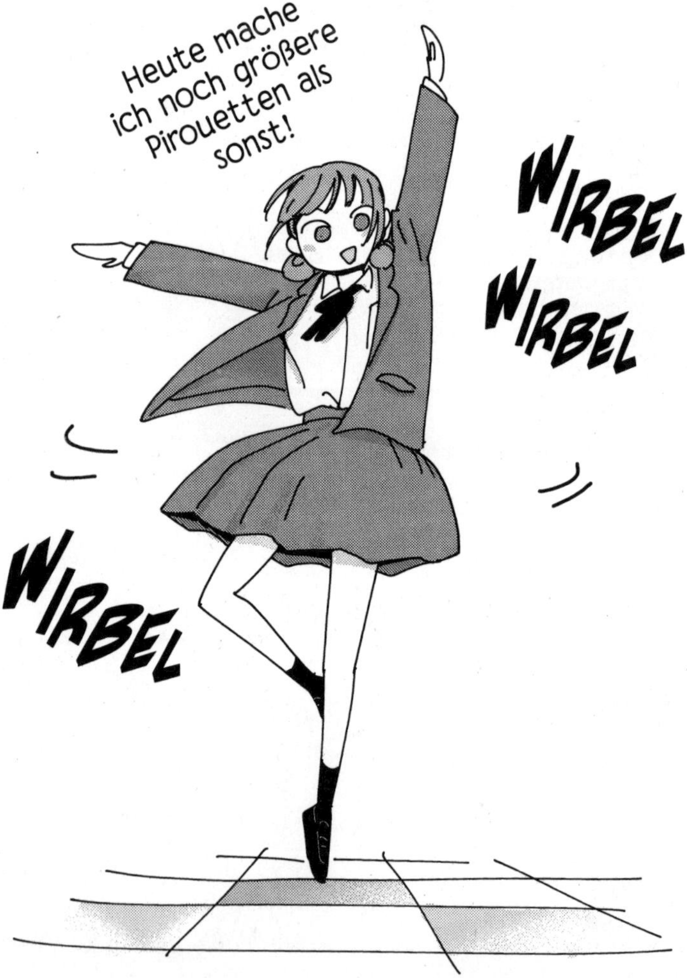
Heute mache ich noch größere Pirouetten als sonst!
WIRBEL
WIRBEL
WIRBEL

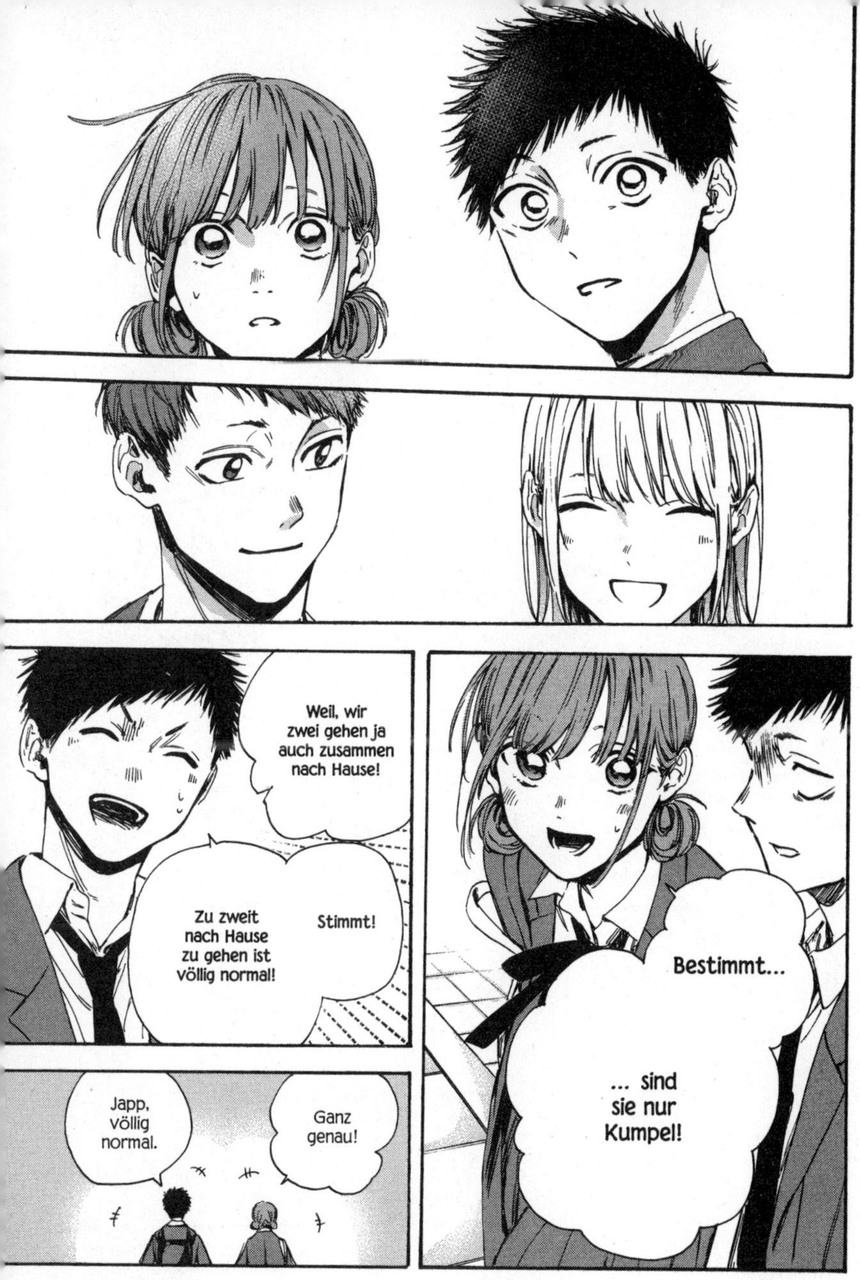
Bestimmt...
... sind sie nur Kumpel!
Weil, wir zwei gehen ja auch zusammen nach Hause!
Stimmt!
Zu zweit nach Hause zu gehen ist völlig normal!
Ganz genau!
Japp, völlig normal.

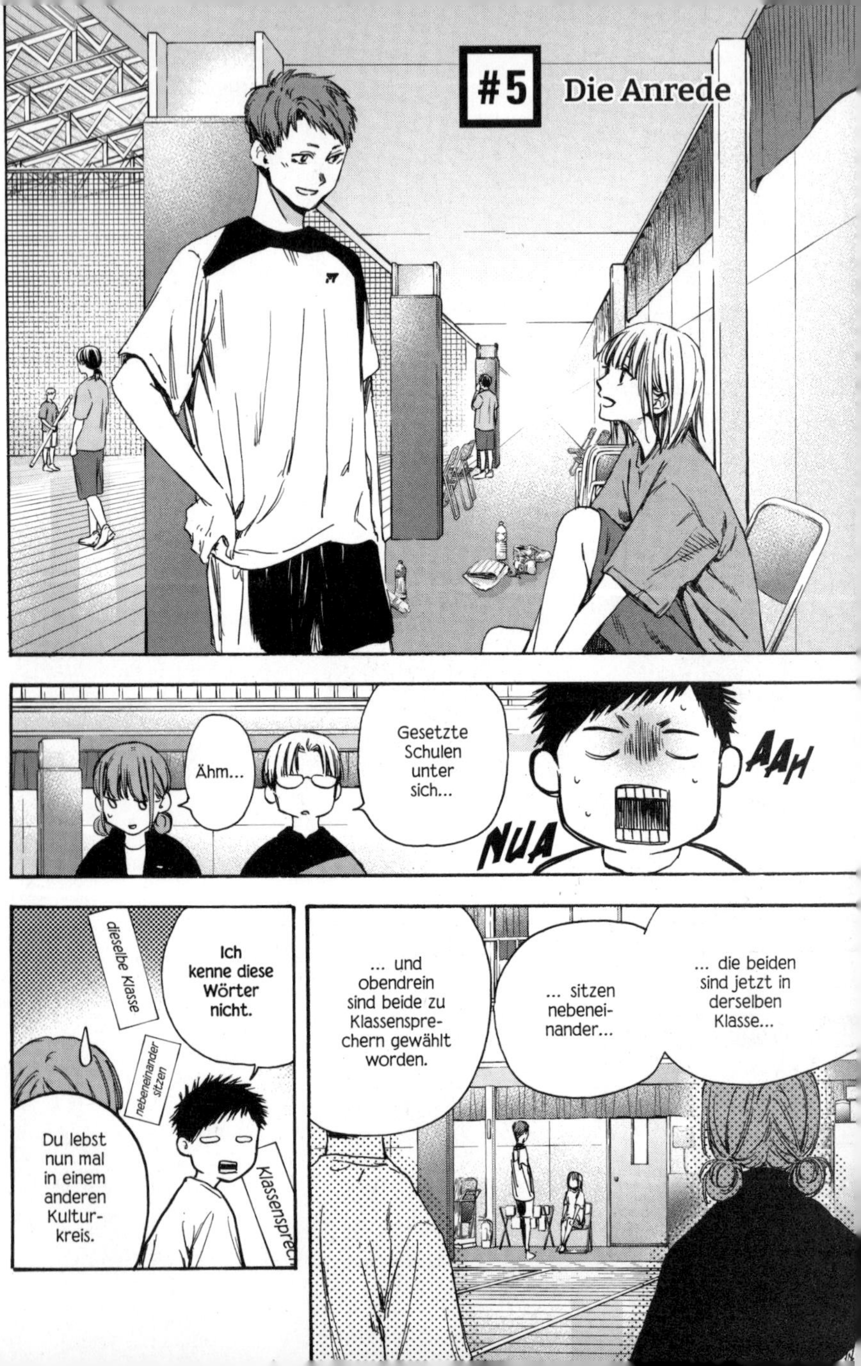
#5 Die Anrede
AAH
NUA
Gesetzte Schulen unter sich...
Ähm...
... die beiden sind jetzt in derselben Klasse...
... sitzen nebeneinander...
... und obendrein sind beide zu Klassensprechern gewählt worden.
Ich kenne diese Wörter nicht.
dieselbe Klasse
nebeneinander sitzen
Du lebst nun mal in einem anderen Kulturkreis.

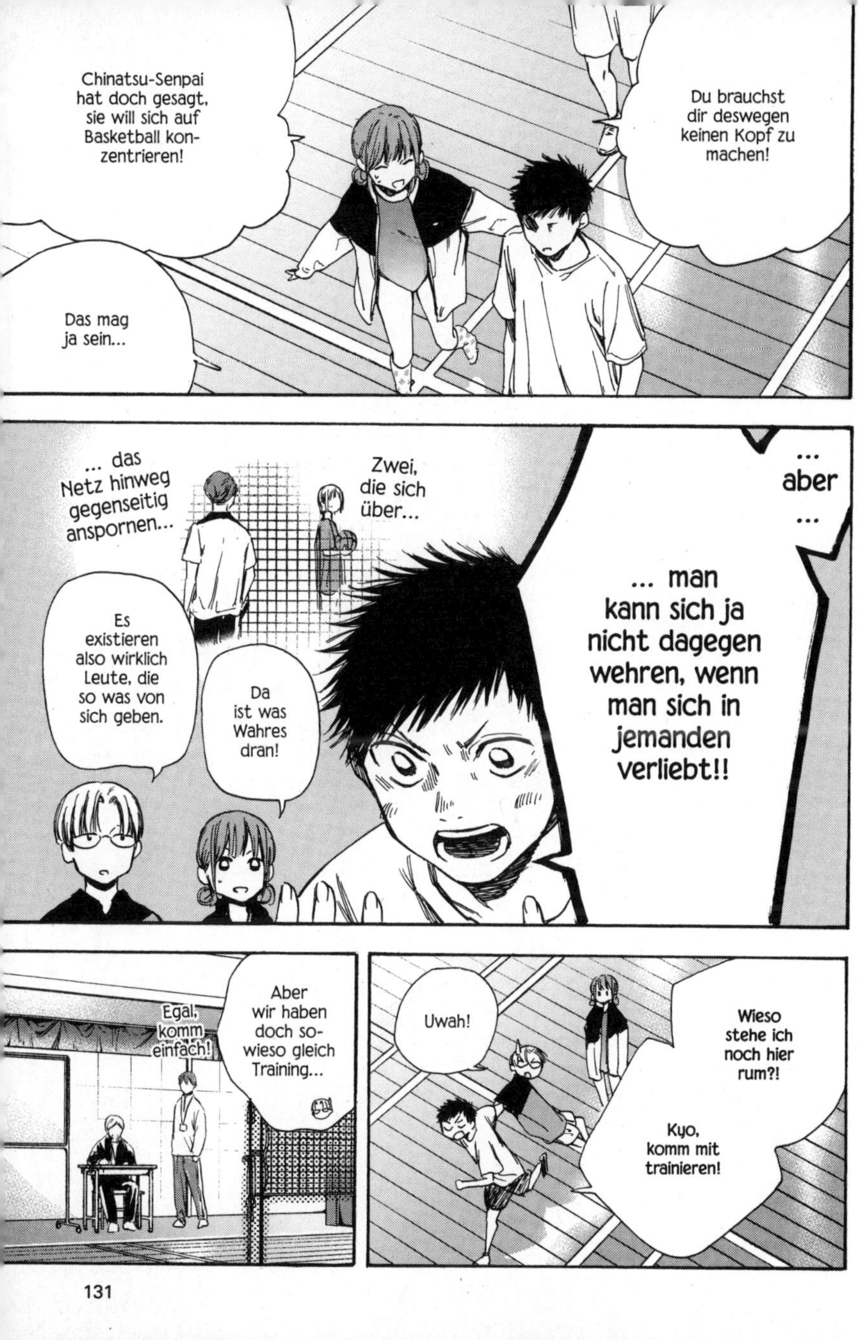
Du brauchst dir deswegen keinen Kopf zu machen!
Chinatsu-Senpai hat doch gesagt, sie will sich auf Basketball konzentrieren!
Das mag ja sein...
... aber ...
... man kann sich ja nicht dagegen wehren, wenn man sich in jemanden verliebt!!
Zwei, die sich über...
... das Netz hinweg gegenseitig anspornen...
Da ist was Wahres dran!
Es existieren also wirklich Leute, die so was von sich geben.
Wieso stehe ich noch hier rum?!
Kyo, komm mit trainieren!
Uwah!
Aber wir haben doch sowieso gleich Training...
Egal, komm einfach!

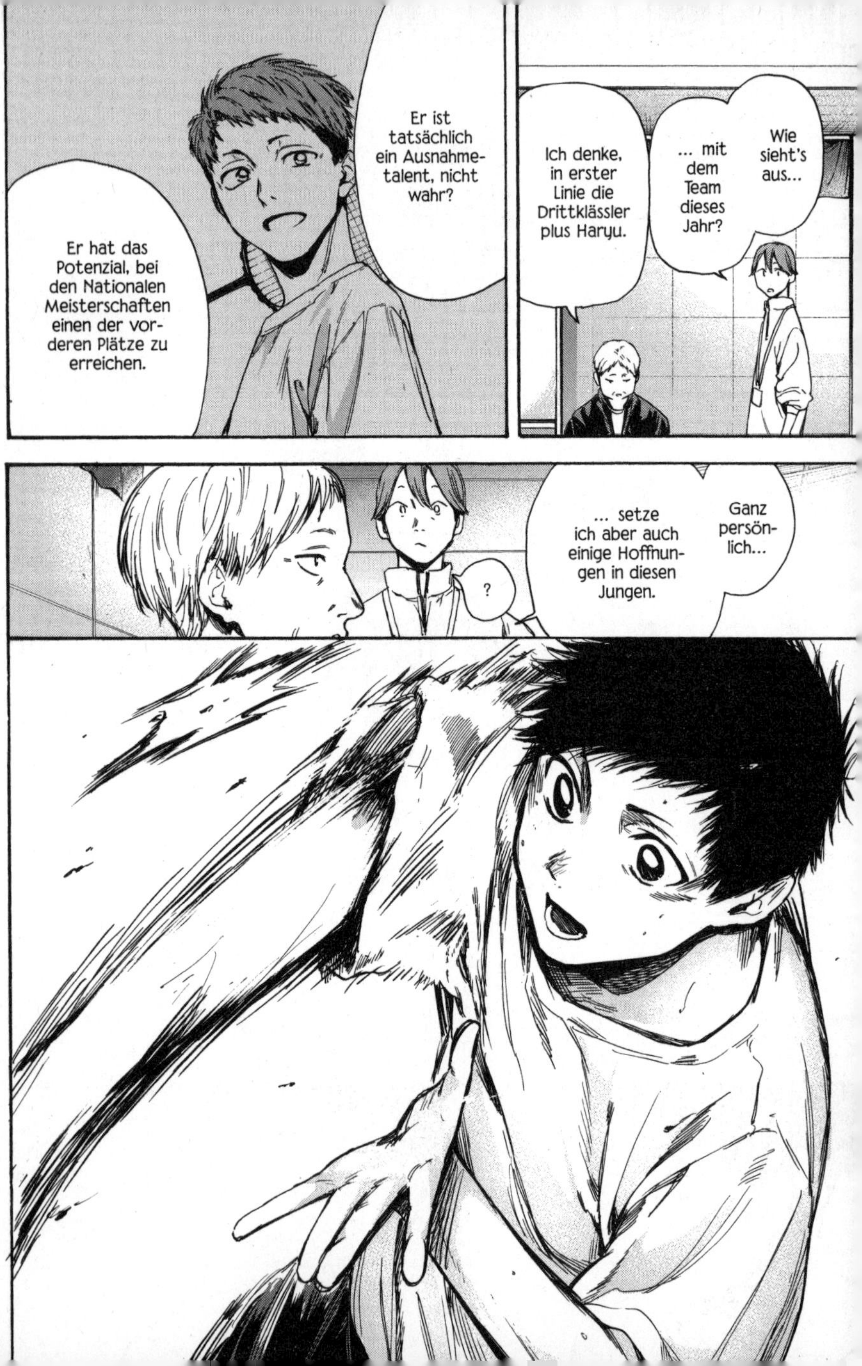
Wie sieht's aus...
... mit dem Team dieses Jahr?
Ich denke, in erster Linie die Drittklässler plus Haryu.
Er ist tatsächlich ein Ausnahmetalent, nicht wahr?
Er hat das Potenzial, bei den Nationalen Meisterschaften einen der vorderen Plätze zu erreichen.
Ganz persönlich...
... setze ich aber auch einige Hoffnungen in diesen Jungen.
?

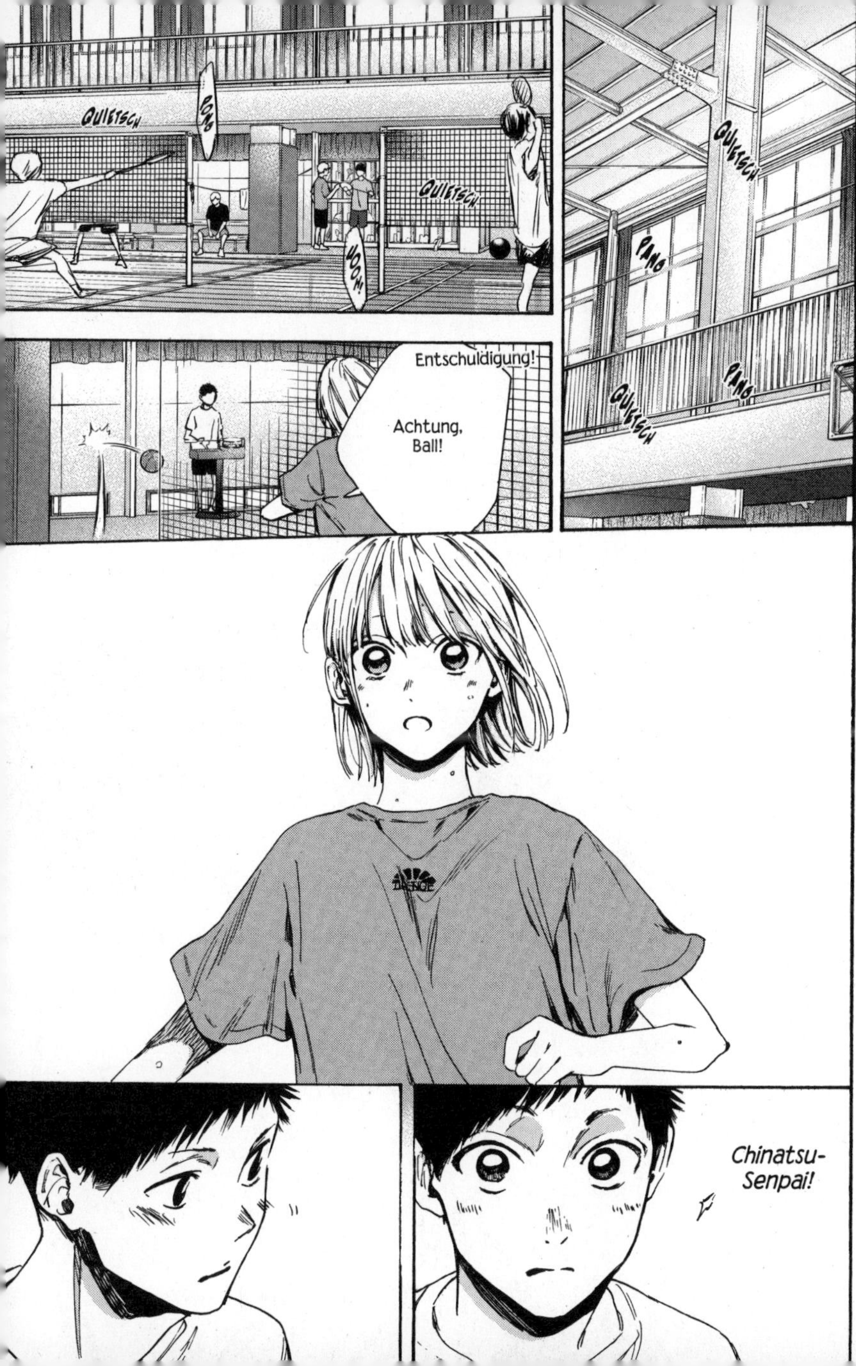
QUIETSCH
PANG
PANG
QUIETSCH
QUIETSCH
PONG
QUIETSCH
UOOH!
Entschuldigung!
Achtung, Ball!
Chinatsu-Senpai!

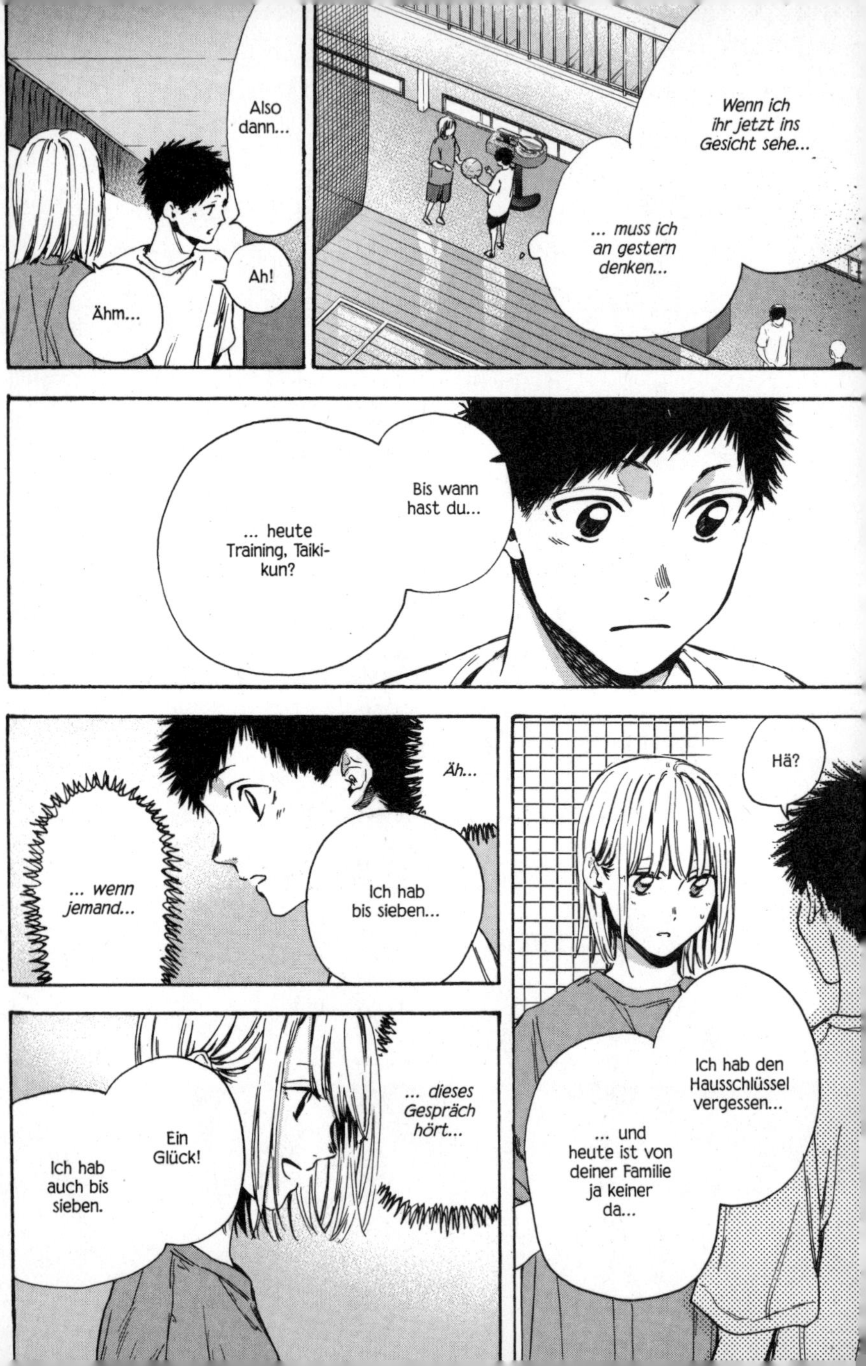
Wenn ich ihr jetzt ins Gesicht sehe...
... muss ich an gestern denken...
Also dann...
Ah!
Ähm...
Bis wann hast du...
... heute Training, Taiki-kun?
Hä?
Ich hab den Hausschlüssel vergessen...
... und heute ist von deiner Familie ja keiner da...
Äh...
Ich hab bis sieben...
... wenn jemand...
... dieses Gespräch hört...
Ein Glück!
Ich hab auch bis sieben.

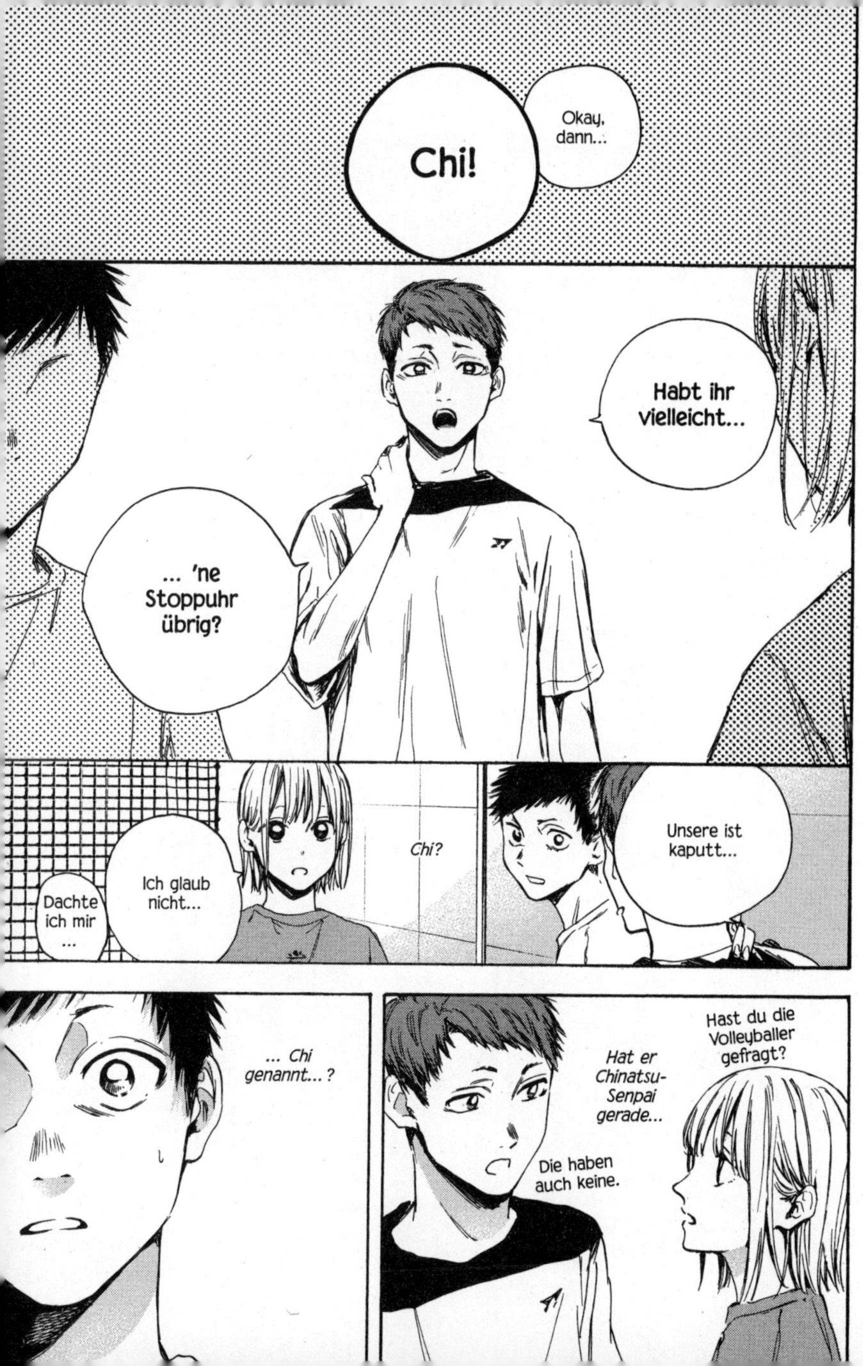
Okay, dann...
Chi!
Habt ihr vielleicht...
... 'ne Stoppuhr übrig?
Unsere ist kaputt...
Chi?
Ich glaub nicht...
Dachte ich mir ...
Hast du die Volleyballer gefragt?
Die haben auch keine.
Hat er Chinatsu-Senpai gerade...
... Chi genannt...?

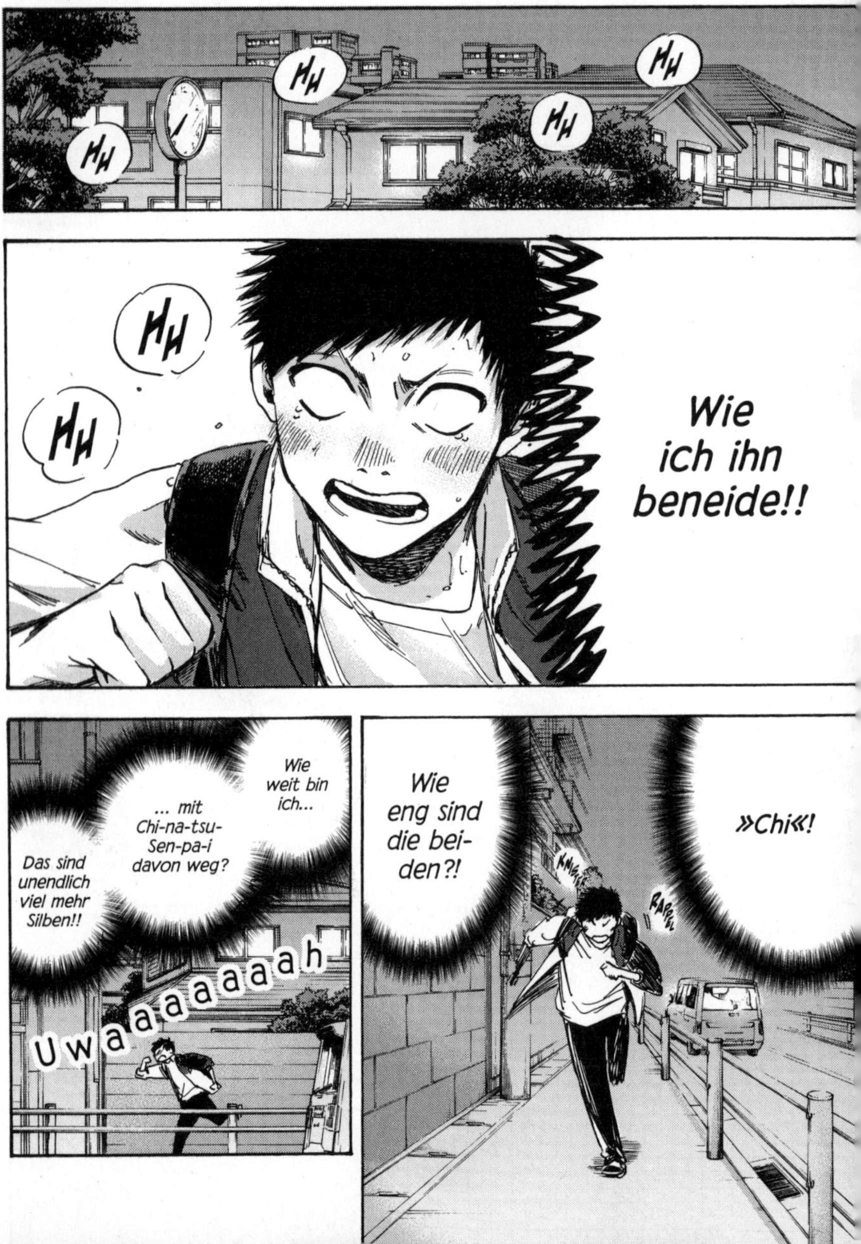
HH
HH
HH
HH
HH
HH
Wie ich ihn beneide!!
»Chi«!
Wie eng sind die bei-den?!
RAPPEL
Wie weit bin ich...
... mit Chi-na-tsu-Sen-pa-i davon weg?
Das sind unendlich viel mehr Silben!!
Uwaaaaaaaaah

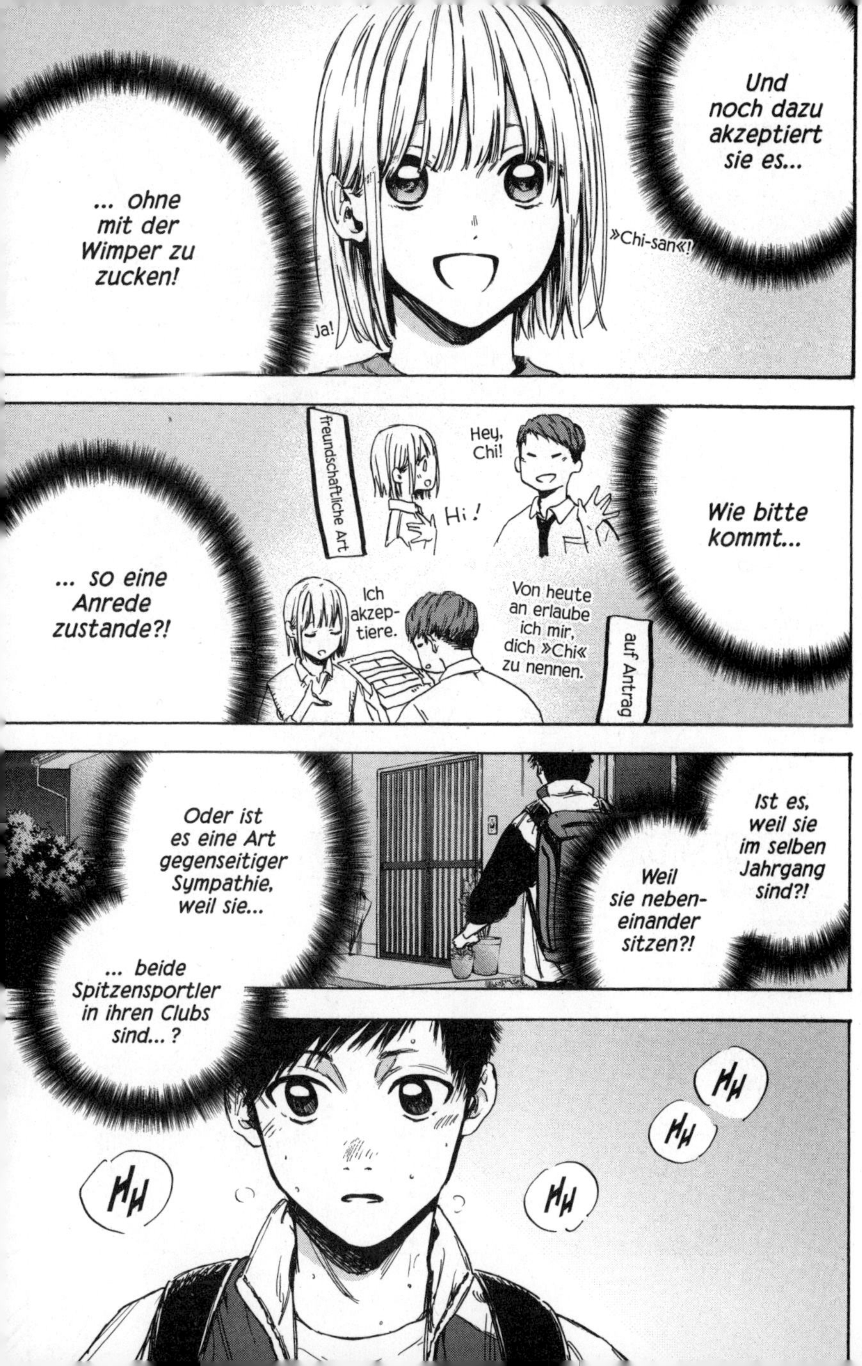
Und noch dazu akzeptiert sie es...
»Chi-san«!
Ja!
... ohne mit der Wimper zu zucken!
Wie bitte kommt...
Hey, Chi!
Hi!
freundschaftliche Art
auf Antrag
Von heute an erlaube ich mir, dich »Chi« zu nennen.
Ich akzep-tiere.
... so eine Anrede zustande?!
Ist es, weil sie im selben Jahrgang sind?!
Weil sie neben-einander sitzen?!
Oder ist es eine Art gegenseitiger Sympathie, weil sie...
... beide Spitzensportler in ihren Clubs sind...?

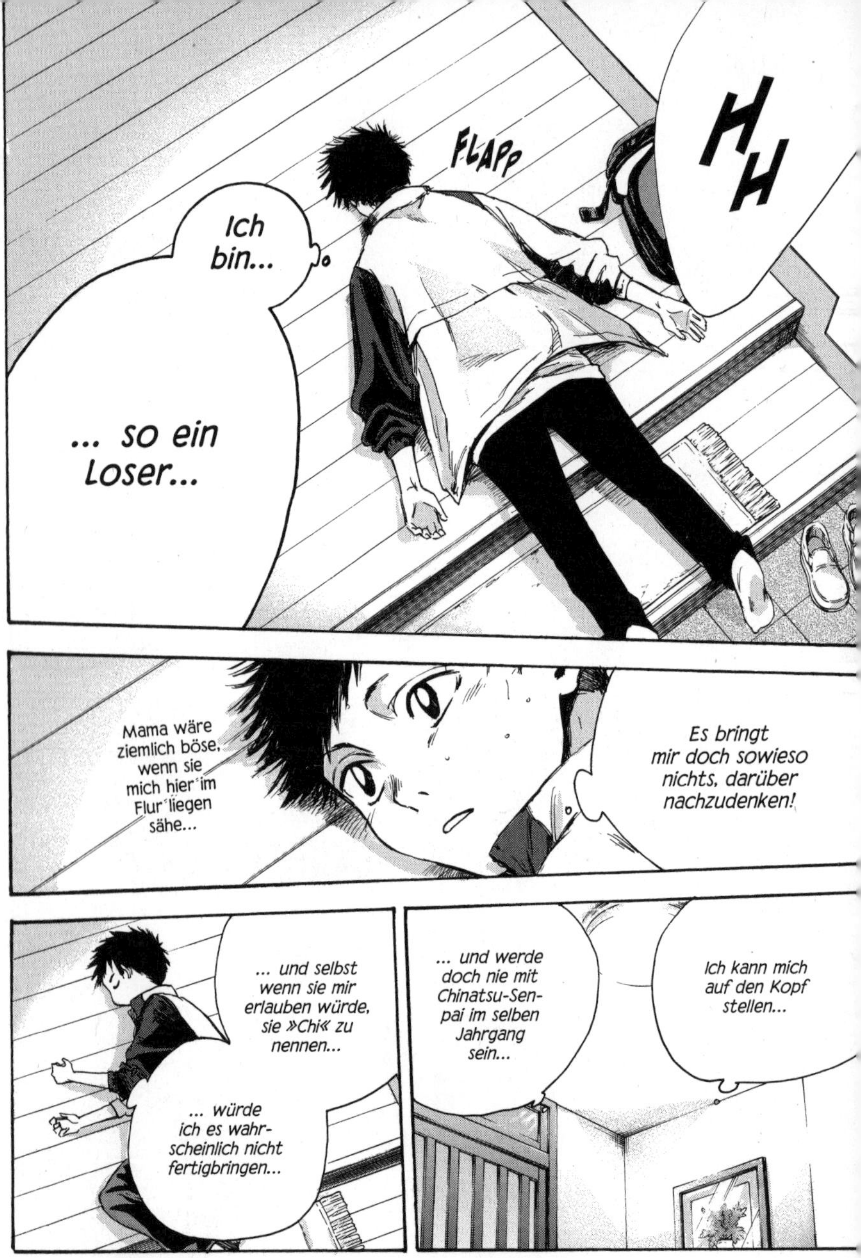
HH
FLAPP
Ich bin...
... so ein Loser...
Es bringt mir doch sowieso nichts, darüber nachzudenken!
Mama wäre ziemlich böse, wenn sie mich hier im Flur liegen sähe...
Ich kann mich auf den Kopf stellen...
... und werde doch nie mit Chinatsu-Senpai im selben Jahrgang sein...
... und selbst wenn sie mir erlauben würde, sie »Chi« zu nennen...
... würde ich es wahrscheinlich nicht fertigbringen...

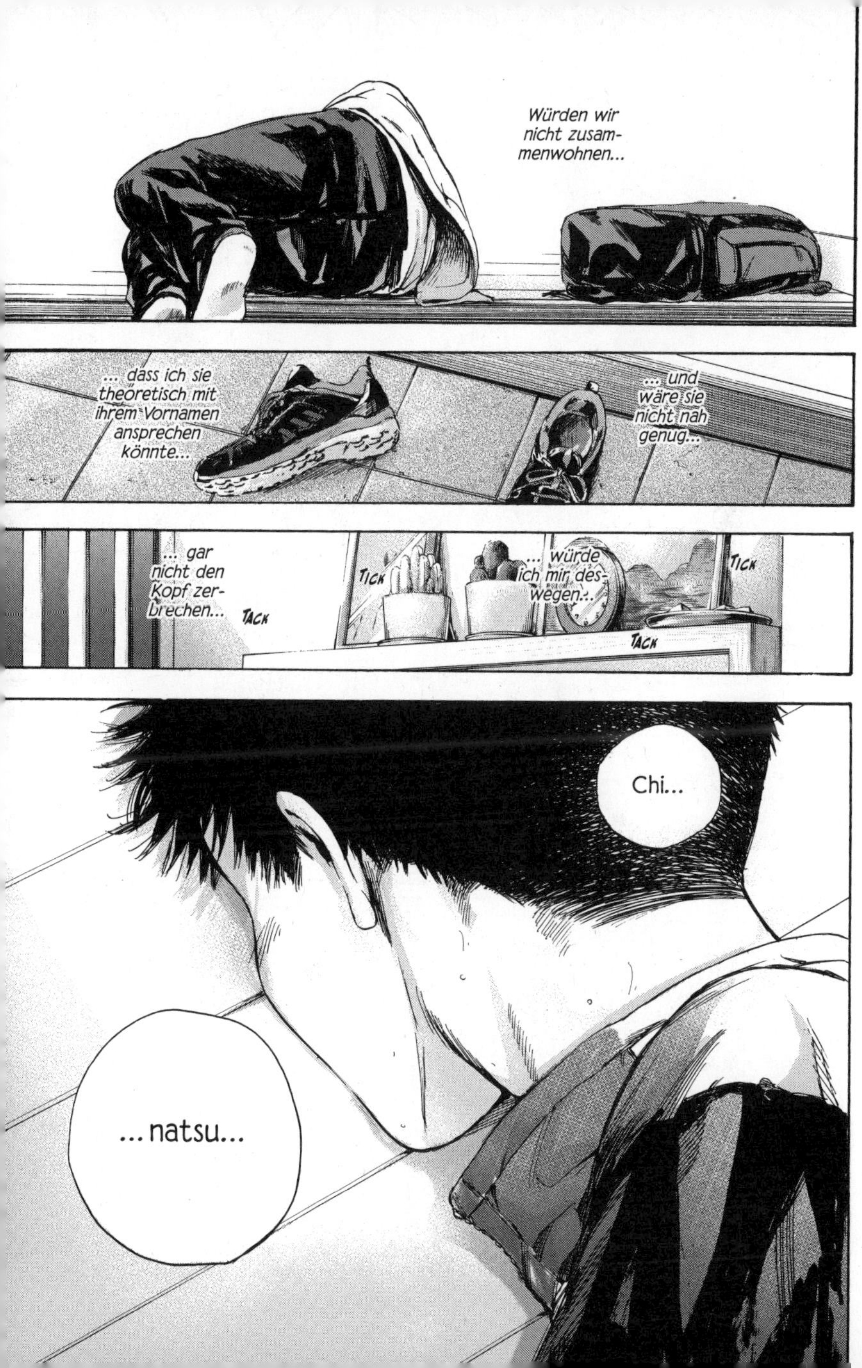
Würden wir nicht zusammenwohnen...
... dass ich sie theoretisch mit ihrem Vornamen ansprechen könnte...
... und wäre sie nicht nah genug...
... würde ich mir deswegen...
TICK
TACK
TICK
TACK
... gar nicht den Kopf zerbrechen...
Chi...
...natsu...

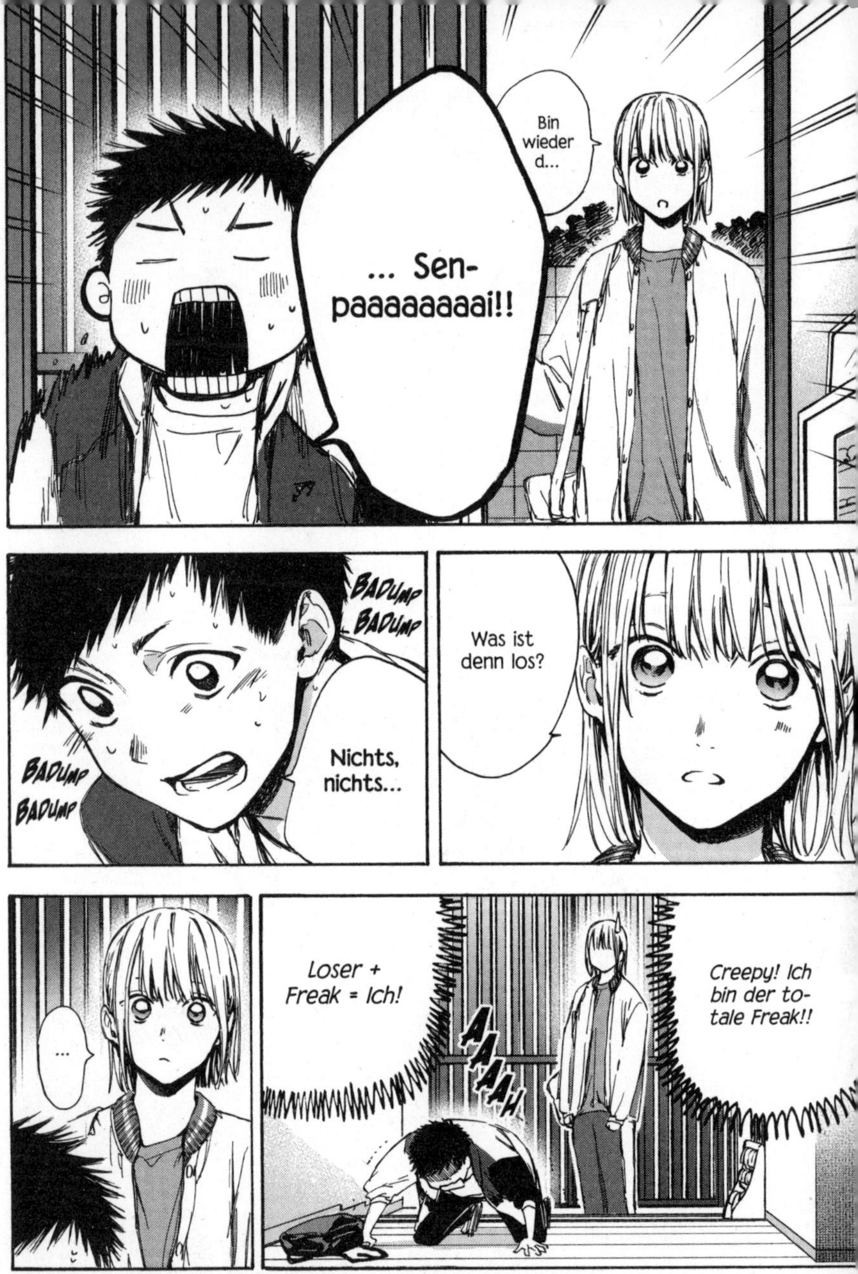
Bin wieder d...
... Sen-paaaaaaaai!!
Was ist denn los?
BADUMP BADUMP
Nichts, nichts...
BADUMP BADUMP
Creepy! Ich bin der totale Freak!!
AAAAAH
Loser + Freak = Ich!
...

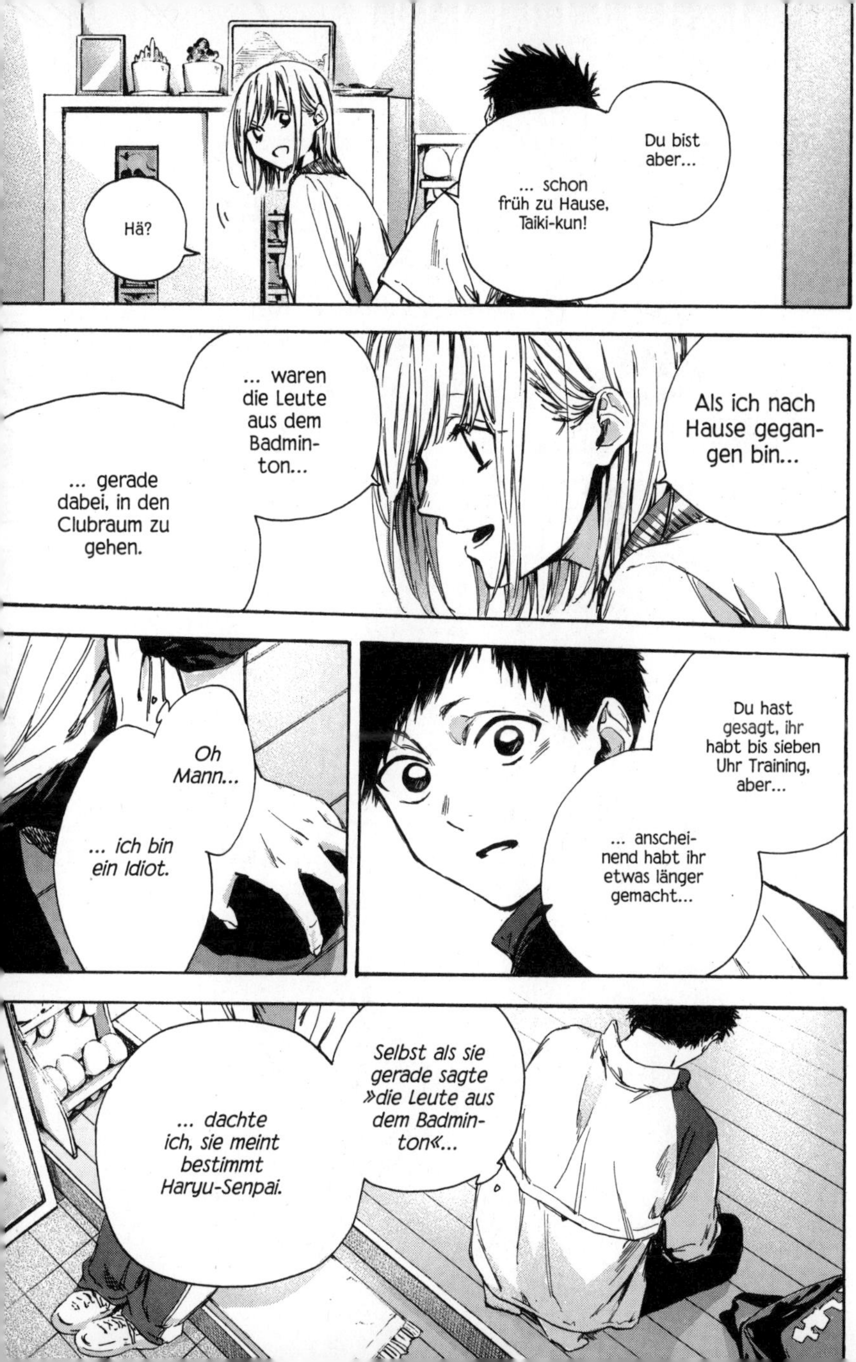
Du bist aber...
... schon früh zu Hause, Taiki-kun!
Hä?
Als ich nach Hause gegangen bin...
... waren die Leute aus dem Badminton...
... gerade dabei, in den Clubraum zu gehen.
Du hast gesagt, ihr habt bis sieben Uhr Training, aber...
... anscheinend habt ihr etwas länger gemacht...
Oh Mann...
... ich bin ein Idiot.
Selbst als sie gerade sagte »die Leute aus dem Badminton«...
... dachte ich, sie meint bestimmt Haryu-Senpai.

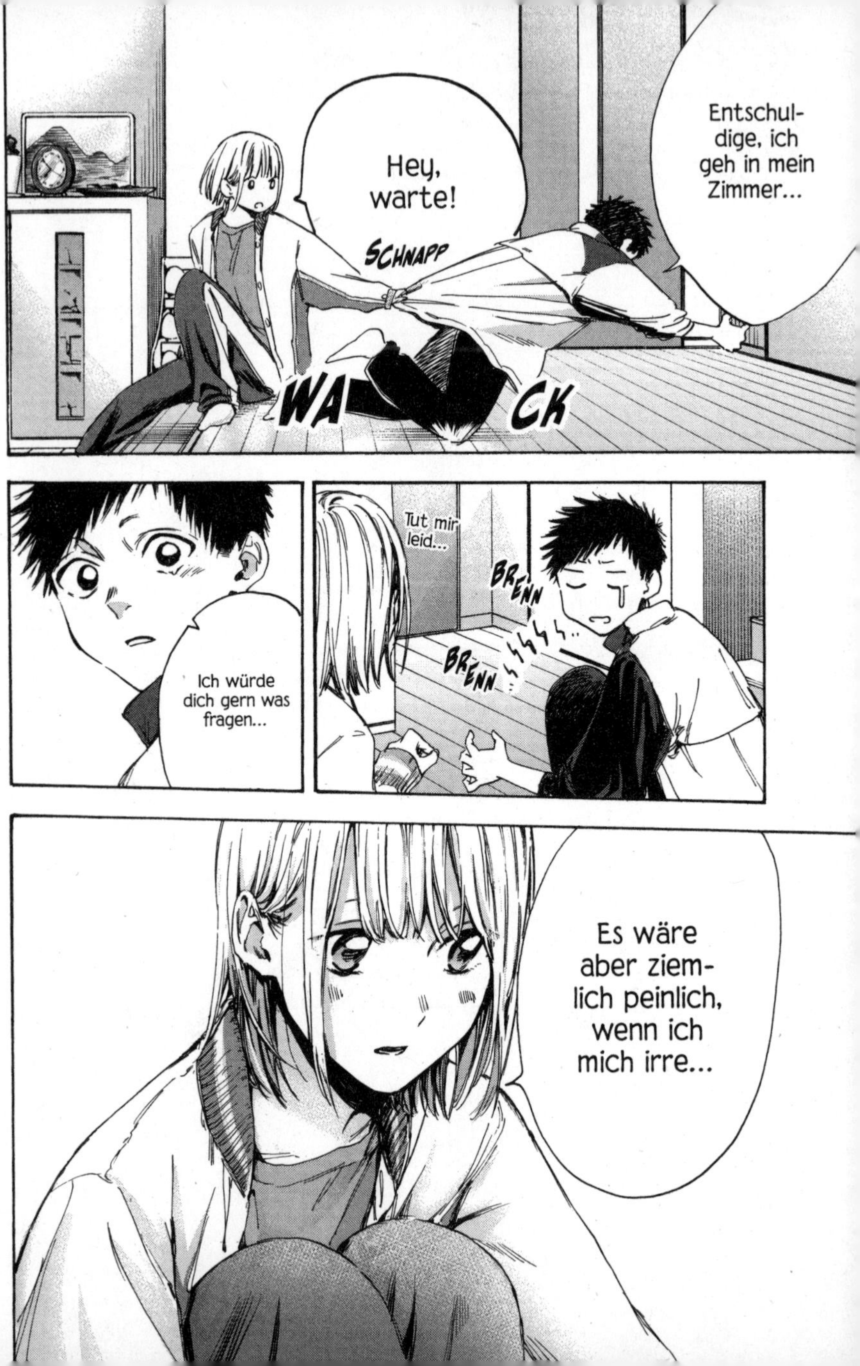
Entschul-
dige, ich
geh in mein
Zimmer...
Hey,
warte!
SCHNAPP
WACK
Tut mir
leid...
BRENN
BRENN
Ich würde
dich gern was
fragen...
Es wäre
aber ziem-
lich peinlich,
wenn ich
mich irre...

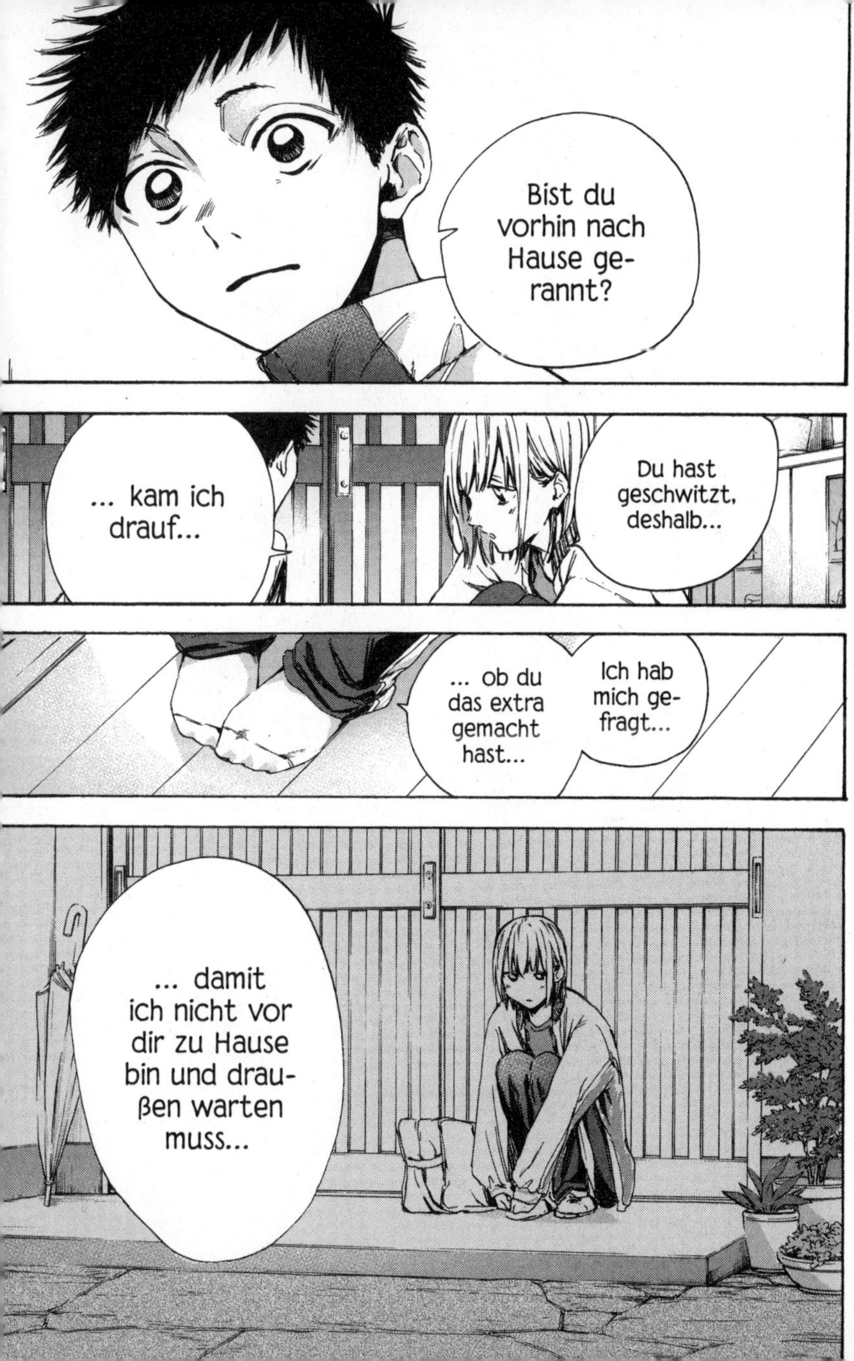
Bist du vorhin nach Hause gerannt?
Du hast geschwitzt, deshalb...
... kam ich drauf...
Ich hab mich gefragt...
... ob du das extra gemacht hast...
... damit ich nicht vor dir zu Hause bin und draußen warten muss...

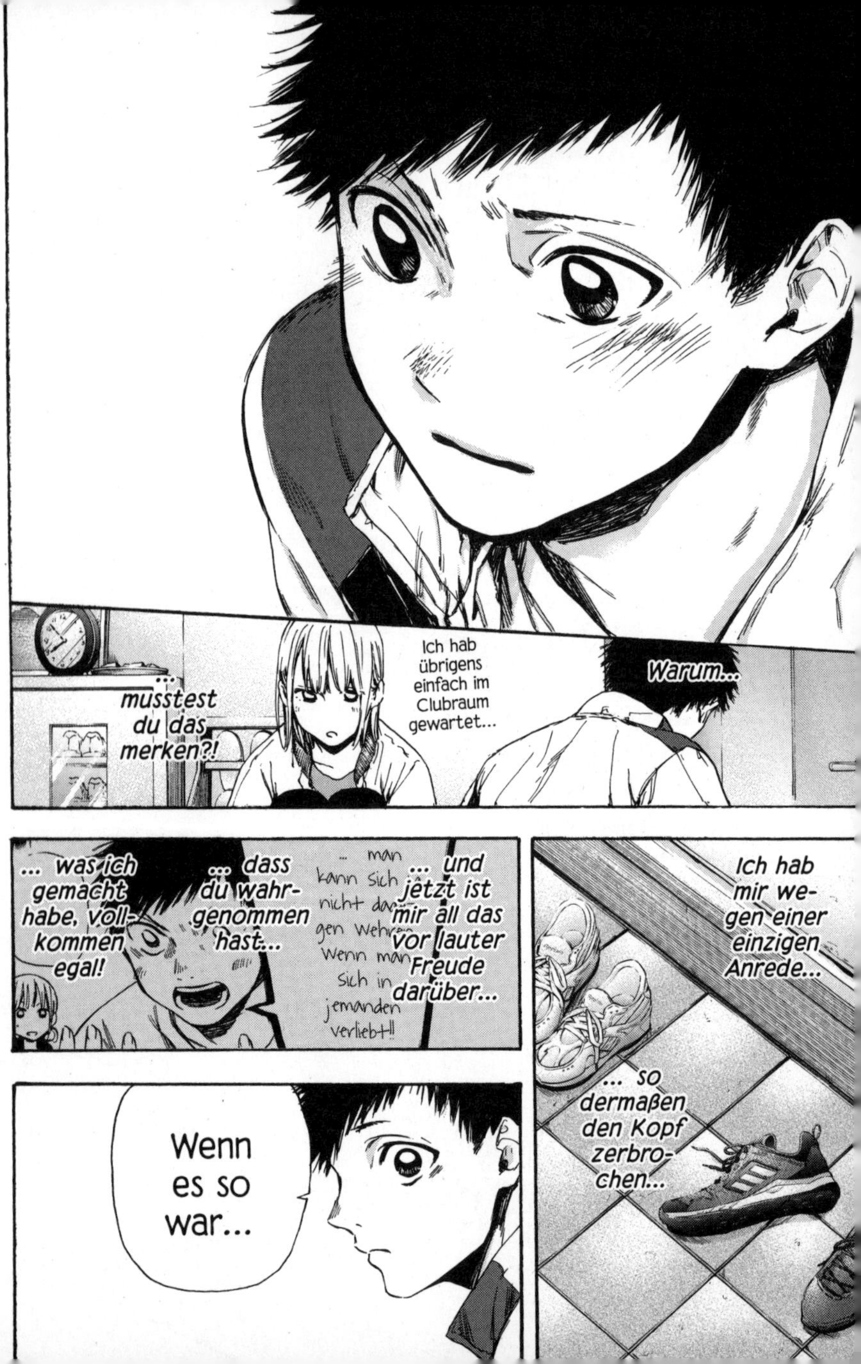
Warum...
Ich hab übrigens einfach im Clubraum gewartet...
... musstest du das merken?!
Ich hab mir wegen einer einzigen Anrede...
... so dermaßen den Kopf zerbrochen...
... und jetzt ist mir all das vor lauter Freude darüber...
... man kann sich nicht da- gen wehren Wenn man sich in jemanden verliebt!!
... dass du wahrgenommen hast...
... was ich gemacht habe, vollkommen egal!
Wenn es so war...

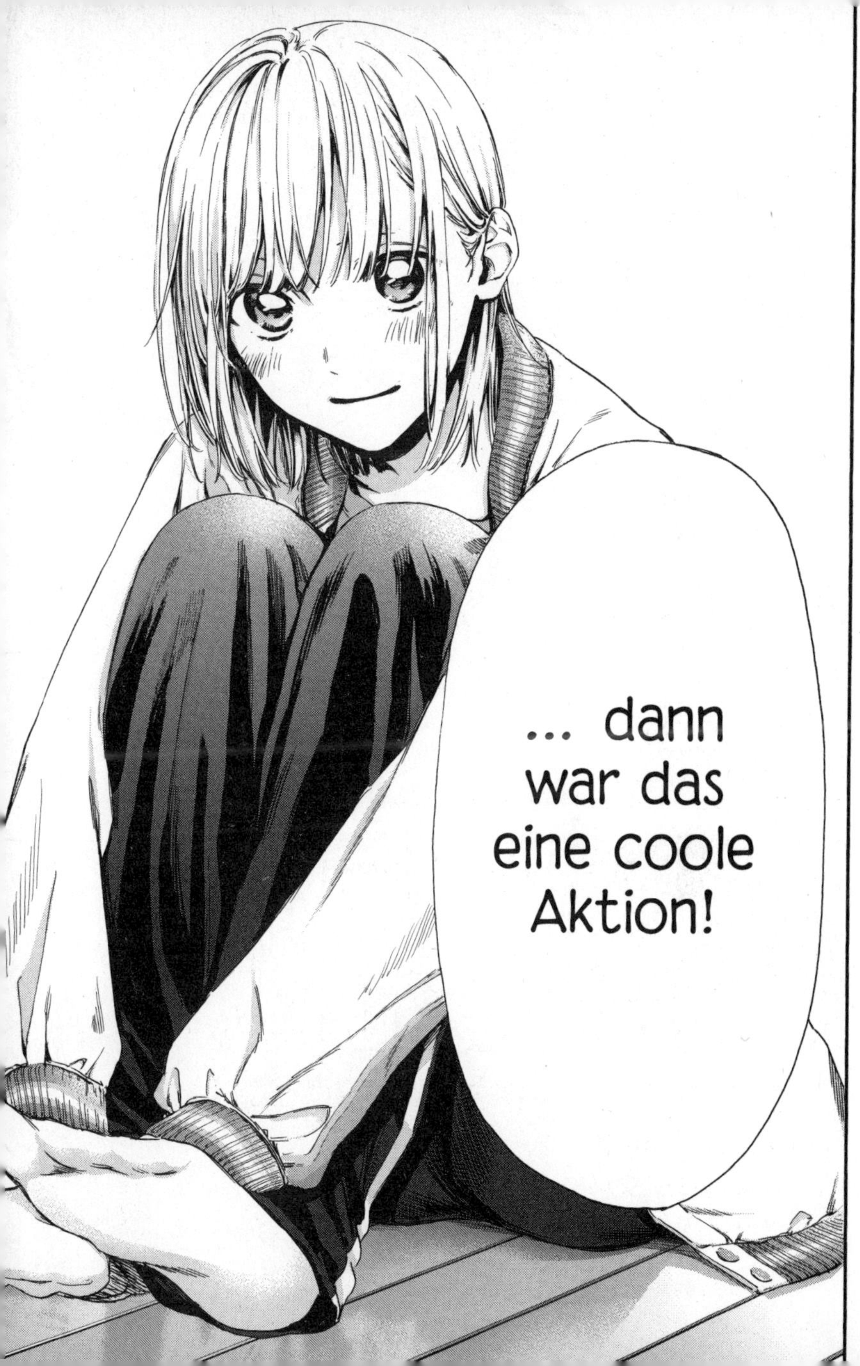
... dann war das eine coole Aktion!

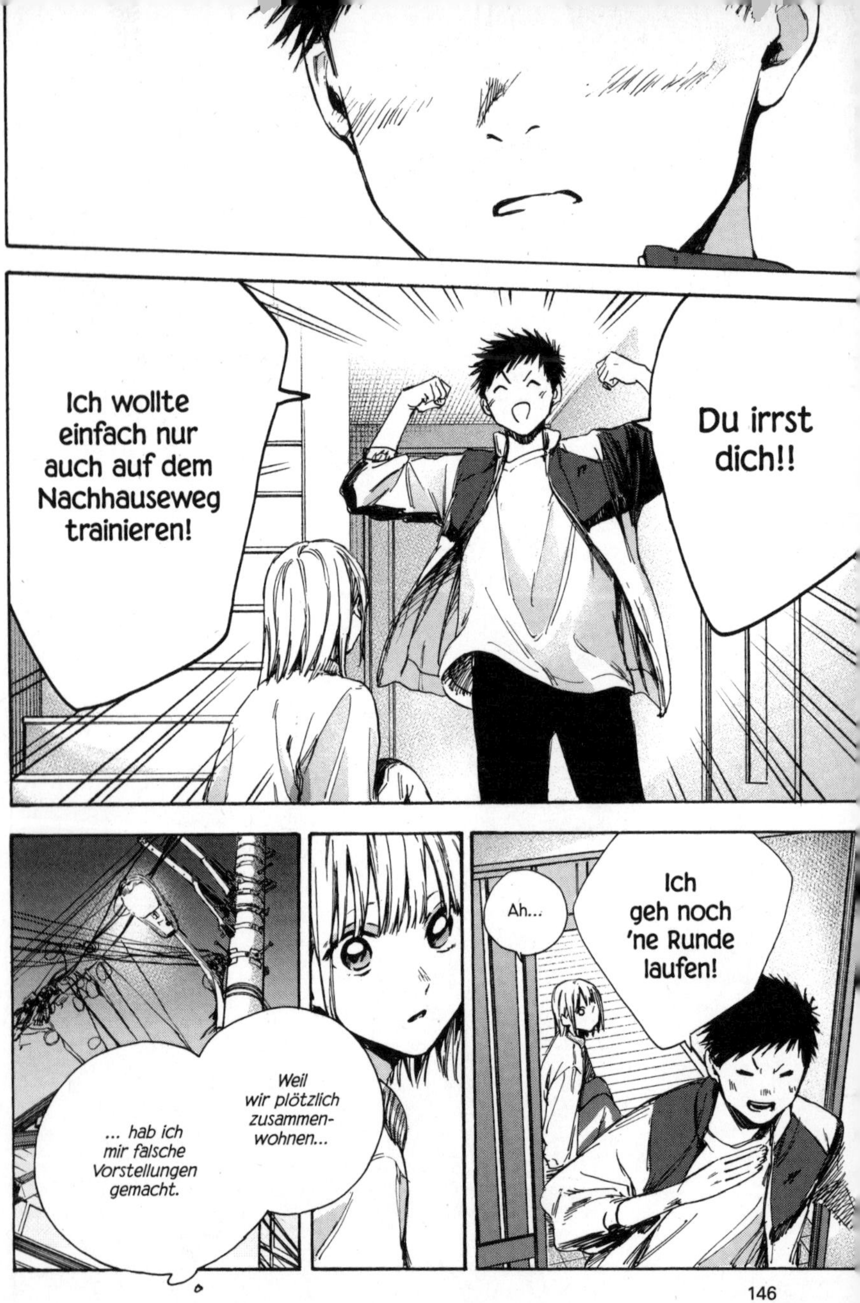
Du irrst dich!!
Ich wollte einfach nur auch auf dem Nachhauseweg trainieren!
Ich geh noch 'ne Runde laufen!
Ah...
Weil wir plötzlich zusammen-wohnen...
... hab ich mir falsche Vorstellungen gemacht.

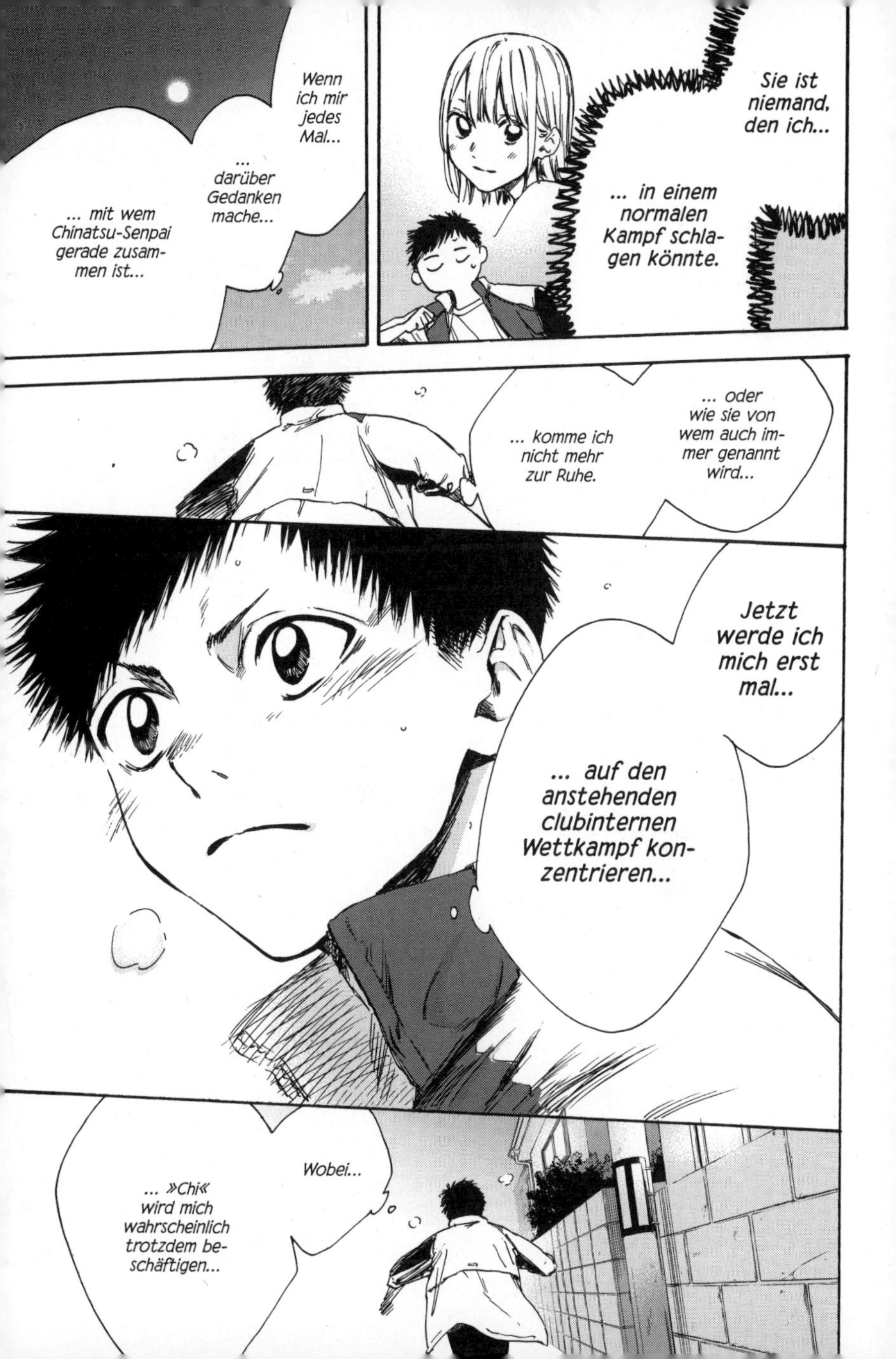
Sie ist niemand, den ich...
... in einem normalen Kampf schlagen könnte.
Wenn ich mir jedes Mal...
... darüber Gedanken mache...
... mit wem Chinatsu-Senpai gerade zusammen ist...
... oder wie sie von wem auch immer genannt wird...
... komme ich nicht mehr zur Ruhe.
Jetzt werde ich mich erst mal...
... auf den anstehenden clubinternen Wettkampf konzentrieren...
Wobei...
... »Chi« wird mich wahrscheinlich trotzdem beschäftigen...

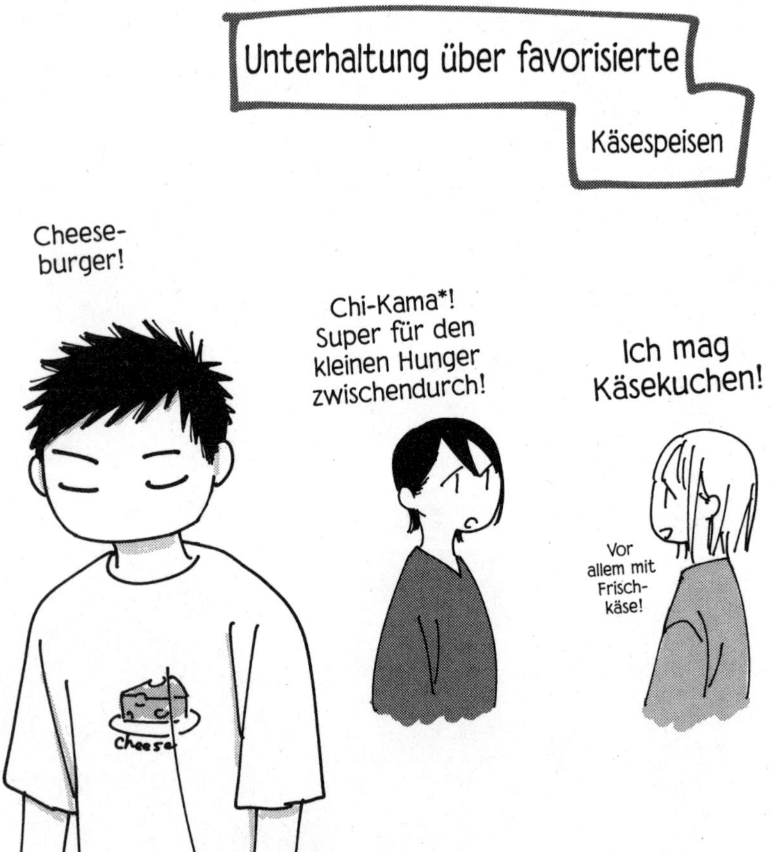
Unterhaltung über favorisierte Käsespeisen
Cheese-burger!
Chi-Kama*! Super für den kleinen Hunger zwischendurch!
Ich mag Käsekuchen!
Vor allem mit Frisch-käse!
Cheese
* Würstchen aus Käse (Cheese) und Kamaboko (Fischpastete)

#6 Wenigstens einen Schritt

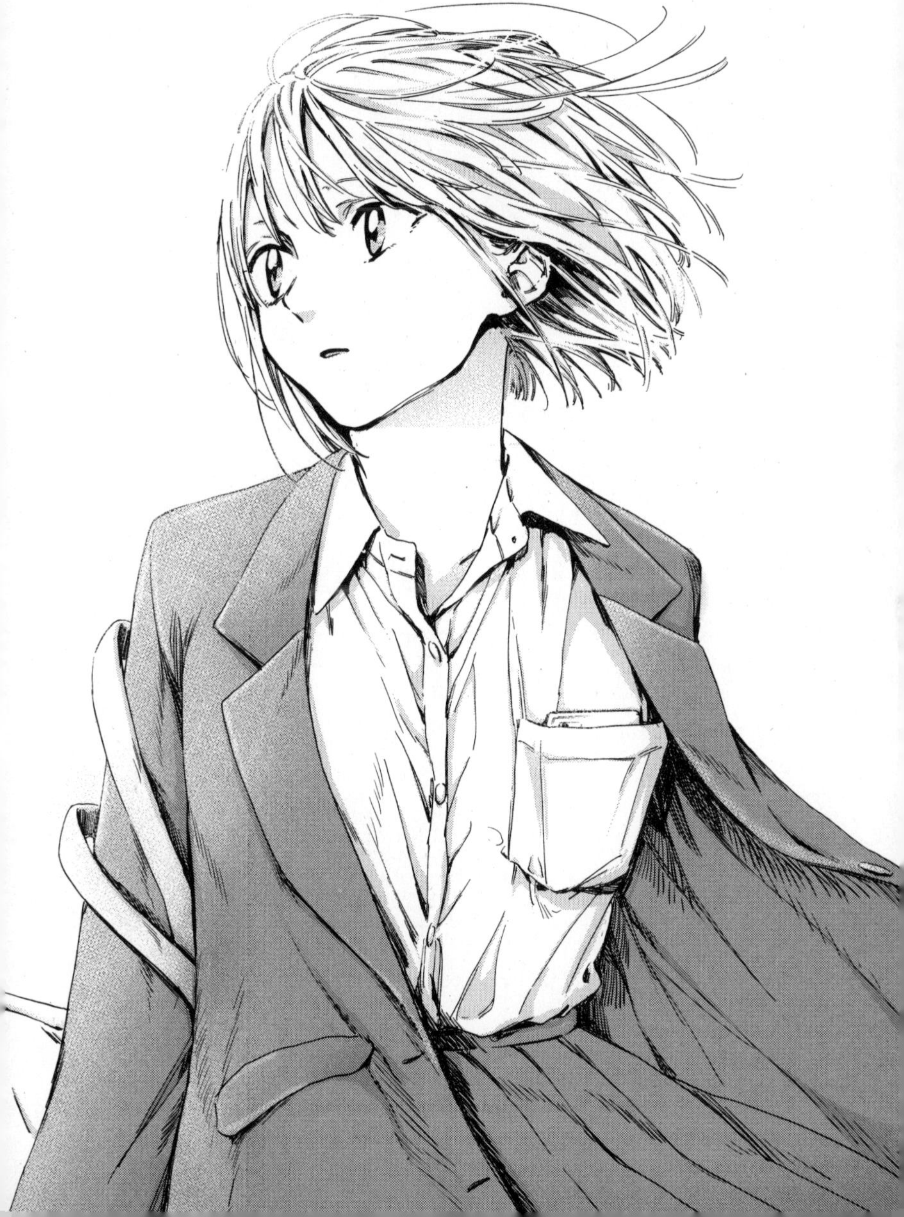

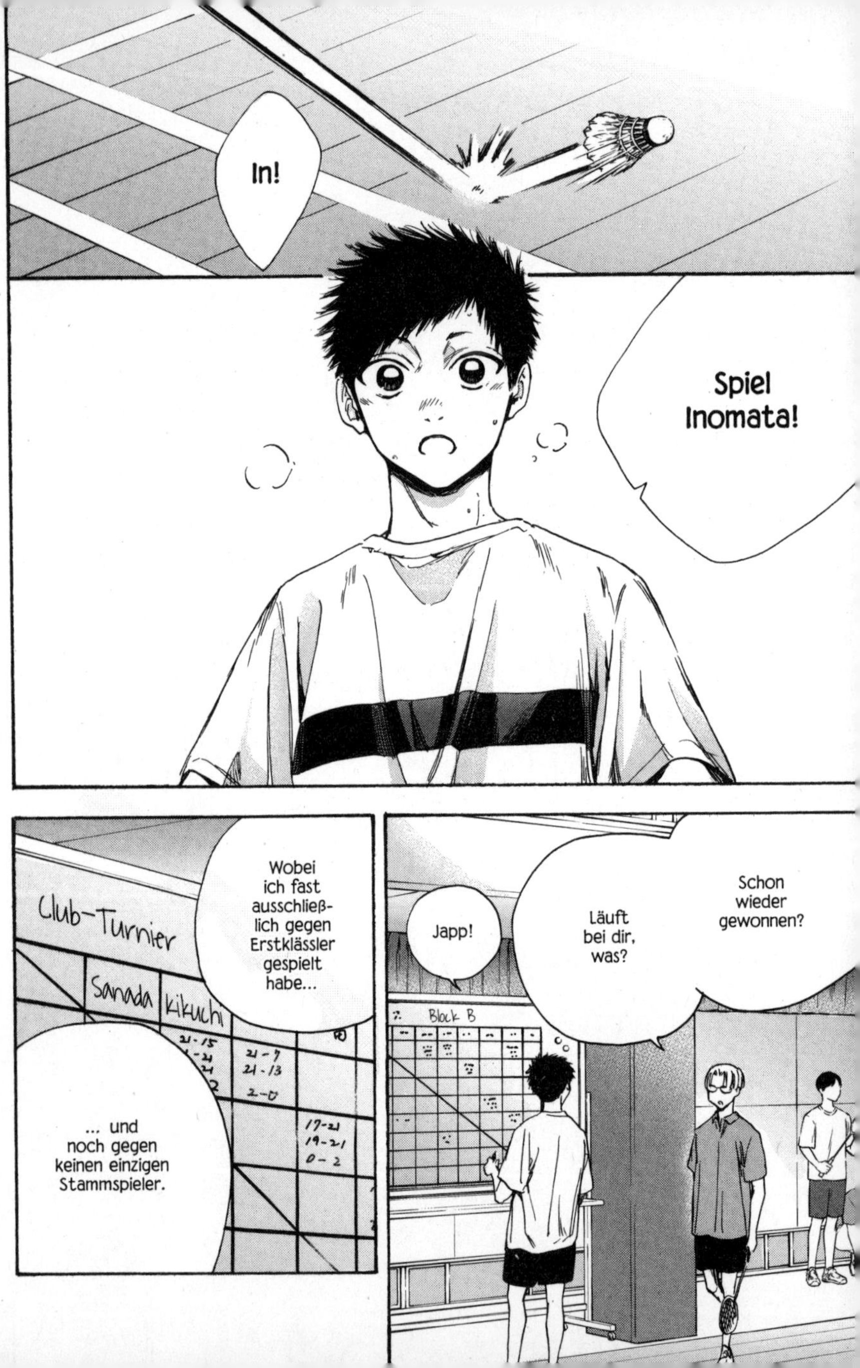
In!
Spiel Inomata!
Schon wieder gewonnen?
Läuft bei dir, was?
Japp!
Block B
Wobei ich fast ausschließlich gegen Erstklässler gespielt habe...
Club-Turnier
Sanada
Kikuchi
... und noch gegen keinen einzigen Stammspieler.

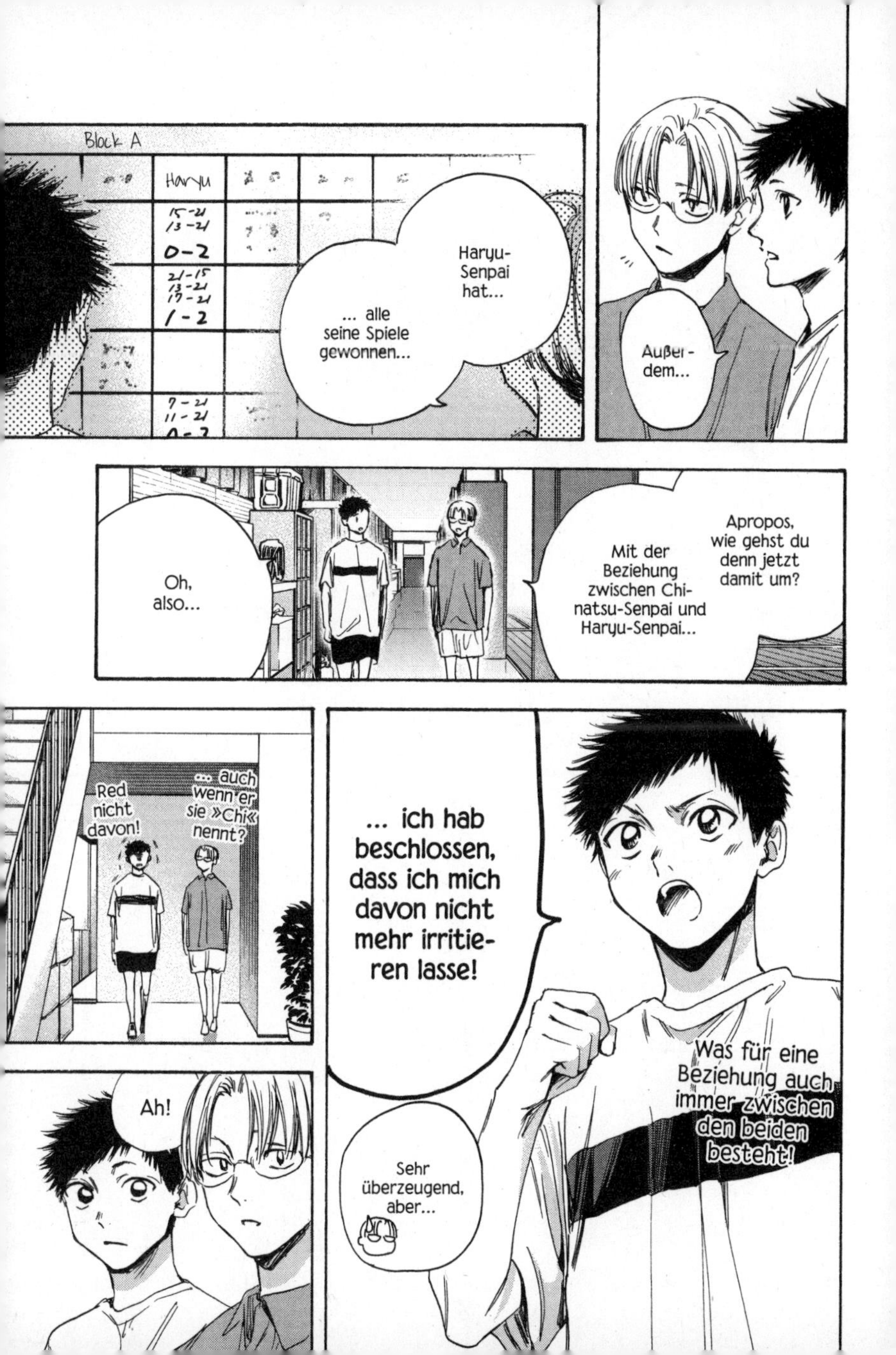

Außerdem...
Haryu-Senpai hat...
... alle seine Spiele gewonnen...
Block A
Haryu
15-21
13-21
0-2
21-15
13-21
17-21
1-2
7-21
11-21
Apropos, wie gehst du denn jetzt damit um?
Mit der Beziehung zwischen Chinatsu-Senpai und Haryu-Senpai...
Oh, also...
... ich hab beschlossen, dass ich mich davon nicht mehr irritieren lasse!
Was für eine Beziehung auch immer zwischen den beiden besteht!
Sehr überzeugend, aber...
... auch wenn er sie »Chi« nennt?
Red nicht davon!
Ah!

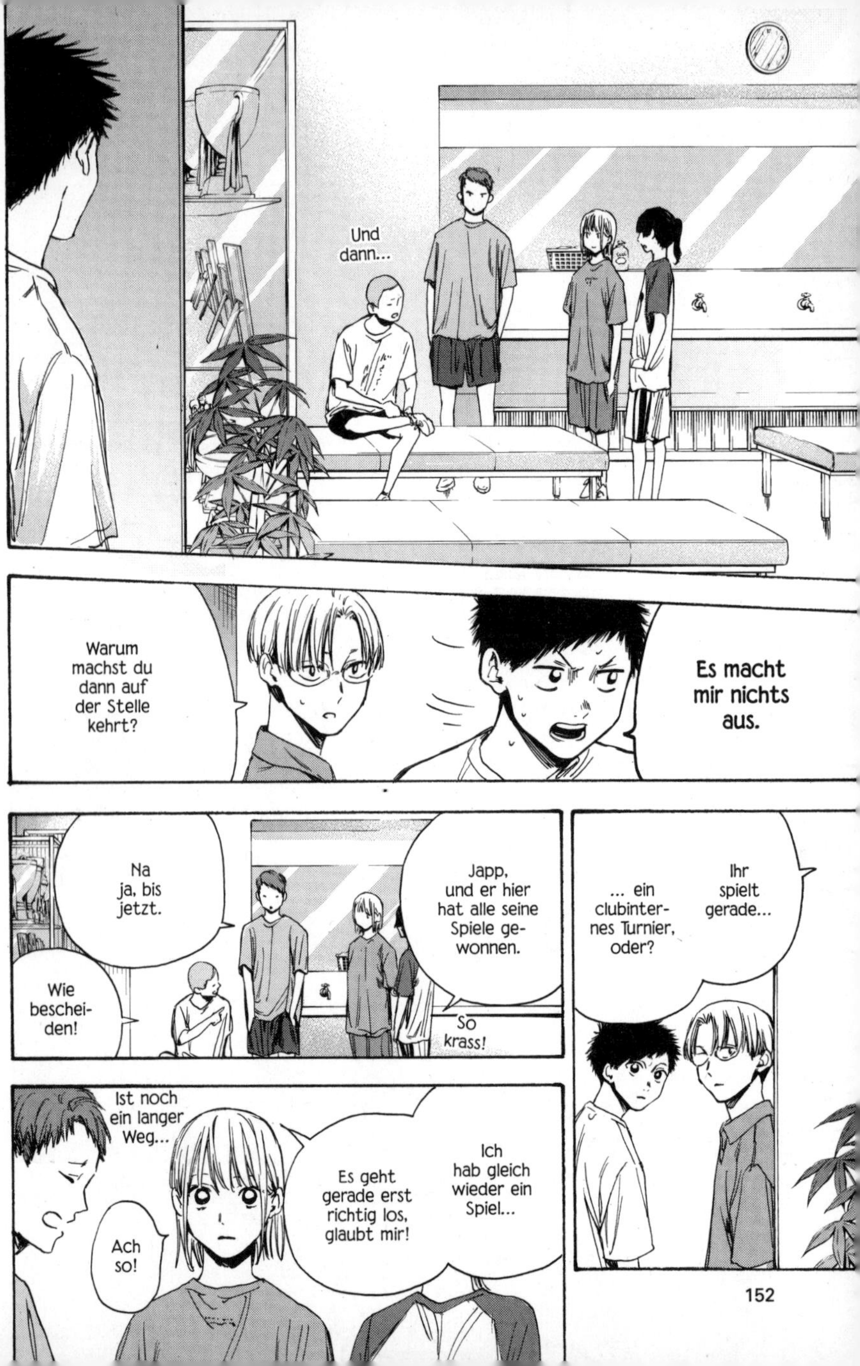
Und dann...
Es macht mir nichts aus.
Warum machst du dann auf der Stelle kehrt?
Ihr spielt gerade...
... ein clubinternes Turnier, oder?
Japp, und er hier hat alle seine Spiele gewonnen.
So krass!
Na ja, bis jetzt.
Wie bescheiden!
Ich hab gleich wieder ein Spiel...
Es geht gerade erst richtig los, glaubt mir!
Ist noch ein langer Weg...
Ach so!

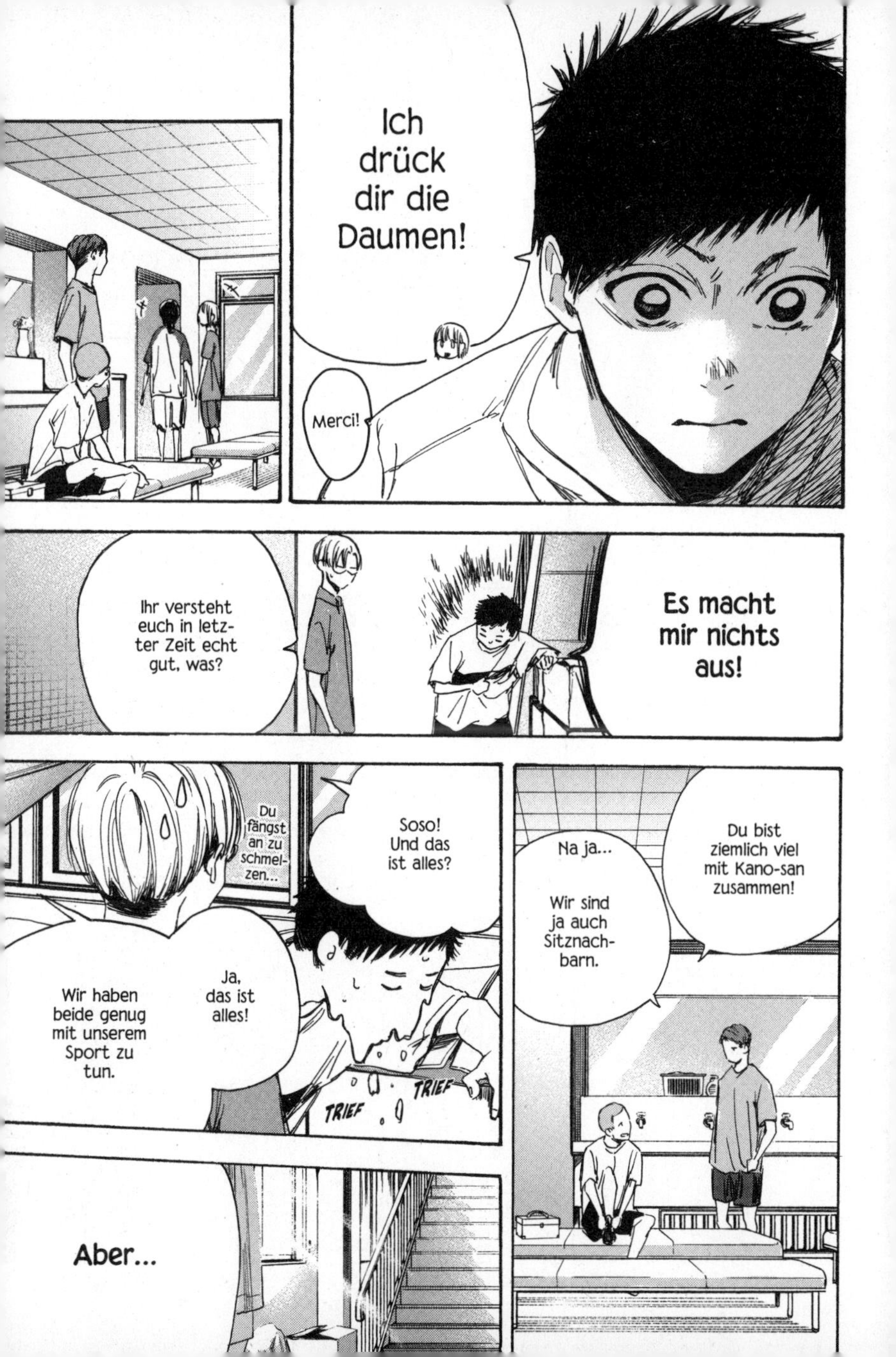
Ich drück dir die Daumen!
Merci!
Es macht mir nichts aus!
Ihr versteht euch in letzter Zeit echt gut, was?
Du bist ziemlich viel mit Kano-san zusammen!
Na ja...
Wir sind ja auch Sitznachbarn.
Soso! Und das ist alles?
Du fängst an zu schmelzen...
Ja, das ist alles!
Wir haben beide genug mit unserem Sport zu tun.
TRIEF
TRIEF
Aber...

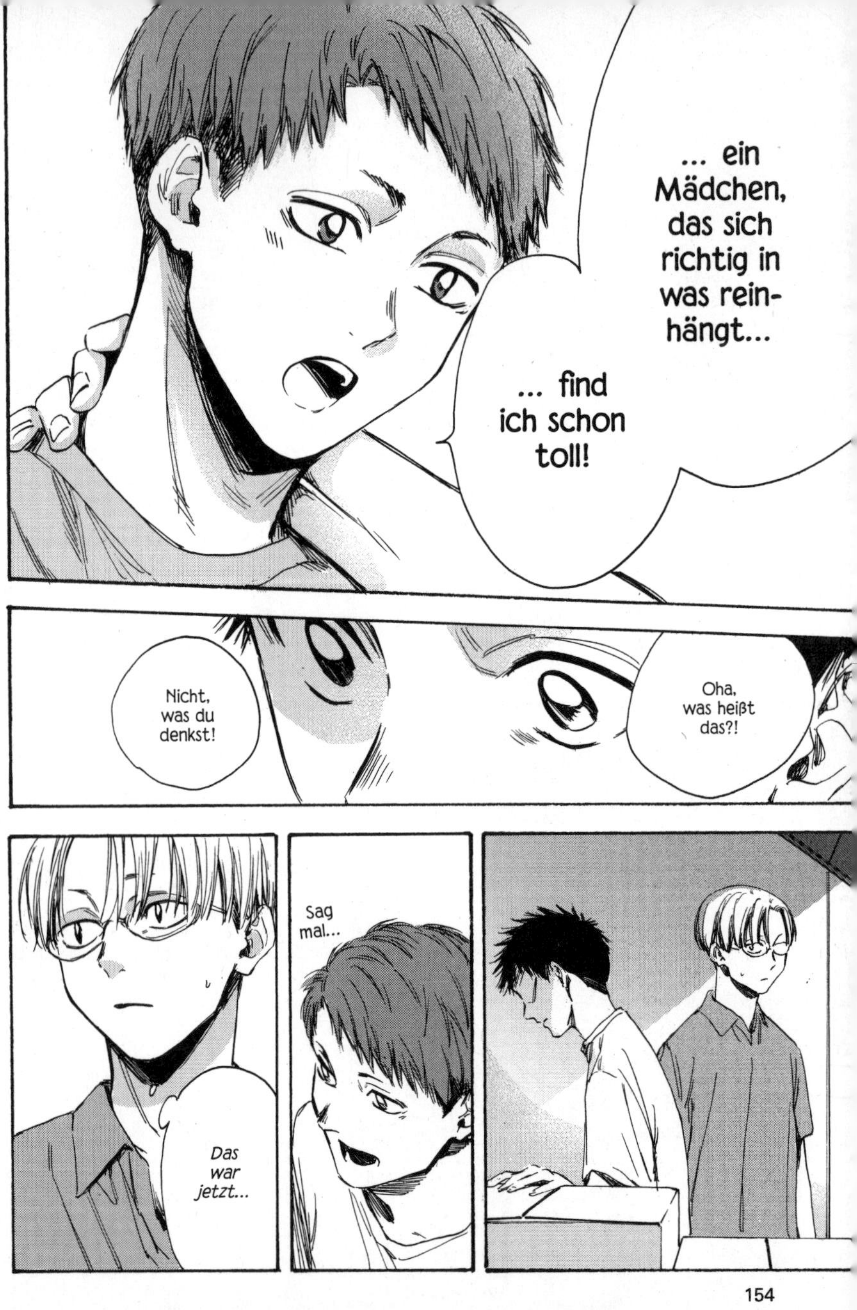

... ein Mädchen, das sich richtig in was reinhängt...
... find ich schon toll!
Oha, was heißt das?!
Nicht, was du denkst!
Sag mal...
Das war jetzt...

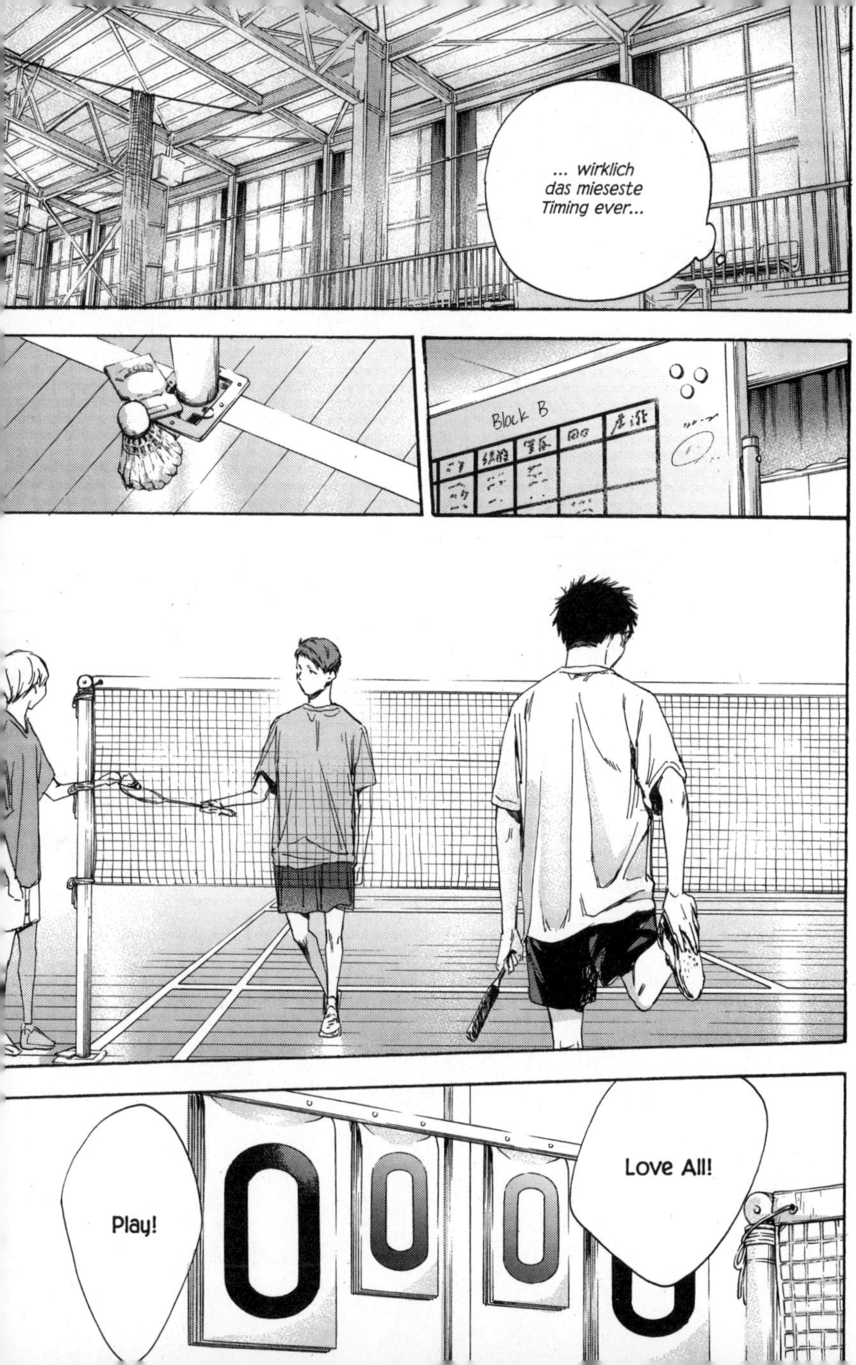
... wirklich das mieseste Timing ever...
Block B
Love All!
Play!

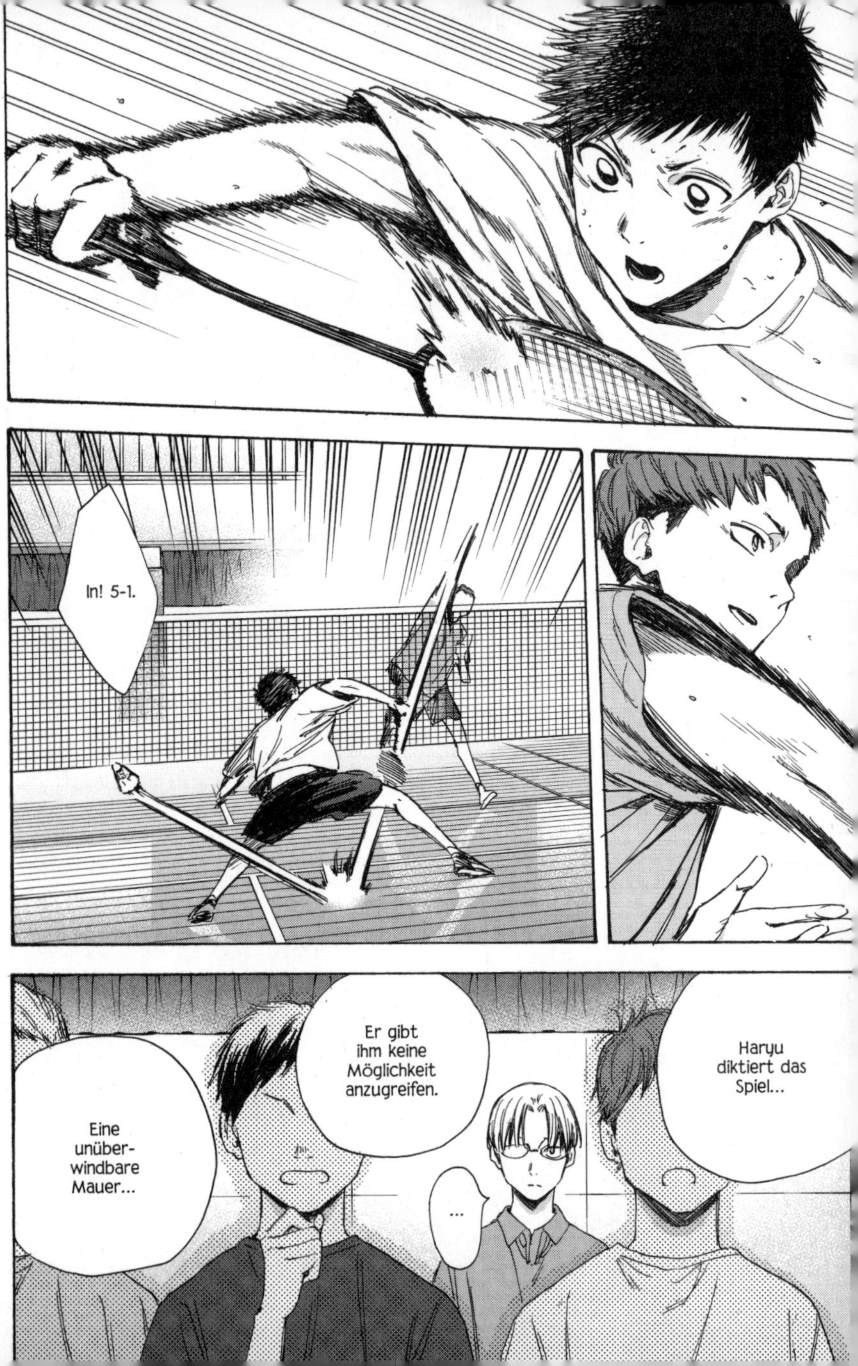
In! 5-1.
Haryu diktiert das Spiel...
Er gibt ihm keine Möglichkeit anzugreifen.
...
Eine unüberwindbare Mauer...

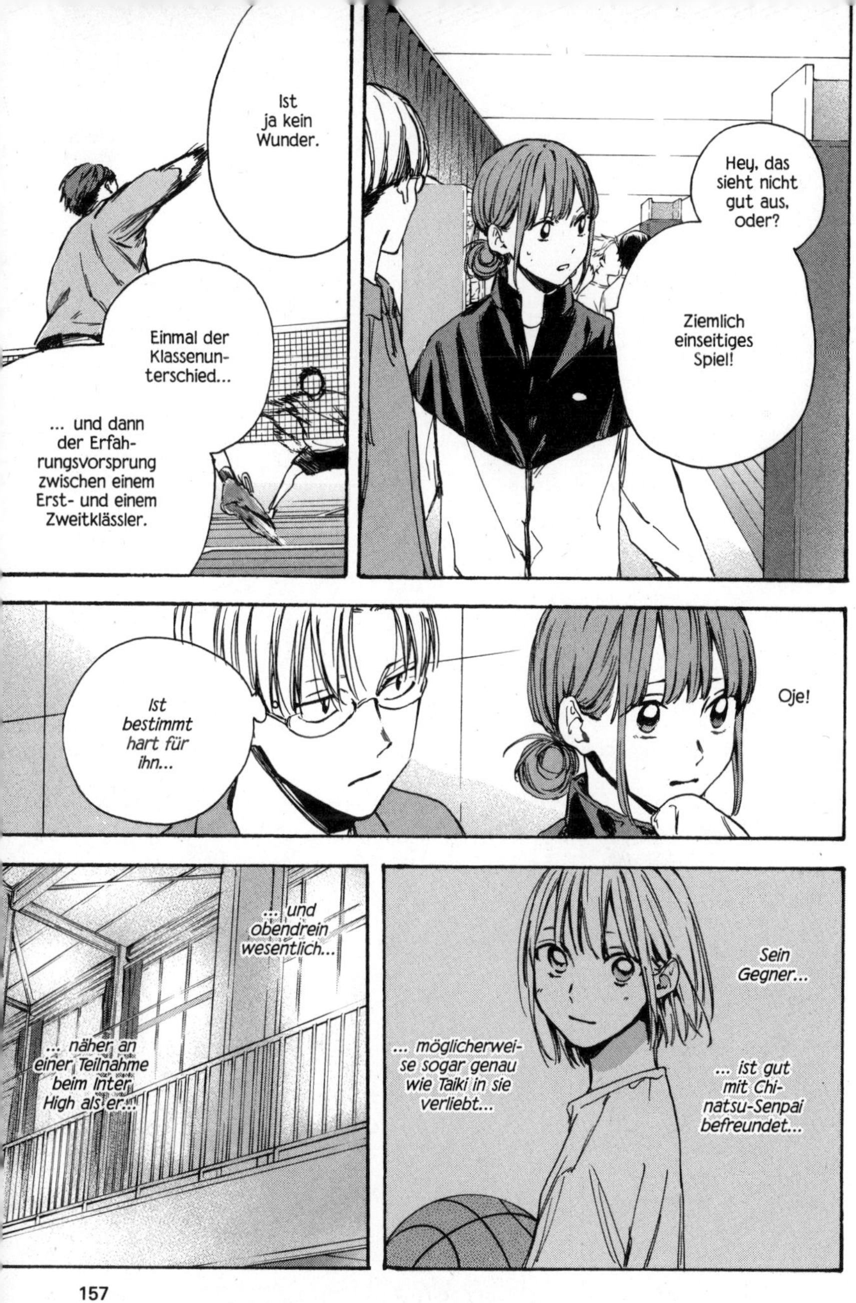
Hey, das sieht nicht gut aus, oder?
Ziemlich einseitiges Spiel!
Ist ja kein Wunder.
Einmal der Klassenunterschied...
... und dann der Erfahrungsvorsprung zwischen einem Erst- und einem Zweitklässler.
Oje!
Ist bestimmt hart für ihn...
Sein Gegner...
... ist gut mit Chinatsu-Senpai befreundet...
... möglicherweise sogar genau wie Taiki in sie verliebt...
... und obendrein wesentlich...
... näher an einer Teilnahme beim Inter High als er...

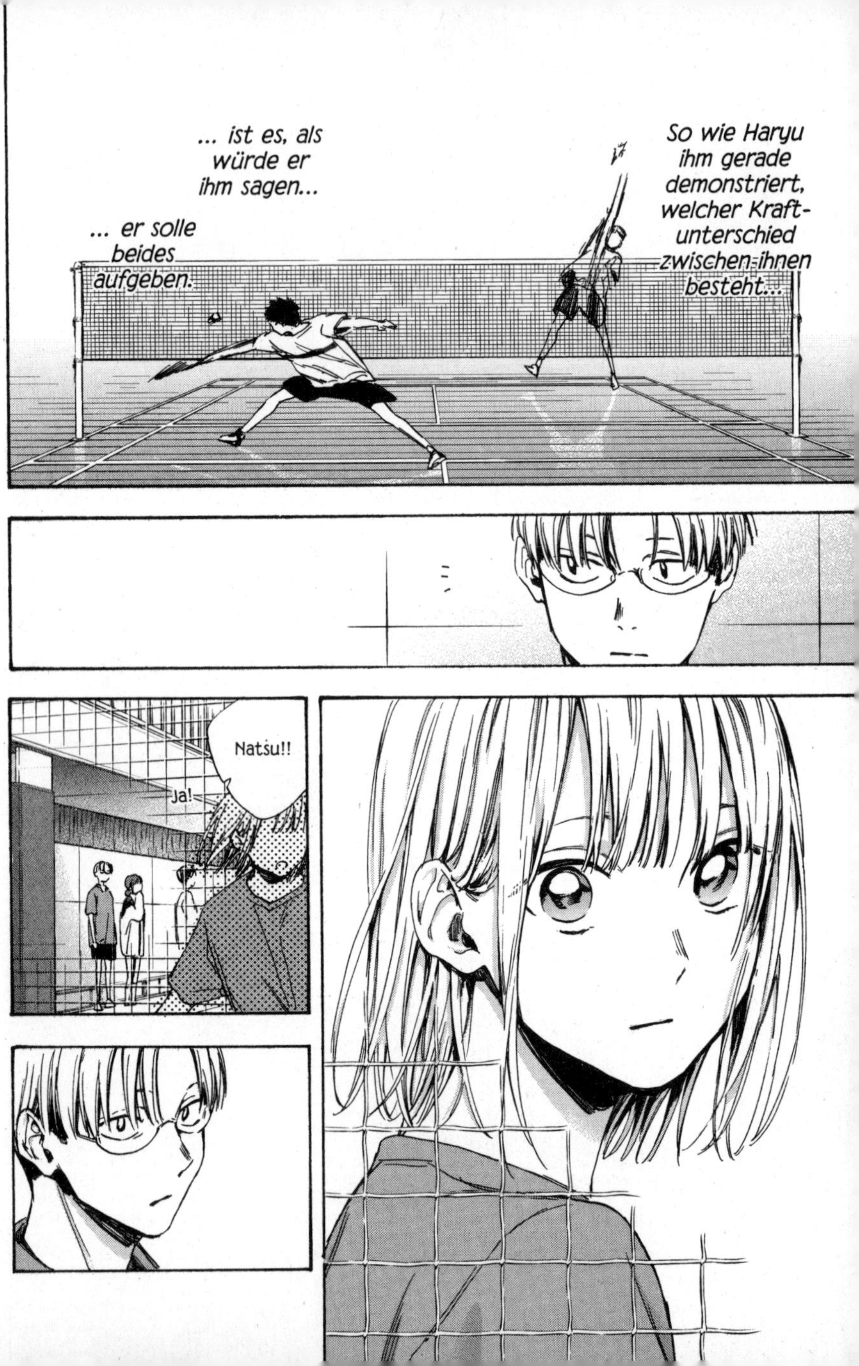
So wie Haryu ihm gerade demonstriert, welcher Kraft-unterschied zwischen ihnen besteht...
... ist es, als würde er ihm sagen...
... er solle beides aufgeben.
Natsu!!
Ja!

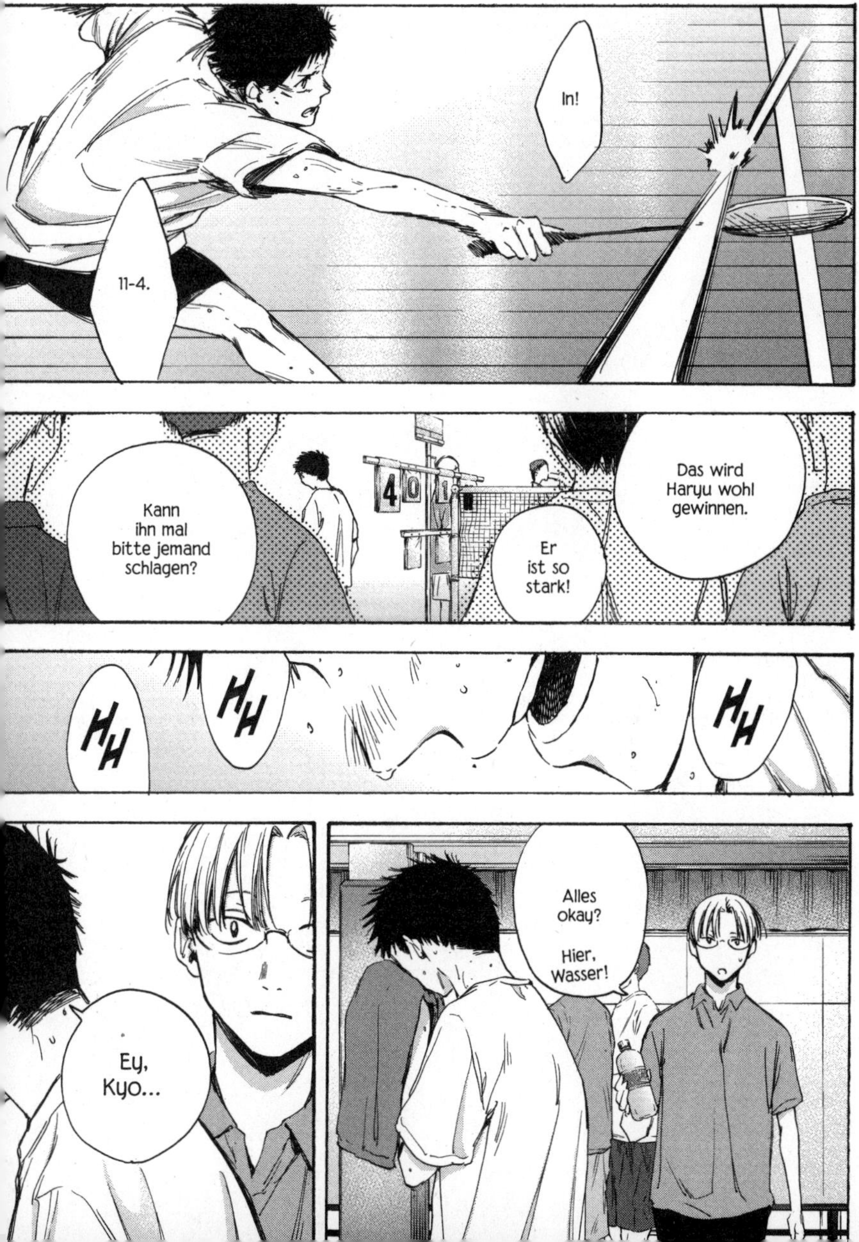
In!
11-4.
Das wird Haryu wohl gewinnen.
Er ist so stark!
Kann ihn mal bitte jemand schlagen?
HH
HH
HH
Alles okay? Hier, Wasser!
Ey, Kyo...

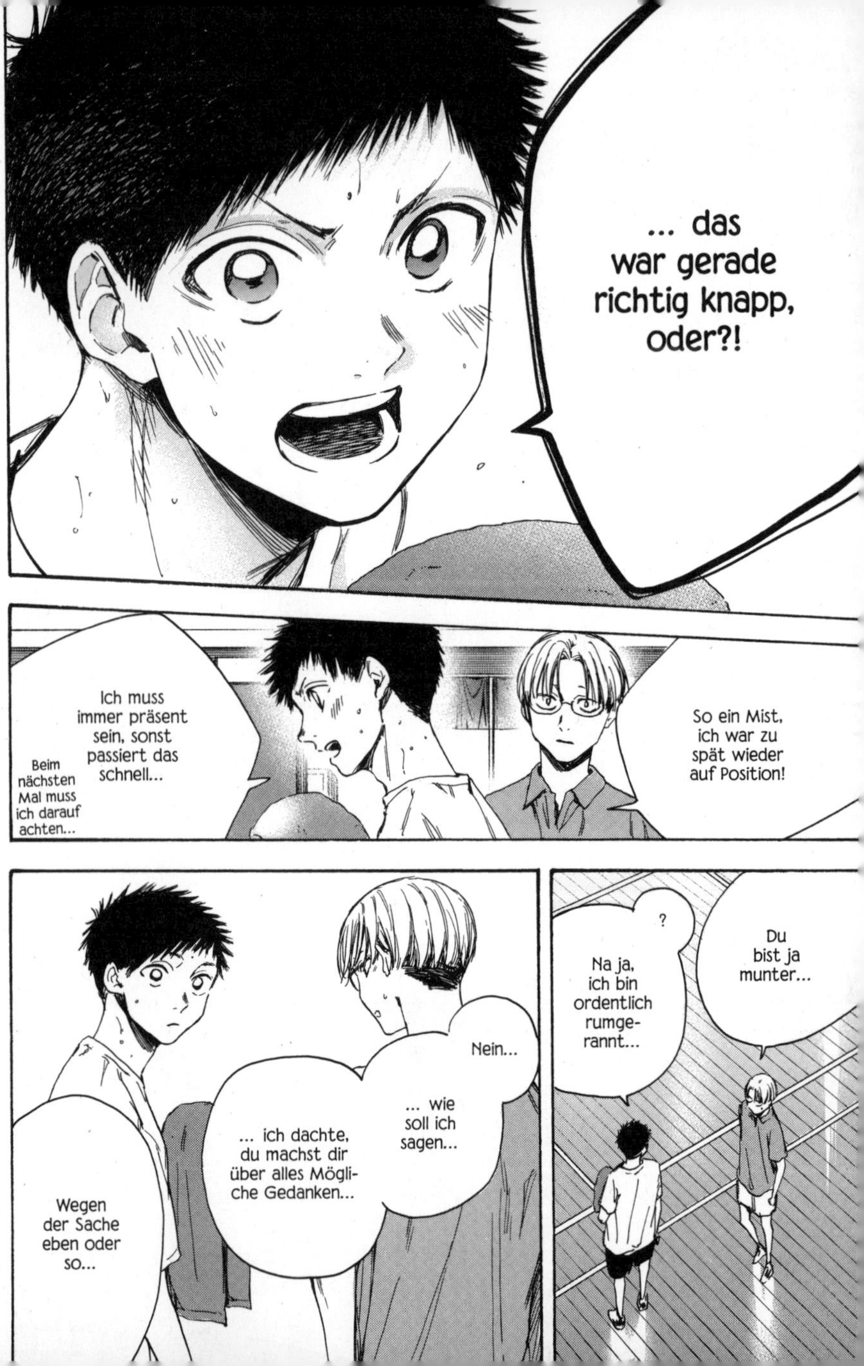

... das war gerade richtig knapp, oder?!
So ein Mist, ich war zu spät wieder auf Position!
Ich muss immer präsent sein, sonst passiert das schnell...
Beim nächsten Mal muss ich darauf achten...
Du bist ja munter...
?
Na ja, ich bin ordentlich rumge-rannt...
Nein...
... wie soll ich sagen...
... ich dachte, du machst dir über alles Mögli-che Gedanken...
Wegen der Sache eben oder so...

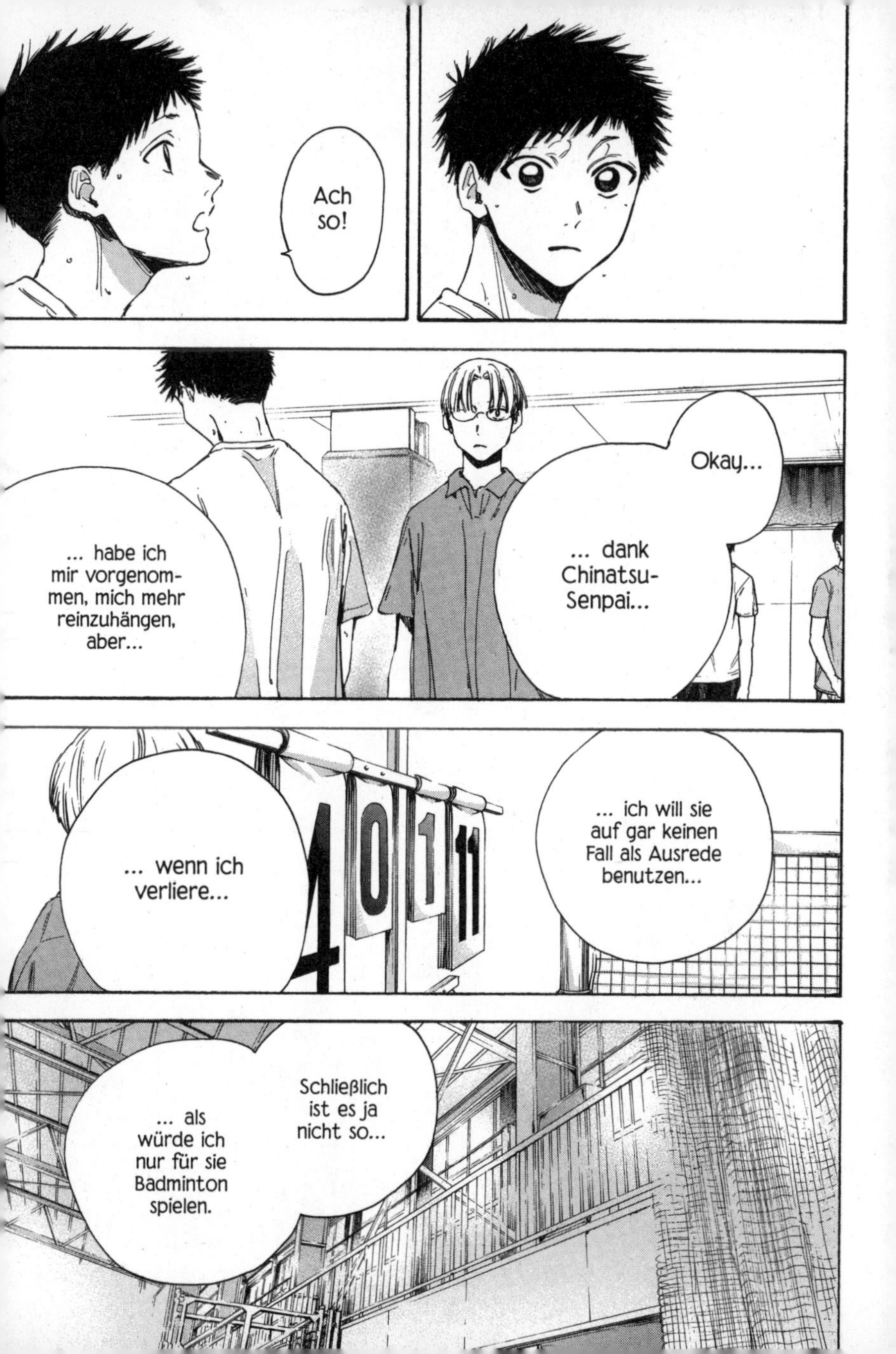
Ach so!
Okay...
... dank Chinatsu-Senpai...
... habe ich mir vorgenommen, mich mehr reinzuhängen, aber...
... ich will sie auf gar keinen Fall als Ausrede benutzen...
... wenn ich verliere...
Schließlich ist es ja nicht so...
... als würde ich nur für sie Badminton spielen.

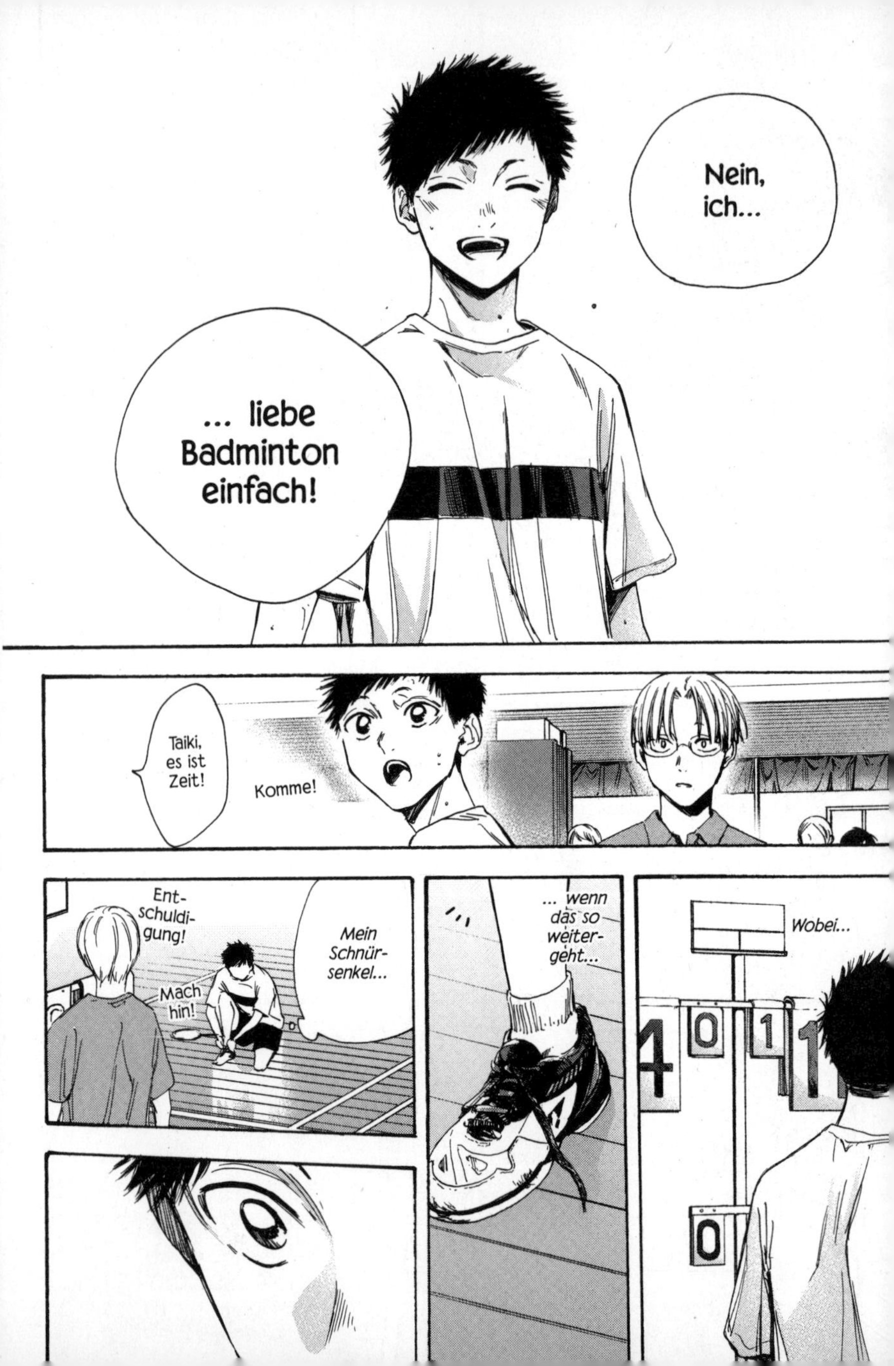
Nein, ich...
... liebe Badminton einfach!
Komme!
Taiki, es ist Zeit!
Mein Schnürsenkel...
Ent-schuldi-gung!
Mach hin!
Wobei...
... wenn das so weiter-geht...

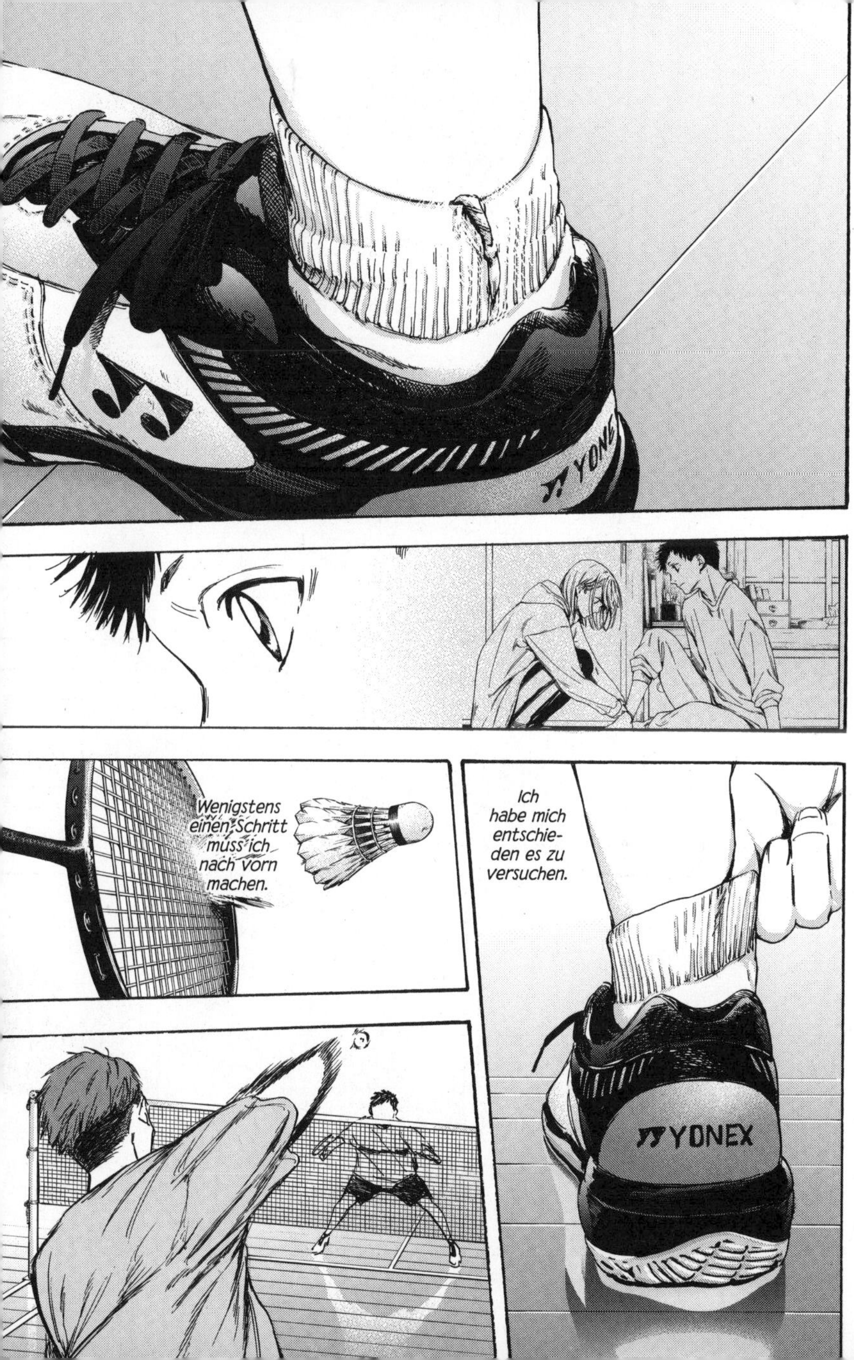
Ich habe mich entschie-den es zu versuchen.
Wenigstens einen Schritt muss ich nach vorn machen.
YONEX

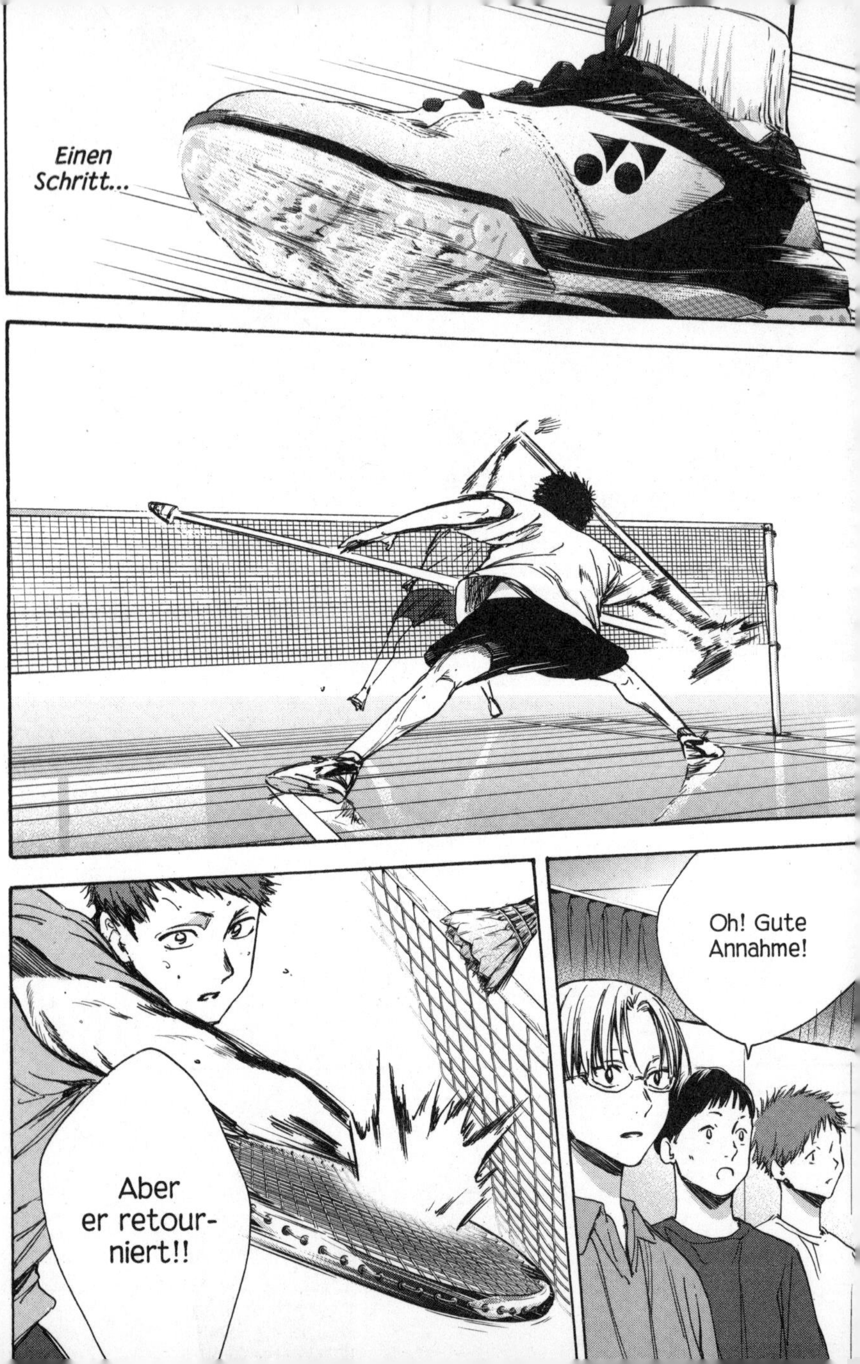
Einen Schritt...
Oh! Gute Annahme!
Aber er retour-niert!!

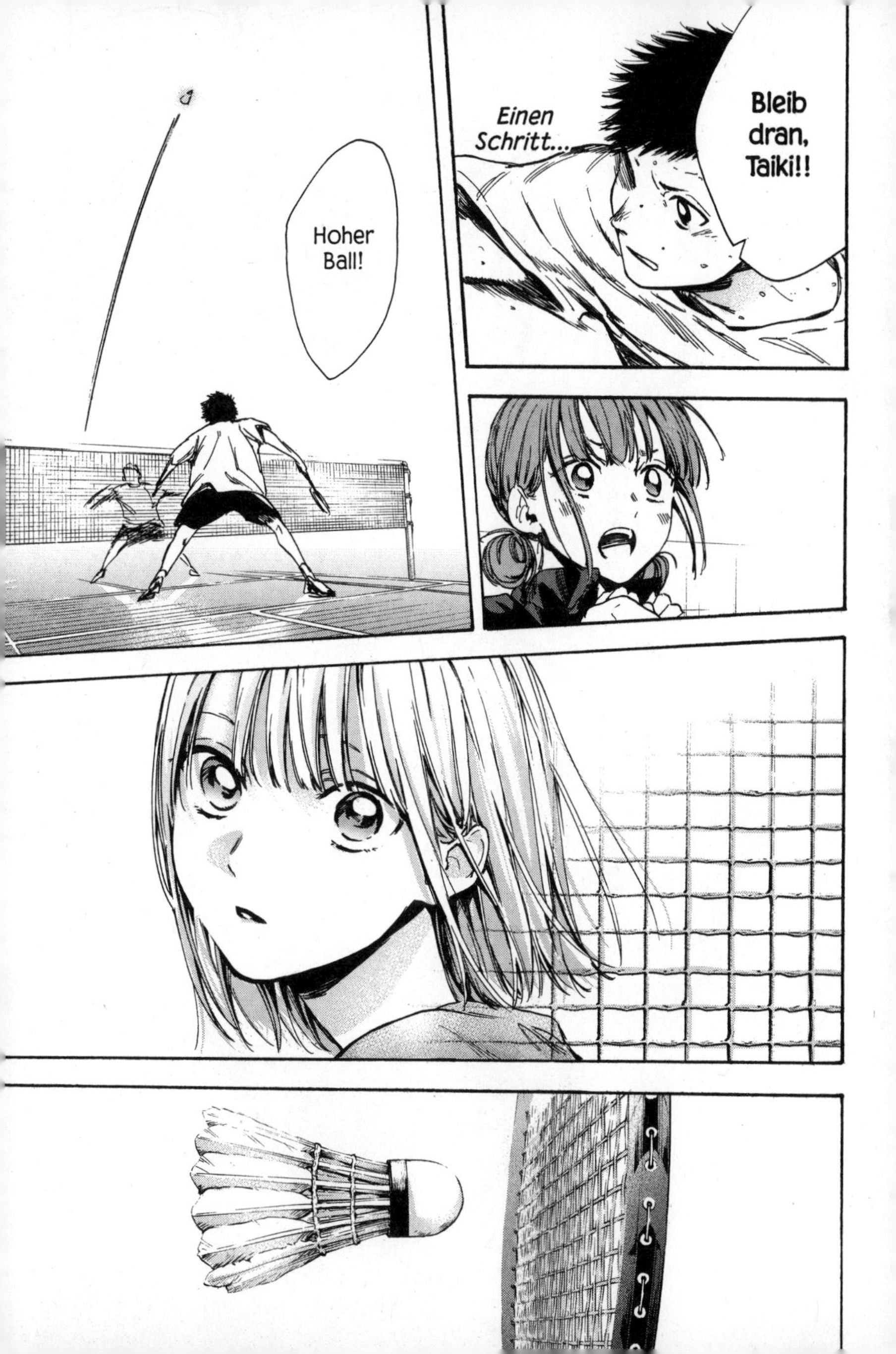
Bleib dran, Taiki!!
Einen Schritt...
Hoher Ball!

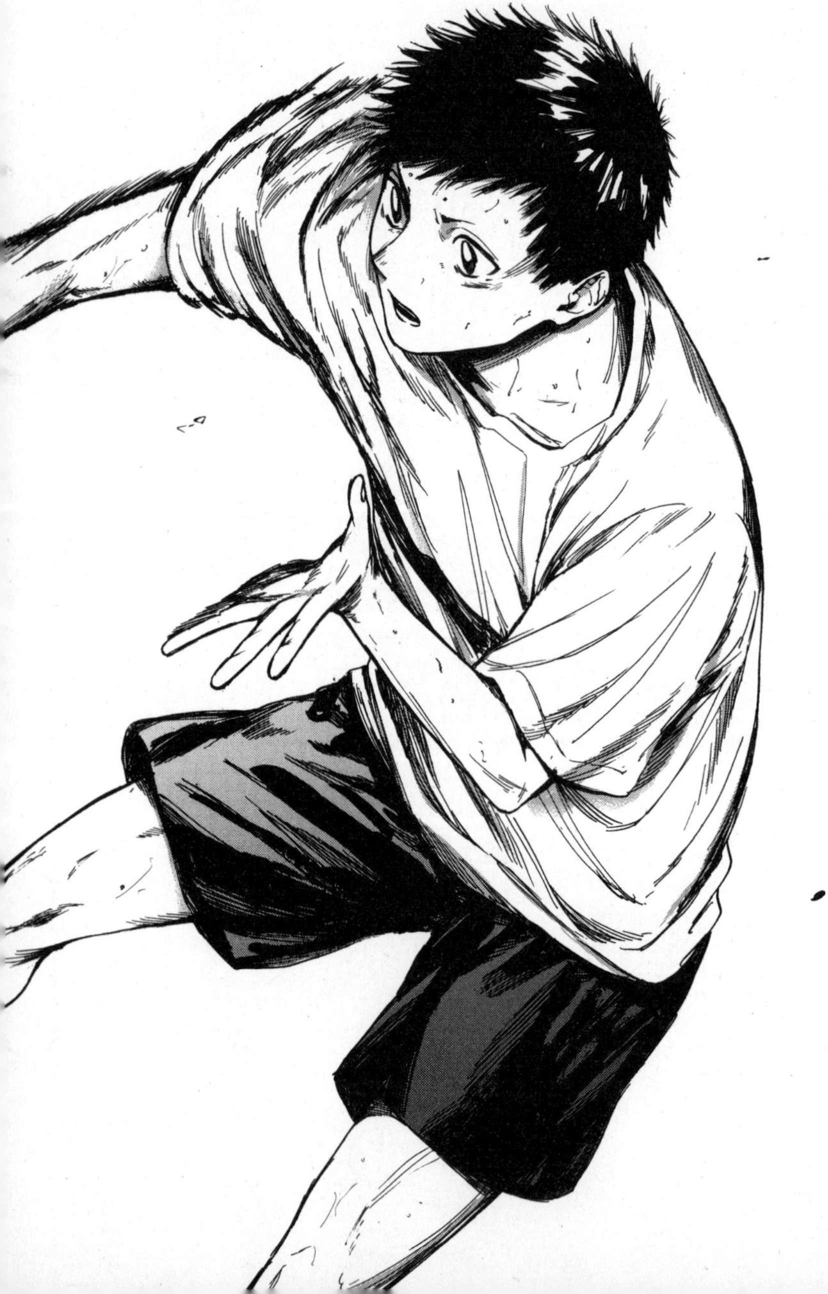

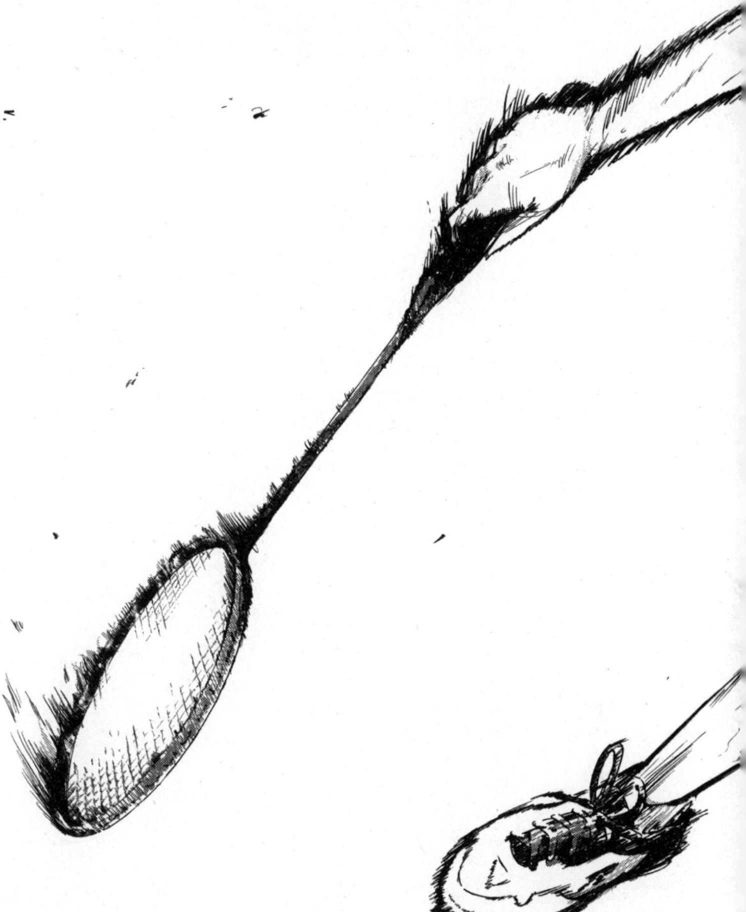

Blue Box
①
Special thanks

Assistenz

Okino-san

Takeuchi-san

Hinohara-san

Taguchi-san (Hilfe)

Redaktion

Murakoshi-san

Sammelband

Chiba-san

Design

Tsuji-san

Vielen Dank!!

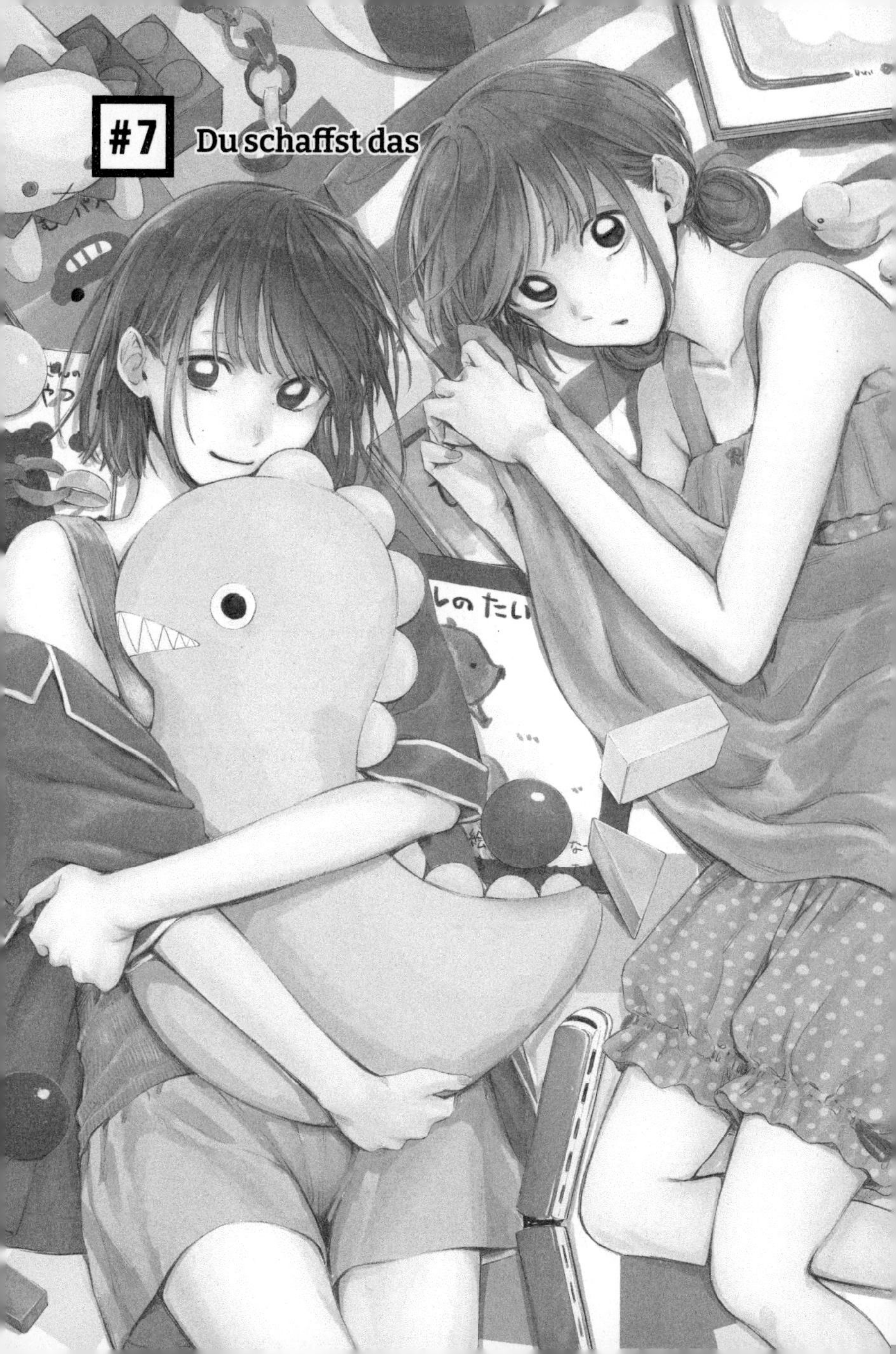
#7
Du schaffst das

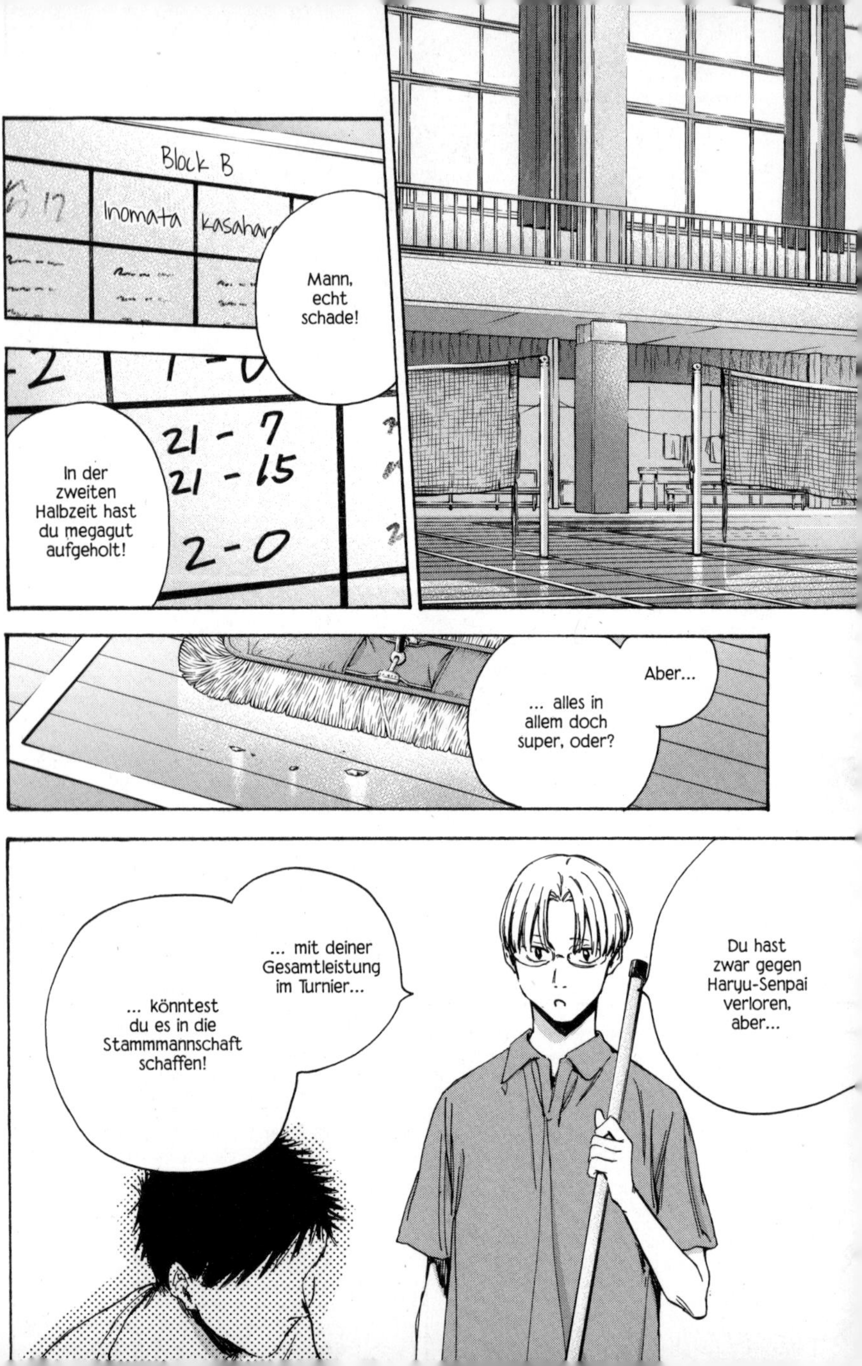
Block B
Inomata
Kasahara
Mann, echt schade!
21 - 7
21 - 15
2 - 0
In der zweiten Halbzeit hast du megagut aufgeholt!
Aber...
... alles in allem doch super, oder?
Du hast zwar gegen Haryu-Senpai verloren, aber...
... mit deiner Gesamtleistung im Turnier...
... könntest du es in die Stammmannschaft schaffen!

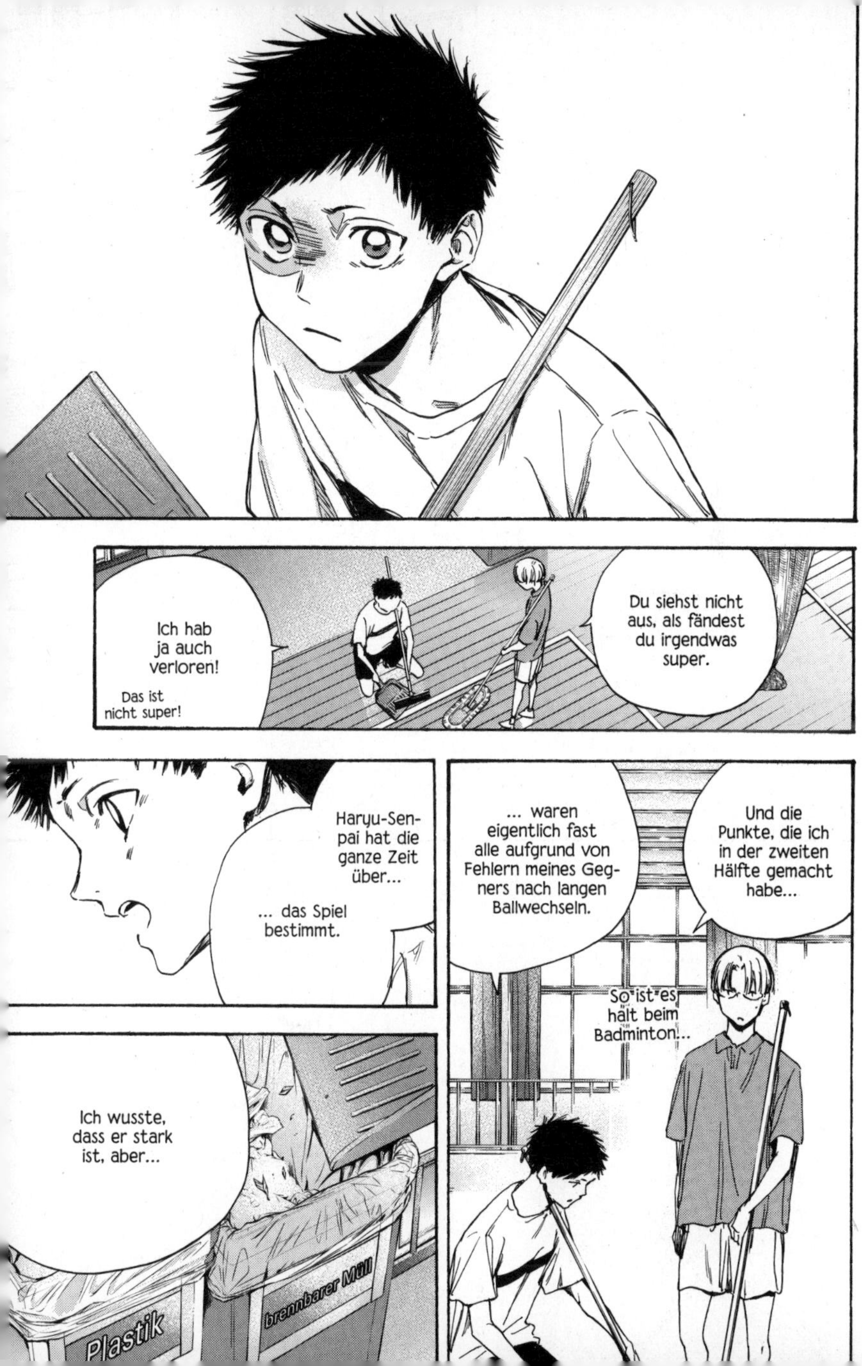

Du siehst nicht aus, als fändest du irgendwas super.
Ich hab ja auch verloren!
Das ist nicht super!
Und die Punkte, die ich in der zweiten Hälfte gemacht habe...
... waren eigentlich fast alle aufgrund von Fehlern meines Gegners nach langen Ballwechseln.
So ist es halt beim Badminton...
Haryu-Senpai hat die ganze Zeit über...
... das Spiel bestimmt.
Ich wusste, dass er stark ist, aber...
brennbarer Müll
Plastik

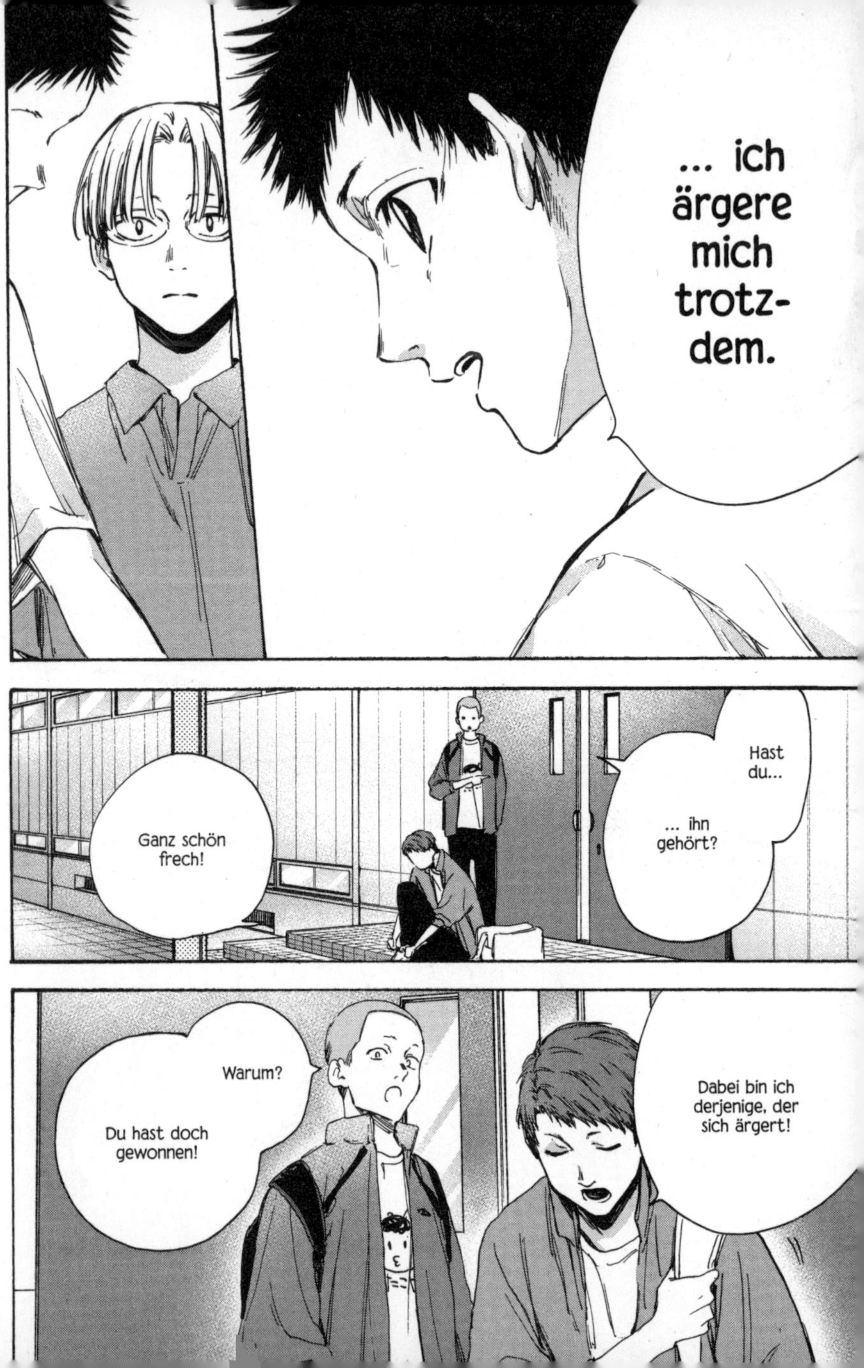

... ich ärgere mich trotz-dem.
Hast du...
... ihn gehört?
Ganz schön frech!
Dabei bin ich derjenige, der sich ärgert!
Warum?
Du hast doch gewonnen!

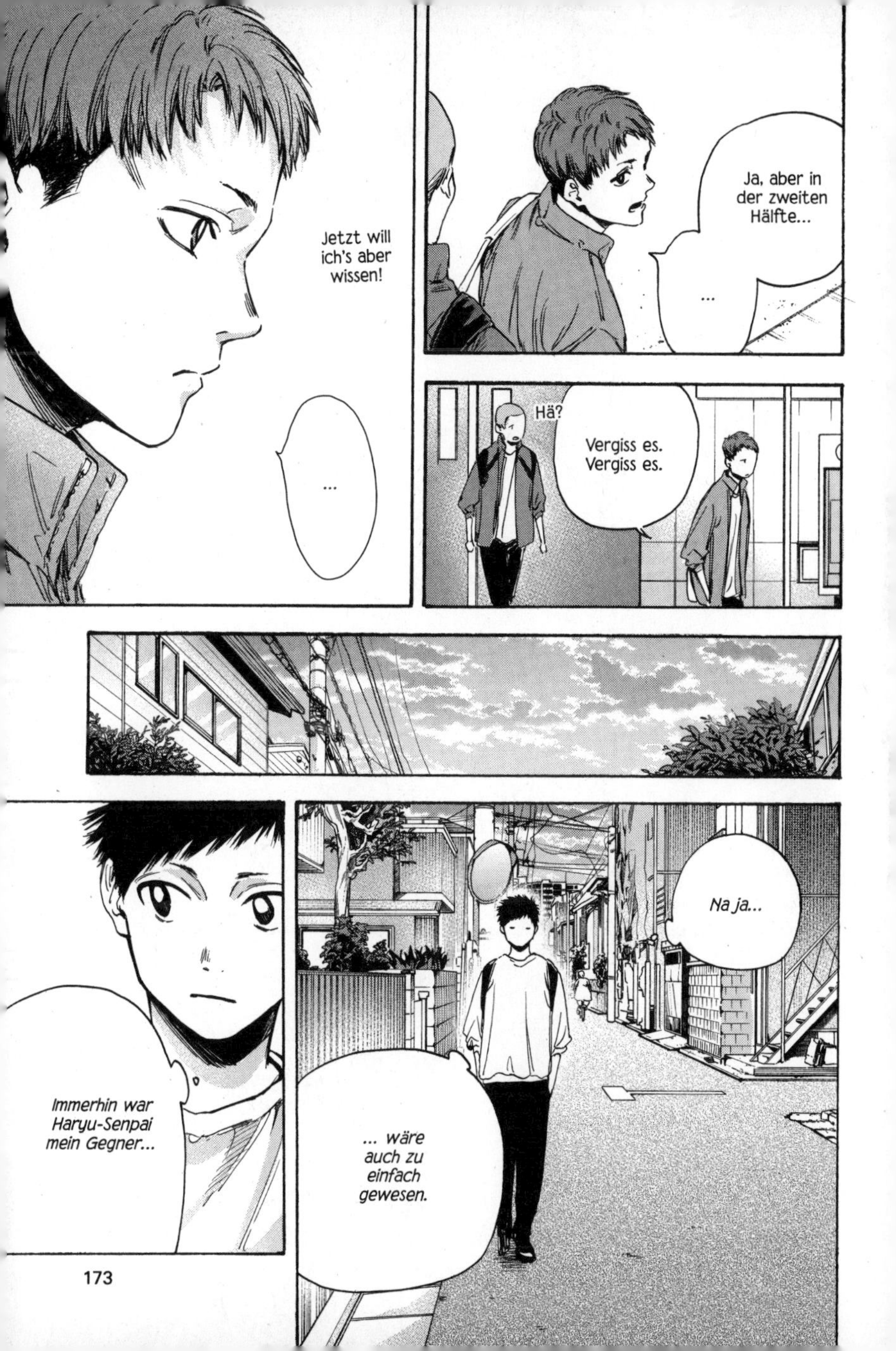
Ja, aber in der zweiten Hälfte...
...
Jetzt will ich's aber wissen!
...
Hä?
Vergiss es. Vergiss es.
Na ja...
Immerhin war Haryu-Senpai mein Gegner...
... wäre auch zu einfach gewesen.

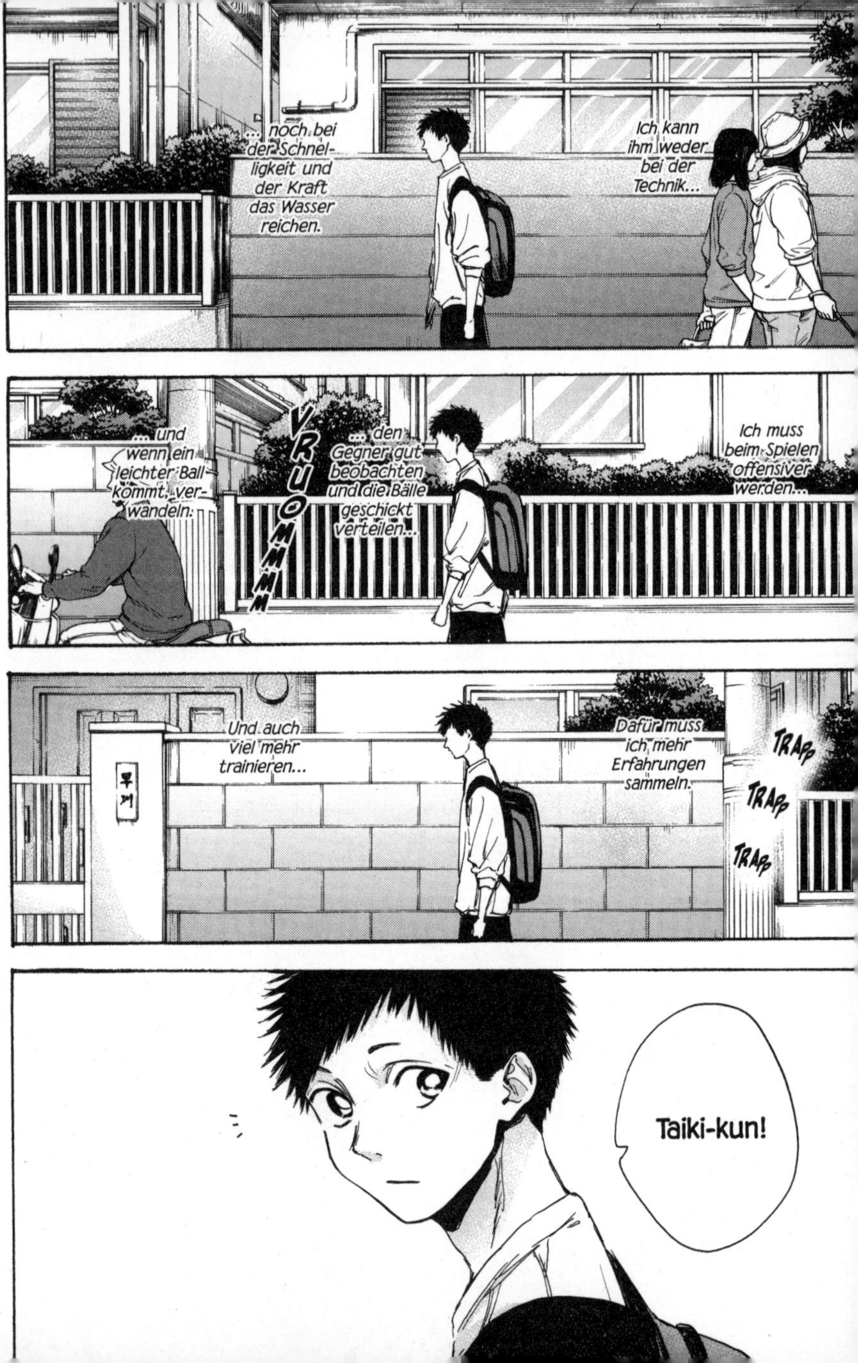
Ich kann ihm weder bei der Technik...
... noch bei der Schnelligkeit und der Kraft das Wasser reichen.
Ich muss beim Spielen offensiver werden...
... den Gegner gut beobachten und die Bälle geschickt verteilen...
VRUOMMMMM
... und wenn ein leichter Ball kommt, verwandeln.
TRAPP
TRAPP
TRAPP
Dafür muss ich mehr Erfahrungen sammeln.
Und auch viel mehr trainieren...
Taiki-kun!

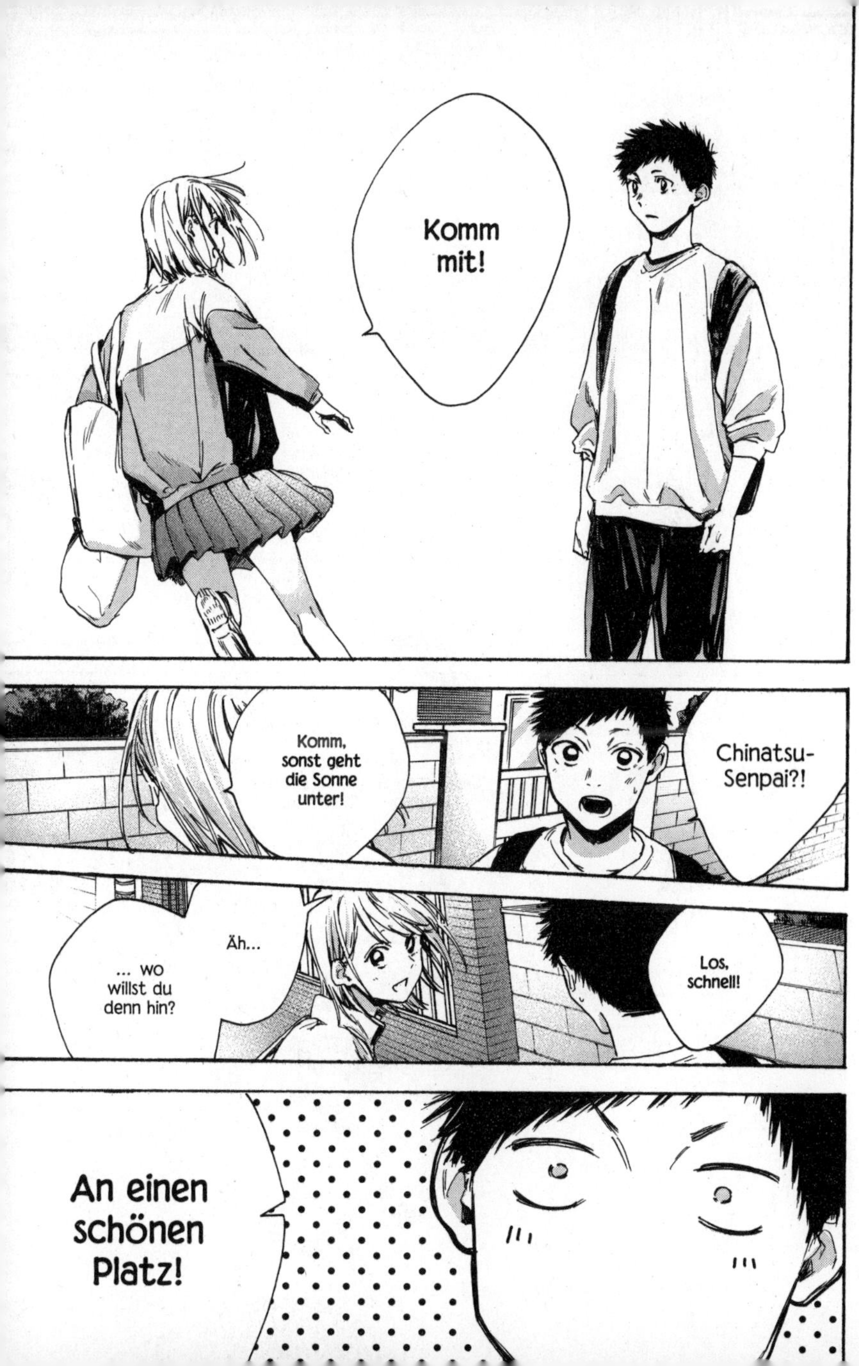
Komm mit!
Chinatsu-Senpai?!
Komm, sonst geht die Sonne unter!
Los, schnell!
Äh...
... wo willst du denn hin?
An einen schönen Platz!

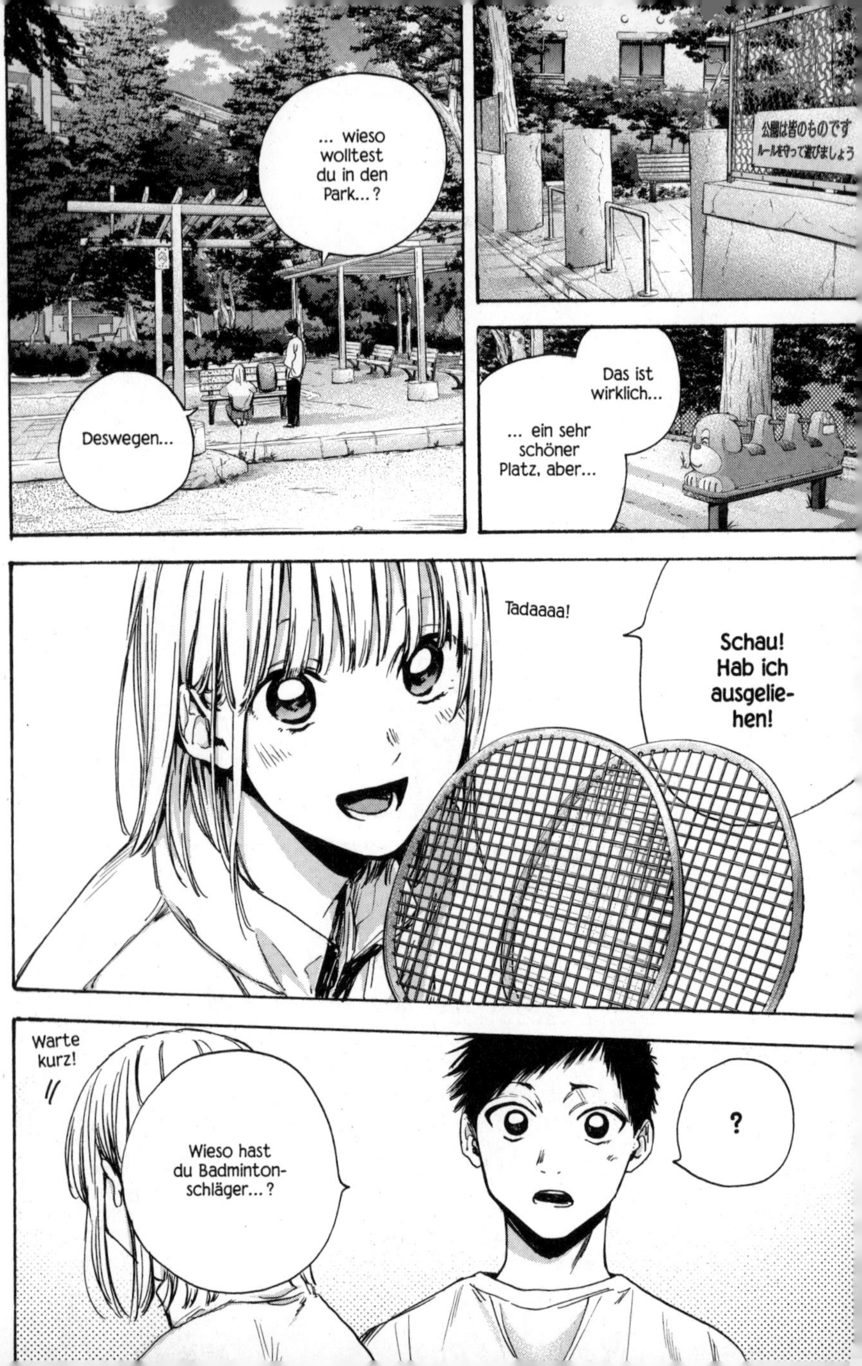
公園は皆のものです
ルールを守って遊びましょう
Das ist wirklich...
... ein sehr schöner Platz, aber...
... wieso wolltest du in den Park...?
Deswegen...
Tadaaaa!
Schau! Hab ich ausgeliehen!
?
Warte kurz!
Wieso hast du Badmintonschläger...?

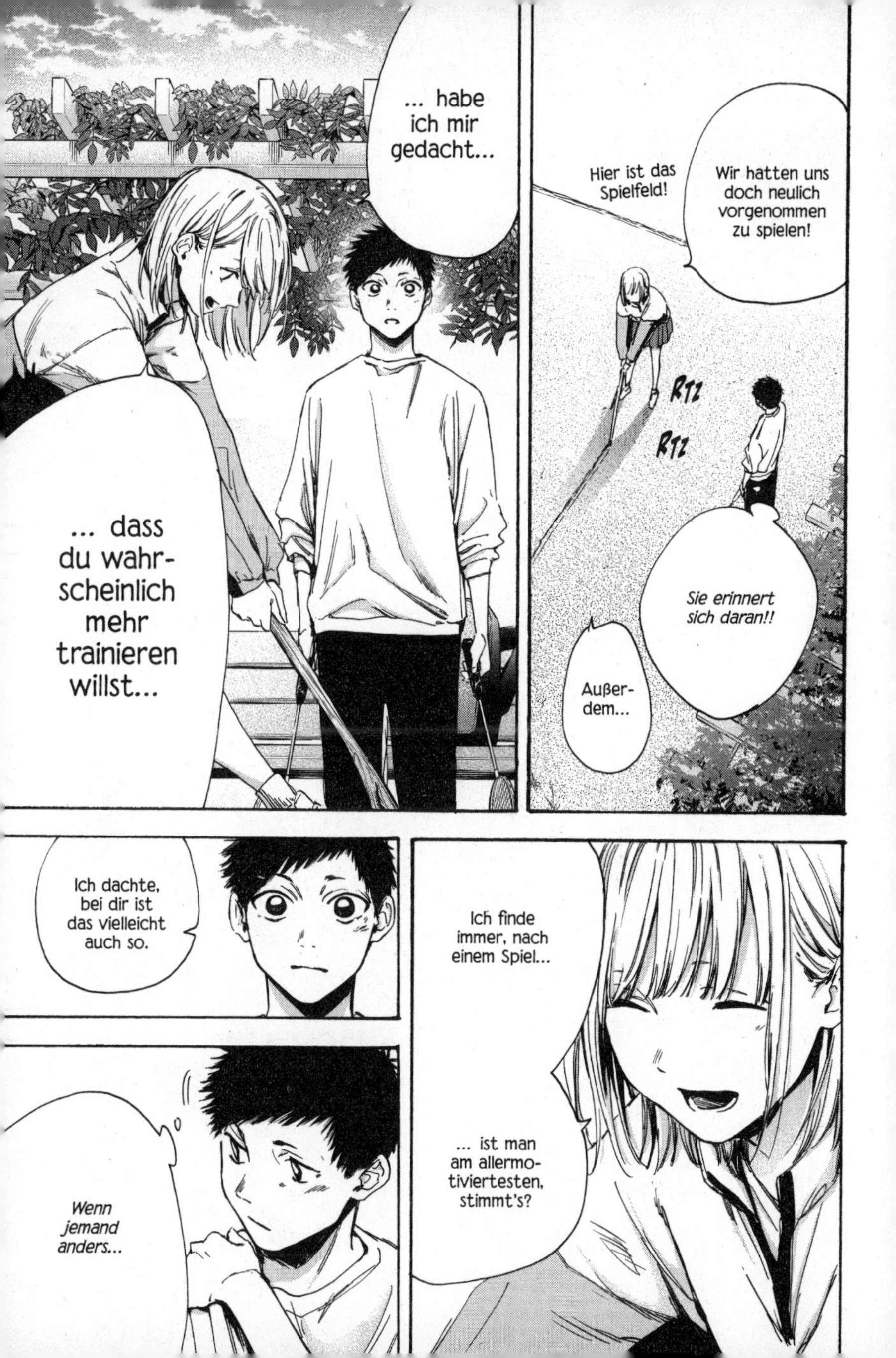
Wir hatten uns doch neulich vorgenommen zu spielen!
Hier ist das Spielfeld!
RTZ
RTZ
Sie erinnert sich daran!!
Außer-dem...
... habe ich mir gedacht...
... dass du wahr-scheinlich mehr trainieren willst...
Ich finde immer, nach einem Spiel...
... ist man am allermo-tiviertesten, stimmt's?
Ich dachte, bei dir ist das vielleicht auch so.
Wenn jemand anders...

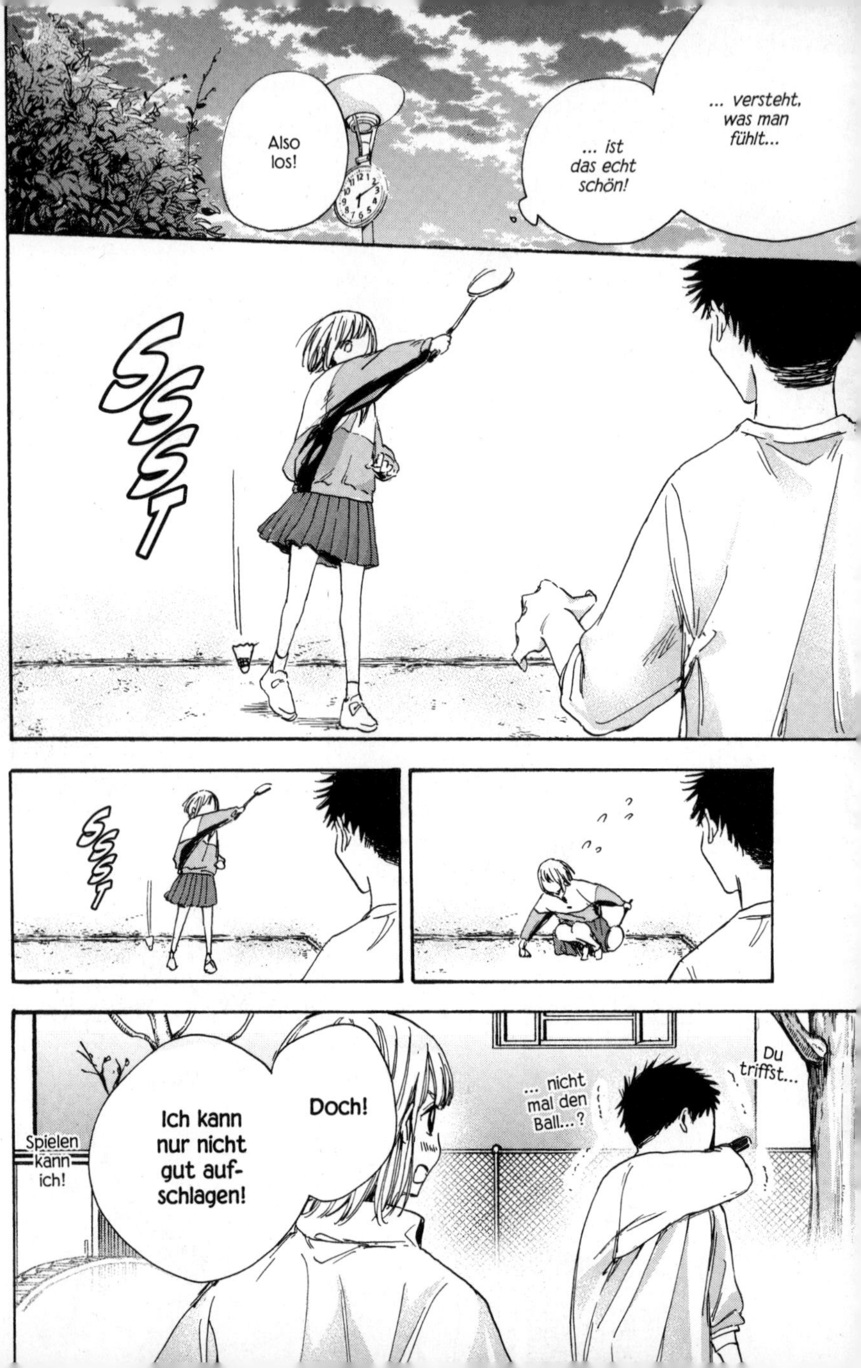
... versteht, was man fühlt...
... ist das echt schön!
Also los!
SSST
SSST
Du triffst...
... nicht mal den Ball...?
Doch!
Ich kann nur nicht gut aufschlagen!
Spielen kann ich!

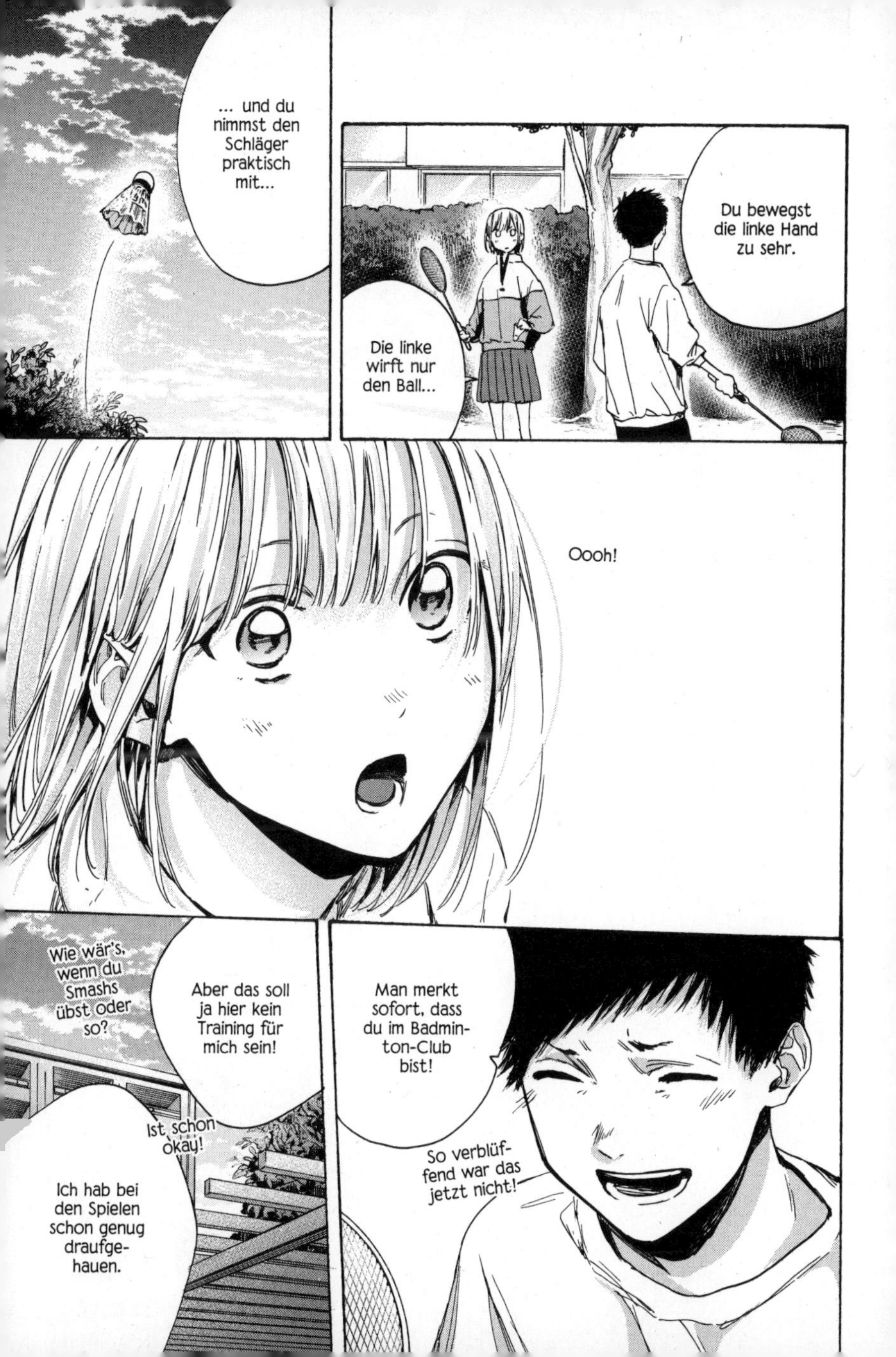
Du bewegst die linke Hand zu sehr.
Die linke wirft nur den Ball...
... und du nimmst den Schläger praktisch mit...
Oooh!
Man merkt sofort, dass du im Badminton-Club bist!
So verblüffend war das jetzt nicht!
Aber das soll ja hier kein Training für mich sein!
Wie wär's, wenn du Smashs übst oder so?
Ist schon okay!
Ich hab bei den Spielen schon genug draufgehauen.

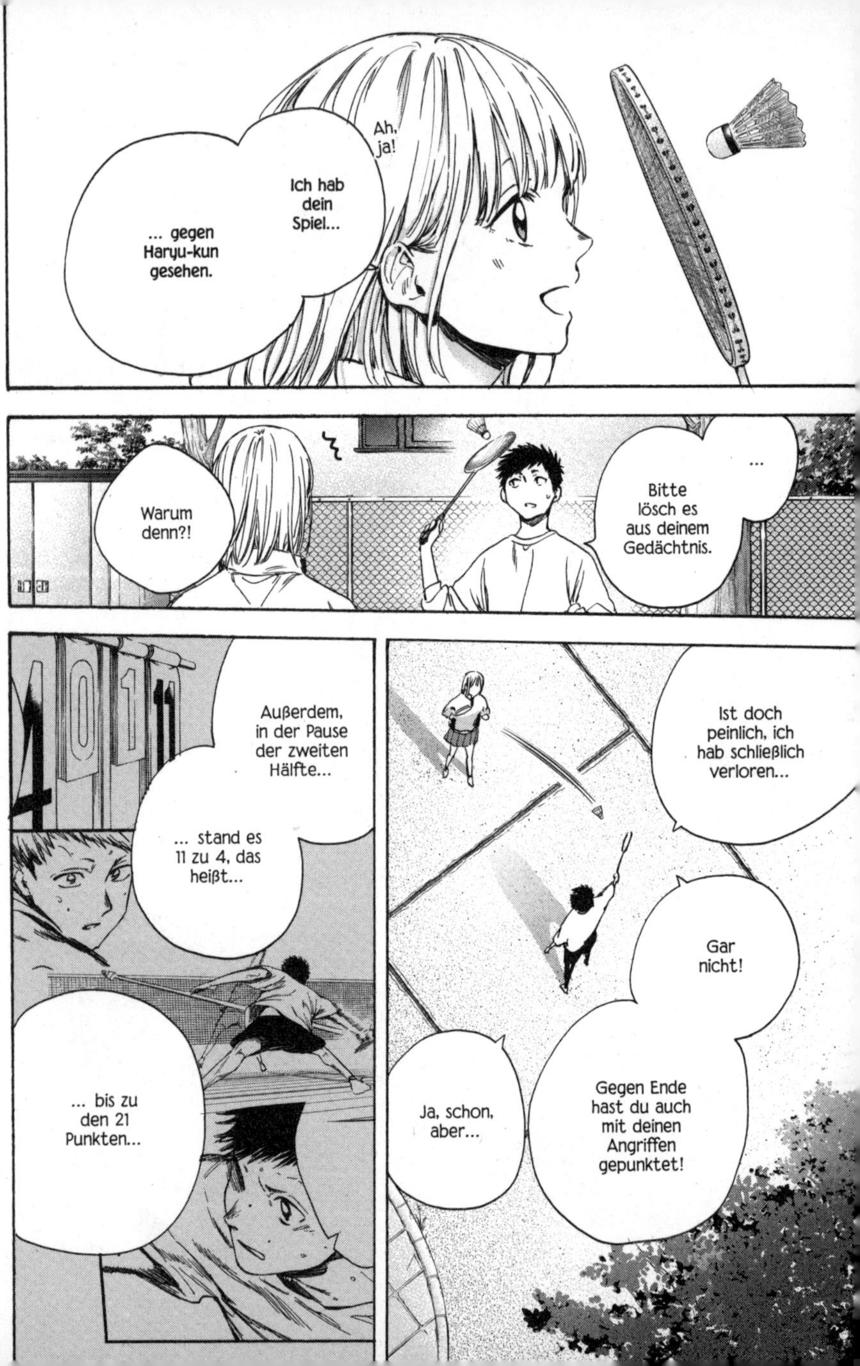
Ah, ja!
Ich hab dein Spiel...
... gegen Haryu-kun gesehen.
...
Bitte lösch es aus deinem Gedächtnis.
Warum denn?!
Ist doch peinlich, ich hab schließlich verloren...
Gar nicht!
Gegen Ende hast du auch mit deinen Angriffen gepunktet!
Ja, schon, aber...
Außerdem, in der Pause der zweiten Hälfte...
... stand es 11 zu 4, das heißt...
... bis zu den 21 Punkten...

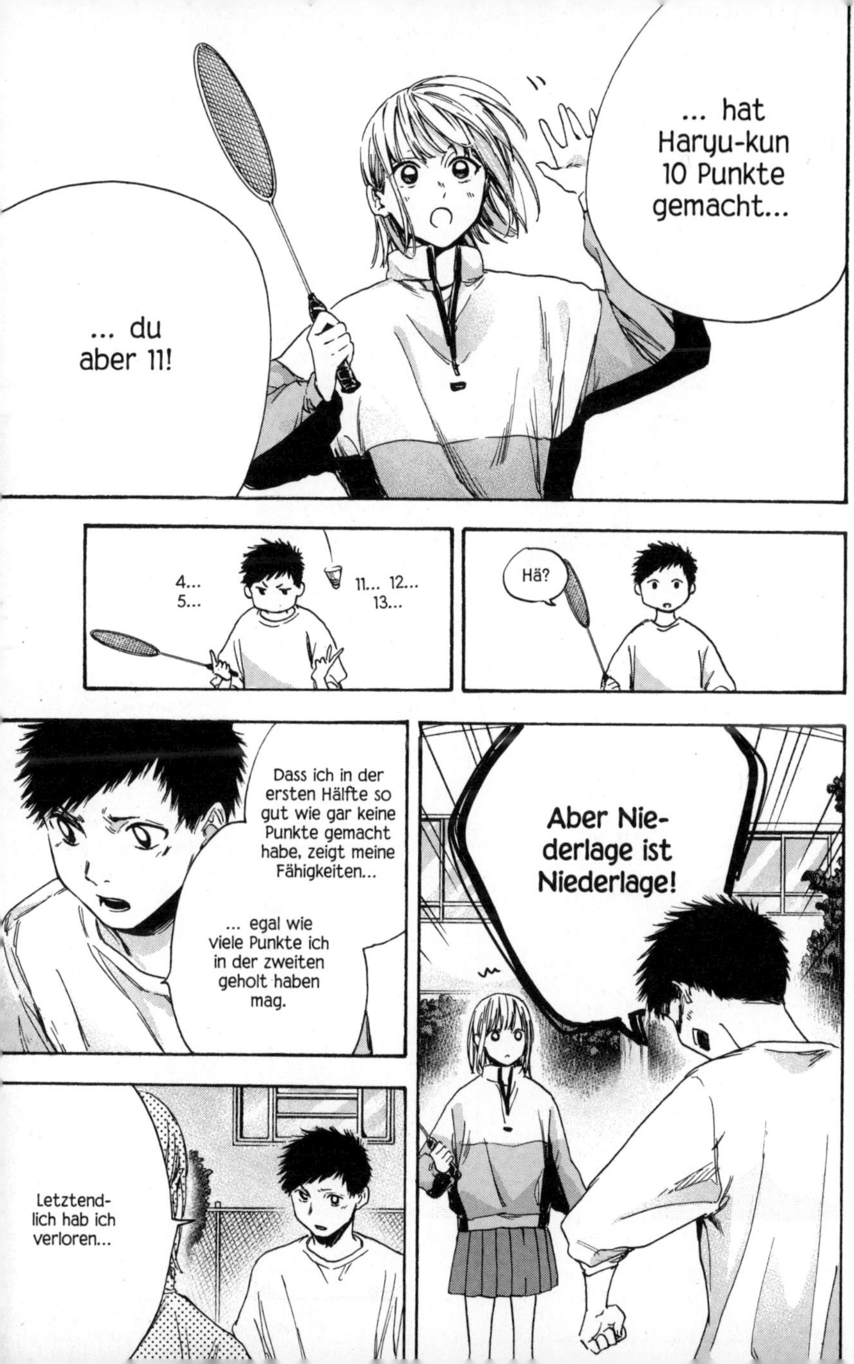
... hat Haryu-kun 10 Punkte gemacht...
... du aber 11!
Hä?
11... 12... 13...
4... 5...
Aber Niederlage ist Niederlage!
Dass ich in der ersten Hälfte so gut wie gar keine Punkte gemacht habe, zeigt meine Fähigkeiten...
... egal wie viele Punkte ich in der zweiten geholt haben mag.
Letztendlich hab ich verloren...

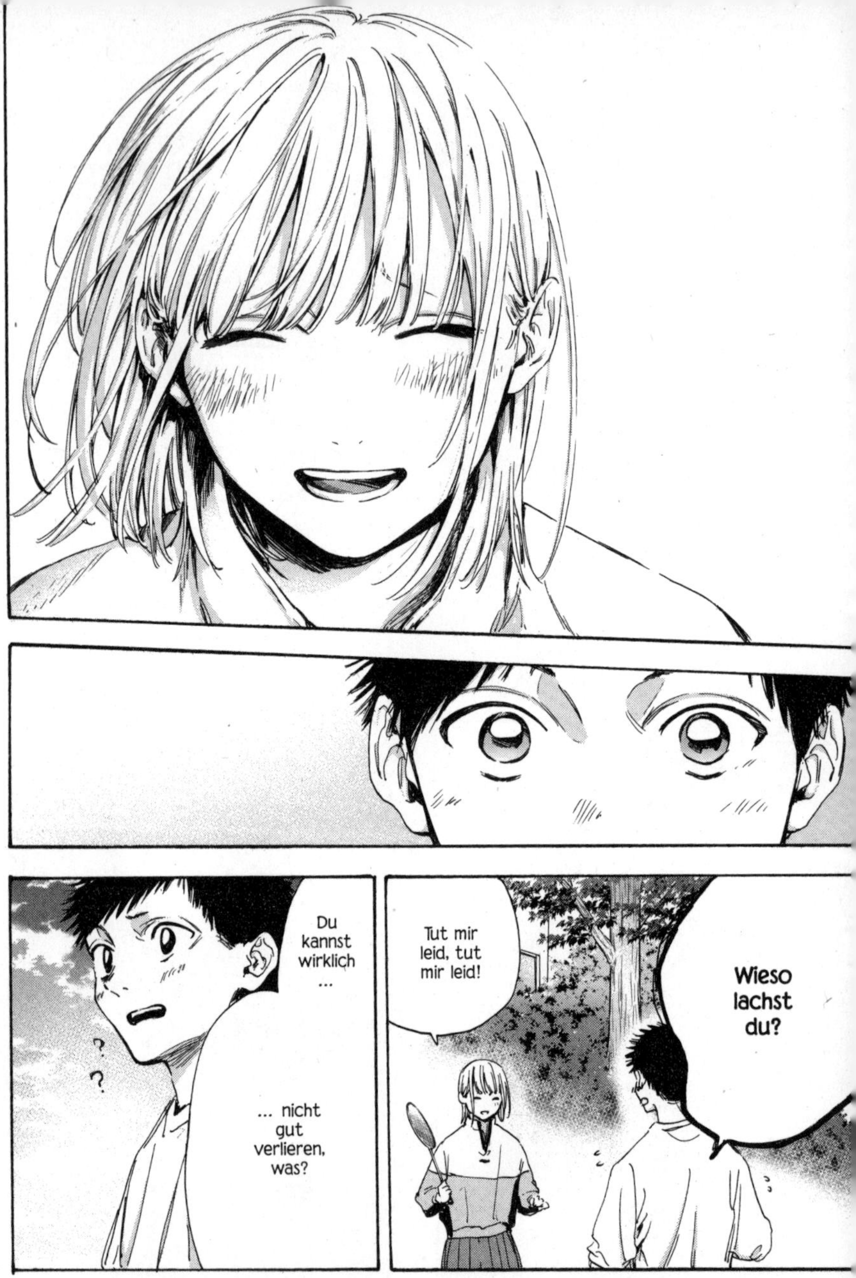
Wieso lachst du?
Tut mir leid, tut mir leid!
Du kannst wirklich ...
... nicht gut verlieren, was?

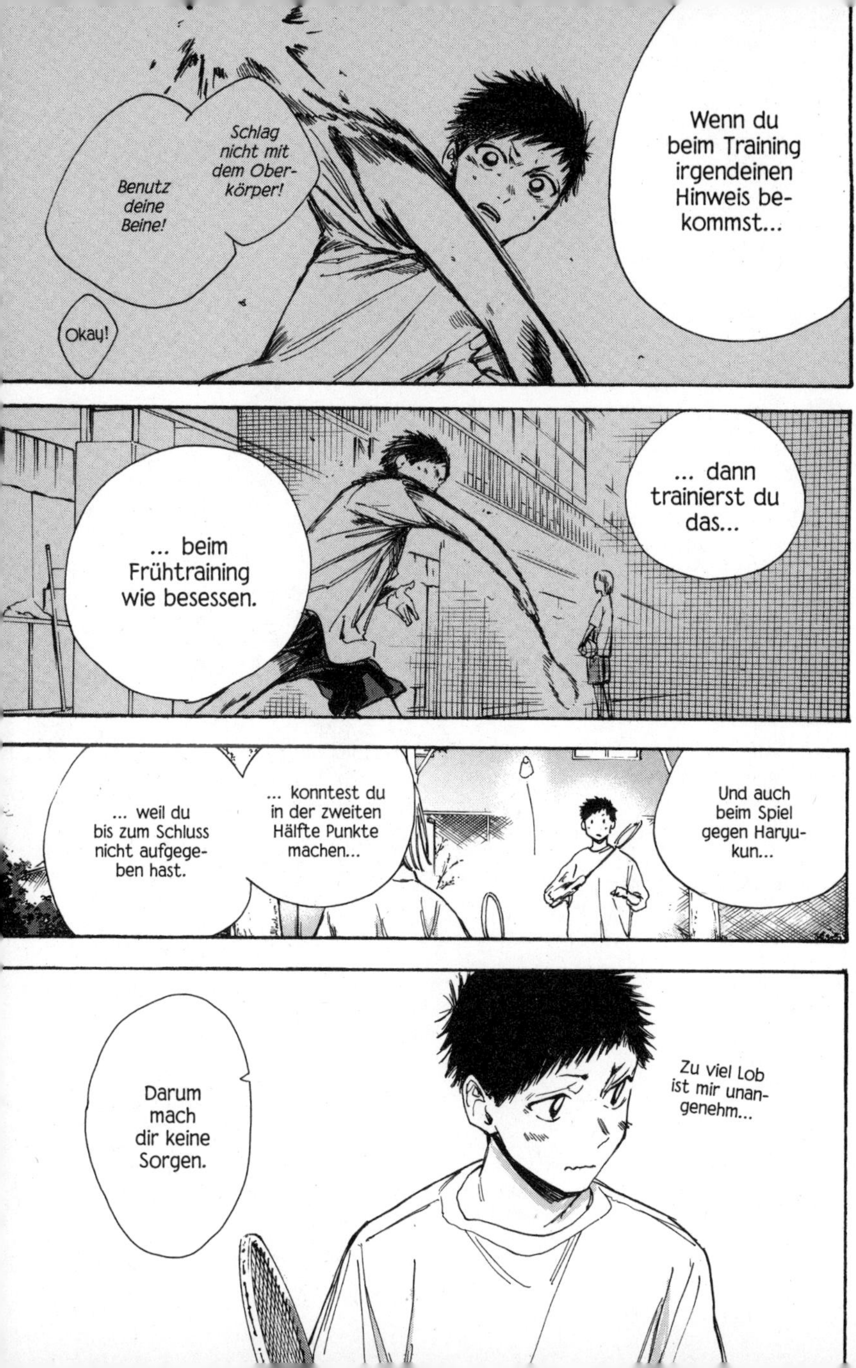

Wenn du beim Training irgendeinen Hinweis bekommst...
Schlag nicht mit dem Oberkörper!
Benutz deine Beine!
Okay!
... dann trainierst du das...
... beim Frühtraining wie besessen.
Und auch beim Spiel gegen Haryu-kun...
... konntest du in der zweiten Hälfte Punkte machen...
... weil du bis zum Schluss nicht aufgegeben hast.
Zu viel Lob ist mir unangenehm...
Darum mach dir keine Sorgen.

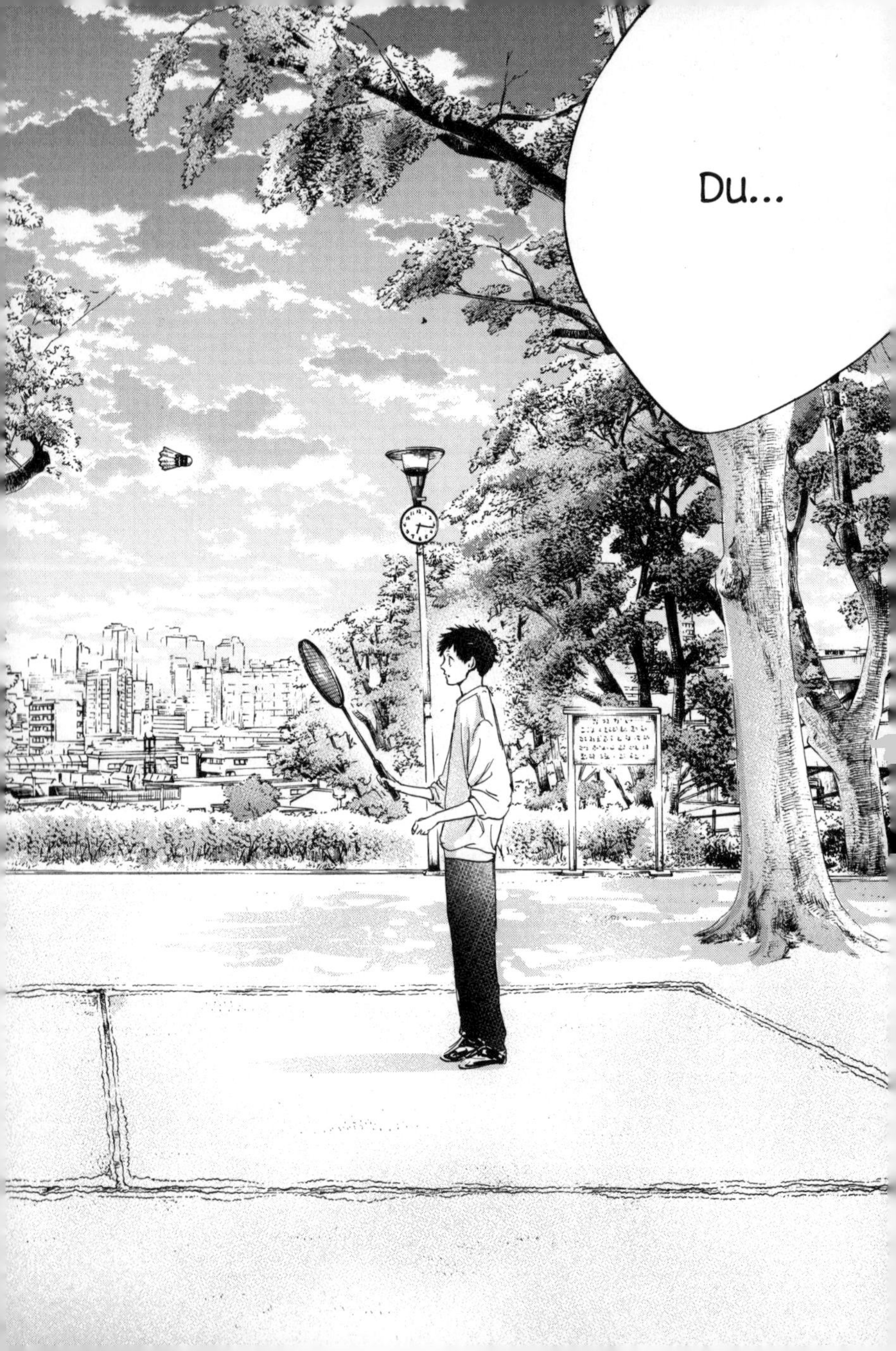
Du...

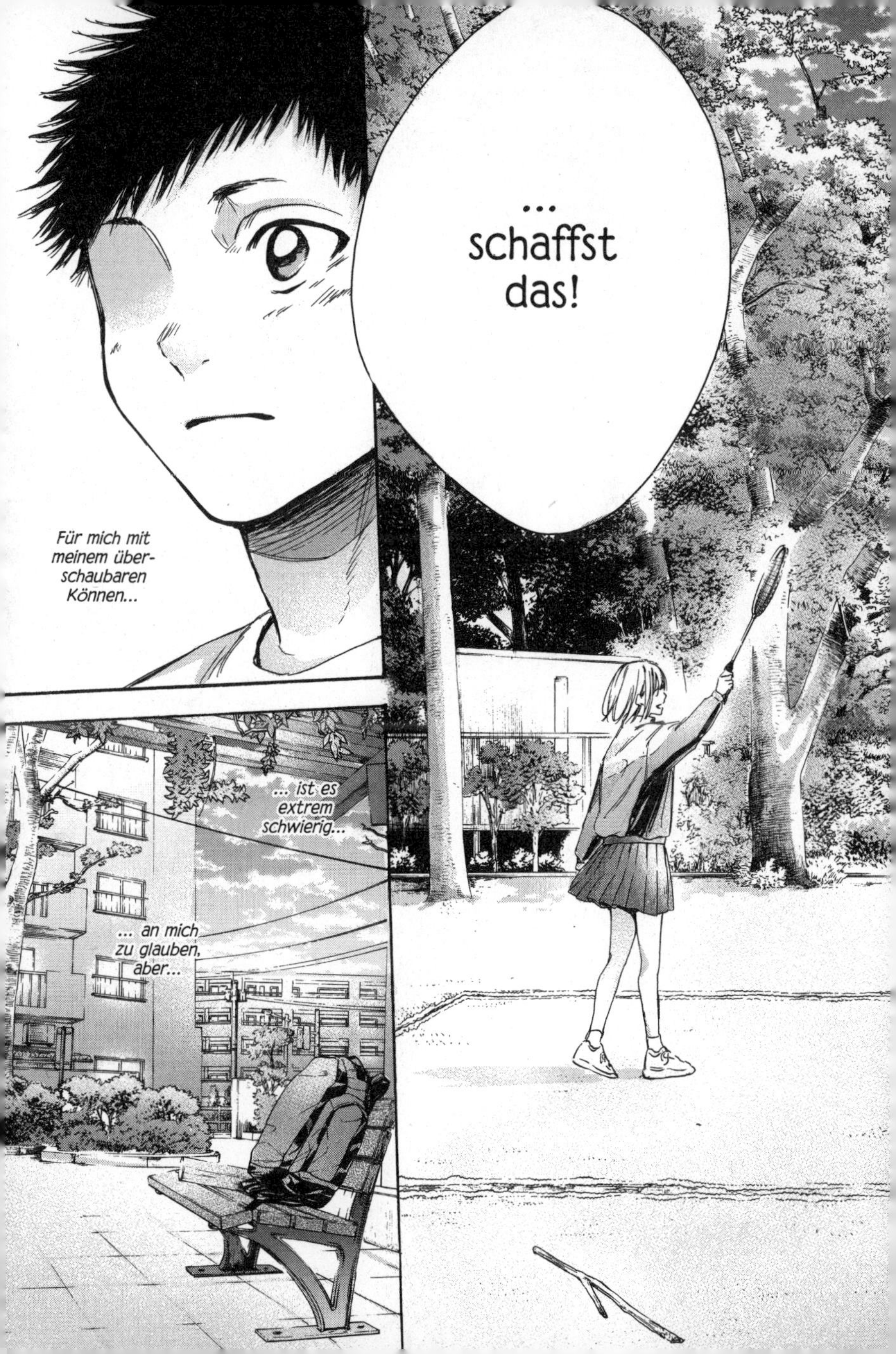
... schaffst das!
Für mich mit meinem über-schaubaren Können...
... ist es extrem schwierig...
... an mich zu glauben, aber...

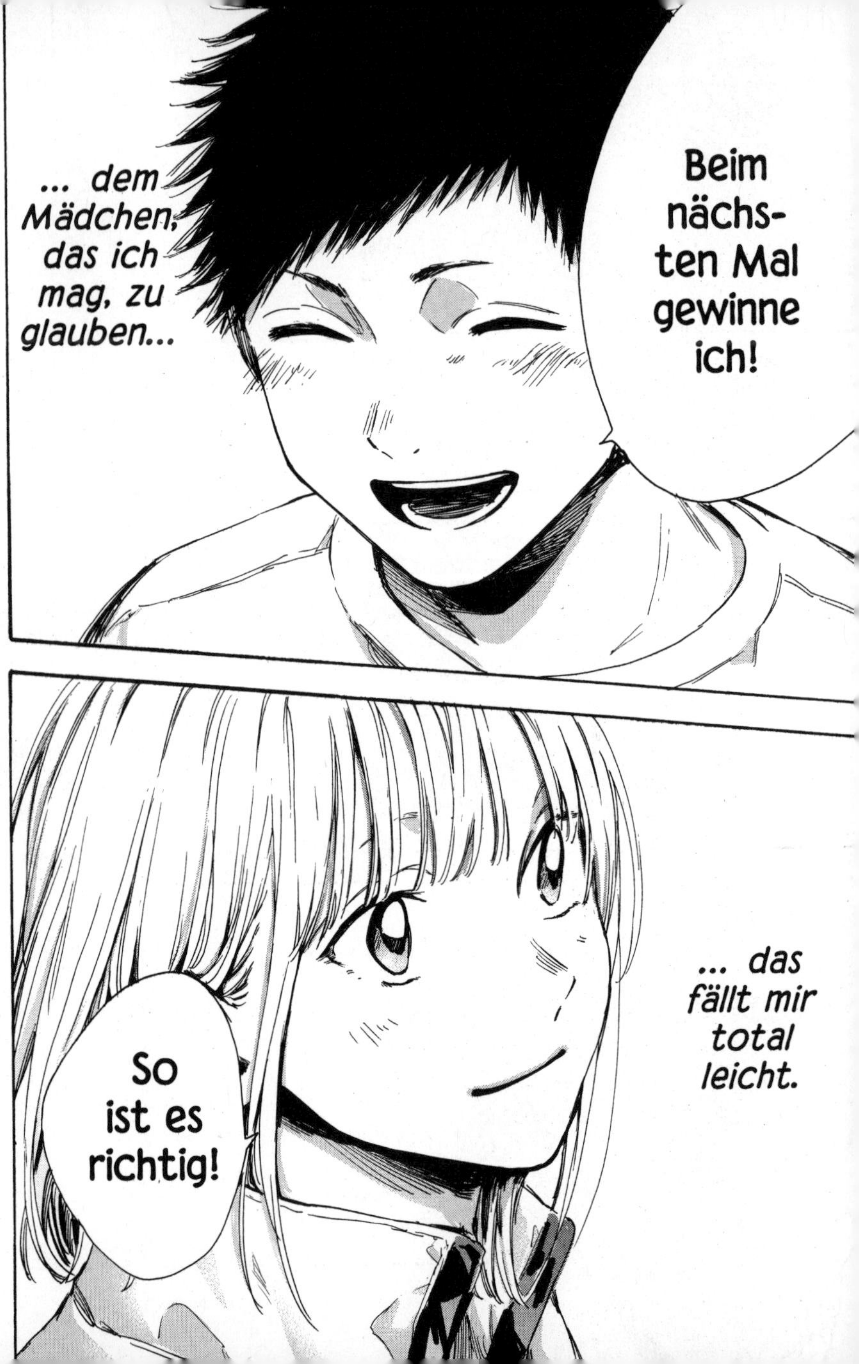
Beim nächsten Mal gewinne ich!
... dem Mädchen, das ich mag, zu glauben...
... das fällt mir total leicht.
So ist es richtig!

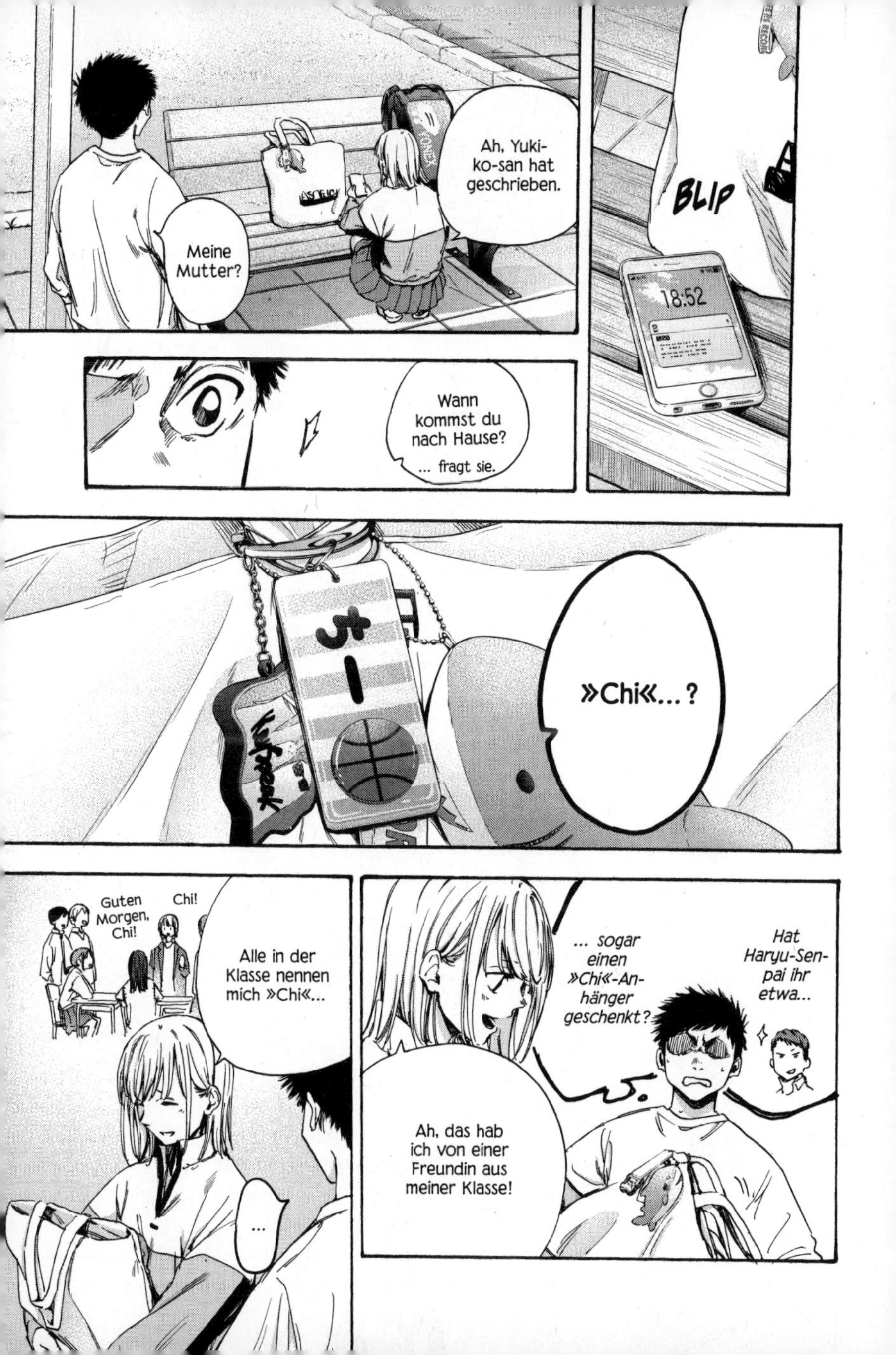
BLIP
18:52
Ah, Yuki-ko-san hat geschrieben.
Meine Mutter?
Wann kommst du nach Hause? ... fragt sie.
»Chi«...?
Hat Haryu-Senpai ihr etwa...
... sogar einen »Chi«-Anhänger geschenkt?
Ah, das hab ich von einer Freundin aus meiner Klasse!
Alle in der Klasse nennen mich »Chi«...
Guten Morgen, Chi!
Chi!
...

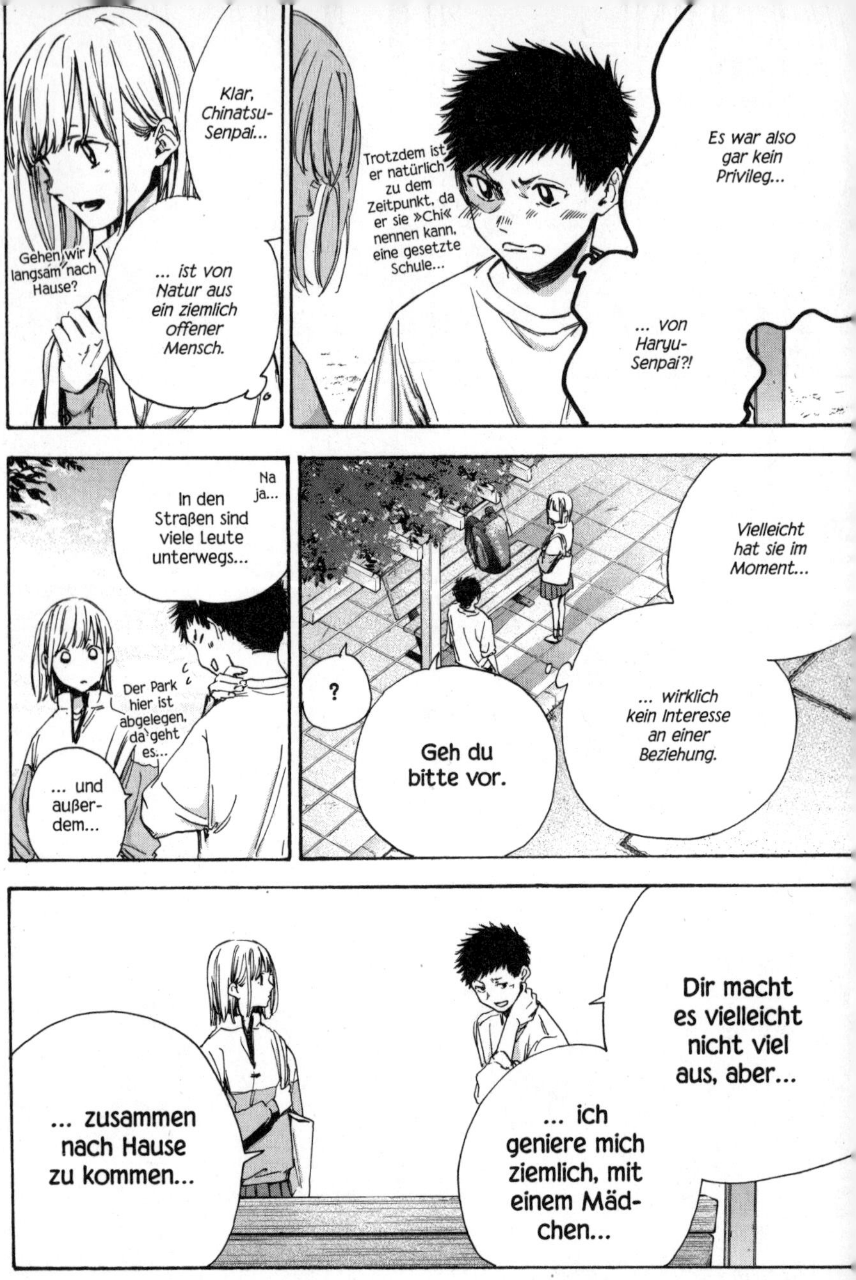
Es war also gar kein Privileg...
... von Haryu-Senpai?!
Trotzdem ist er natürlich zu dem Zeitpunkt, da er sie »Chi« nennen kann, eine gesetzte Schule...
Klar, Chinatsu-Senpai...
... ist von Natur aus ein ziemlich offener Mensch.
Gehen wir langsam nach Hause?
Vielleicht hat sie im Moment...
... wirklich kein Interesse an einer Beziehung.
Geh du bitte vor.
?
Na ja...
In den Straßen sind viele Leute unterwegs...
Der Park hier ist abgelegen, da geht es...
... und außerdem...
Dir macht es vielleicht nicht viel aus, aber...
... ich geniere mich ziemlich, mit einem Mädchen...
... zusammen nach Hause zu kommen...

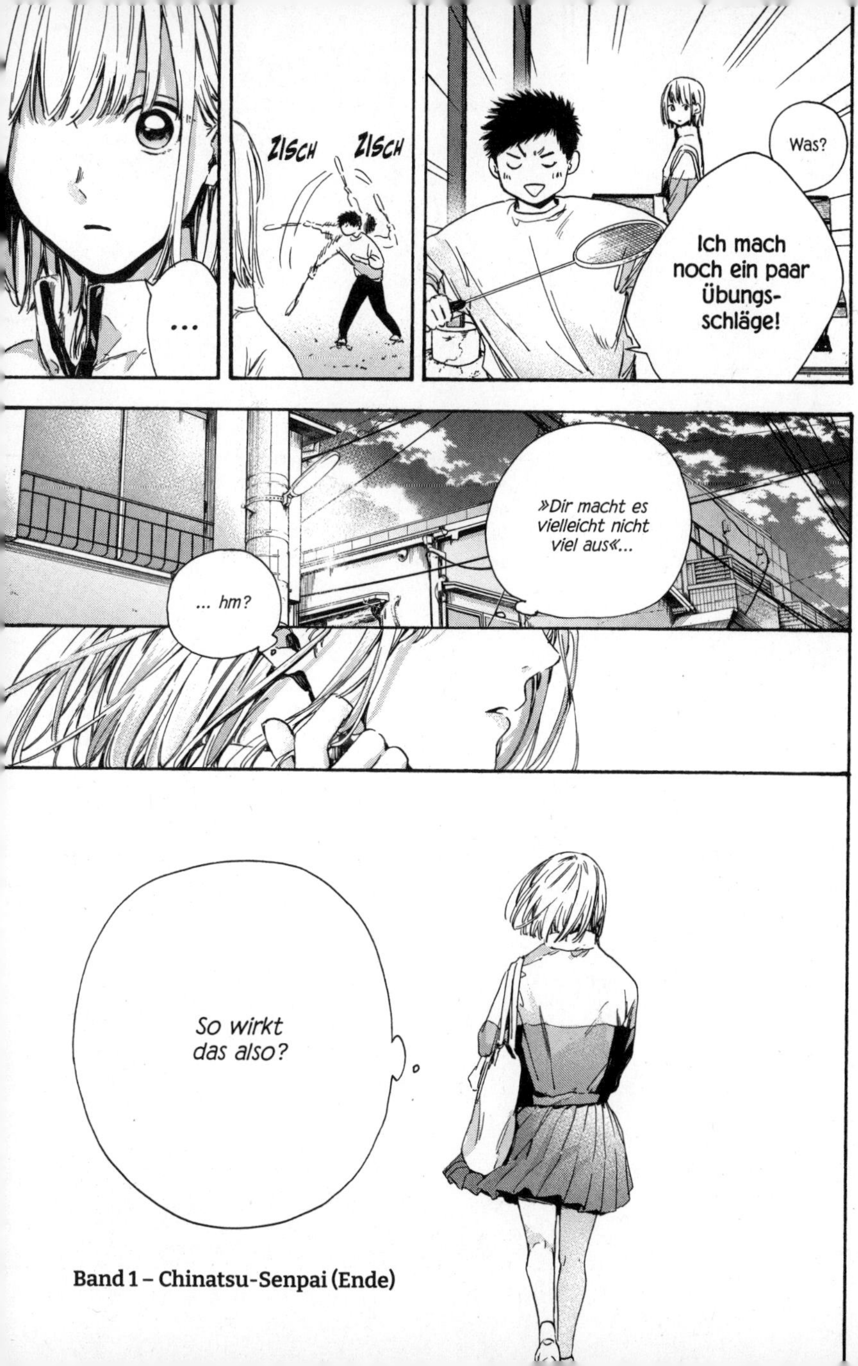

Band 1 – Chinatsu-Senpai (Ende)

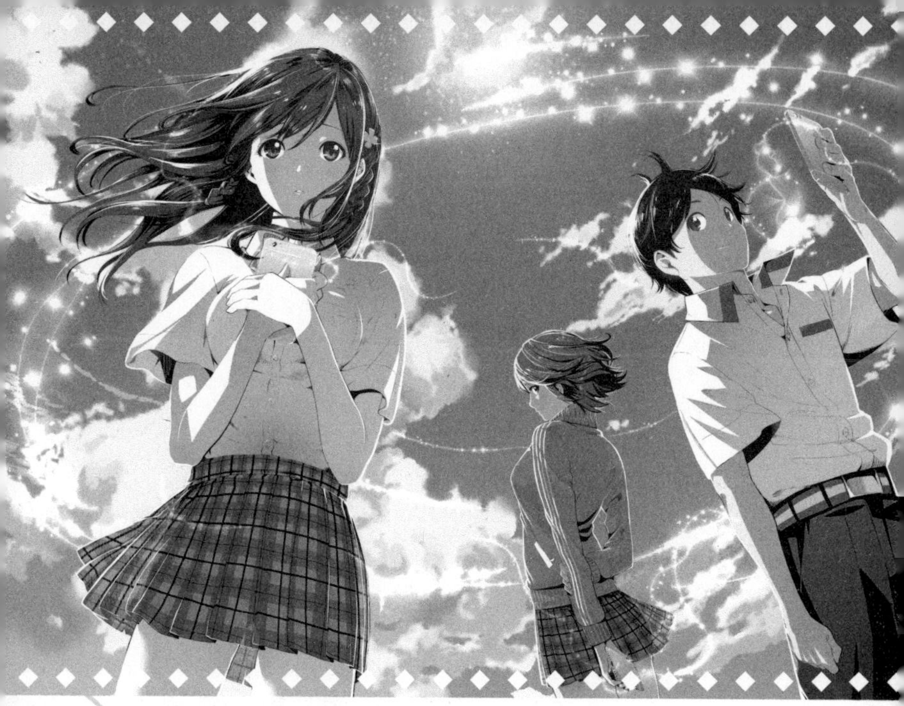

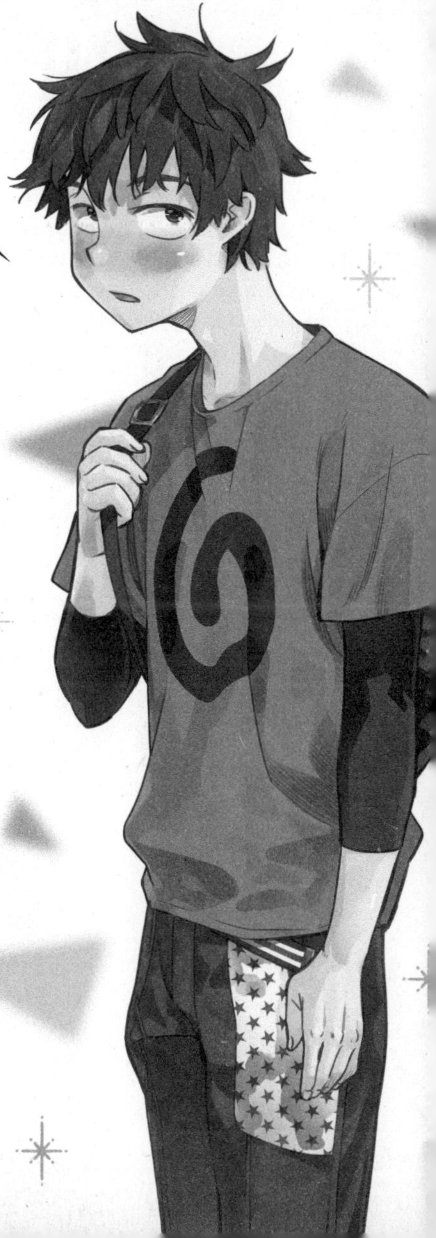

DIE LANGERSEHNTE NEUAUFLAGE!

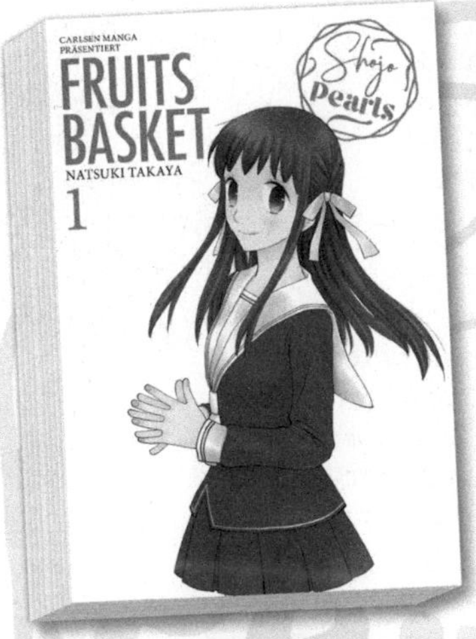

Das Waisenmädchen Toru Honda schlägt sich tapfer allein durch. Sie campiert heimlich in einem Zelt im Garten ihres letzten lebenden Verwandten. Yuki und den Soma-Clan umgibt ein großes Geheimnis: Die Mitglieder der Familie verwandeln sich, sobald sie von einer Person des anderen Geschlechts umarmt werden, in Tiere aus dem chinesischen Horoskop...

SCHÖNE DOPPELBÄNDE MIT FARBSEITEN-GALERIE & PERLMUTT-COVER

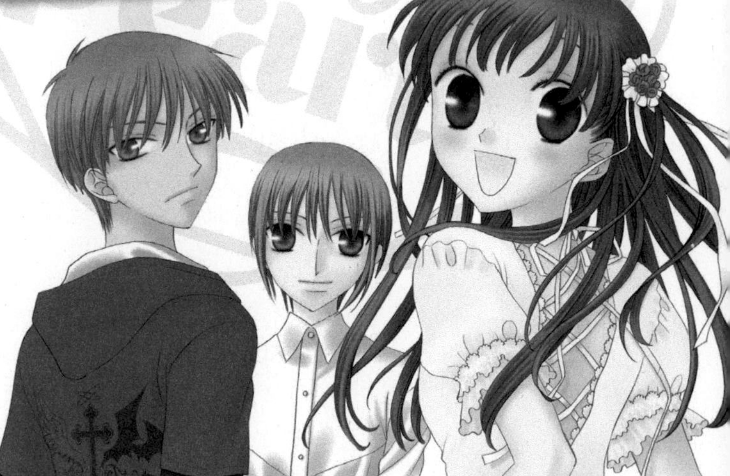

CARLSEN MANGA! www.carlsenmanga.de

carlsen_manga carlsenmanga

MASHLE
MAGIC AND MUSCLES

Story and Art by
HAJIME KOMOTO

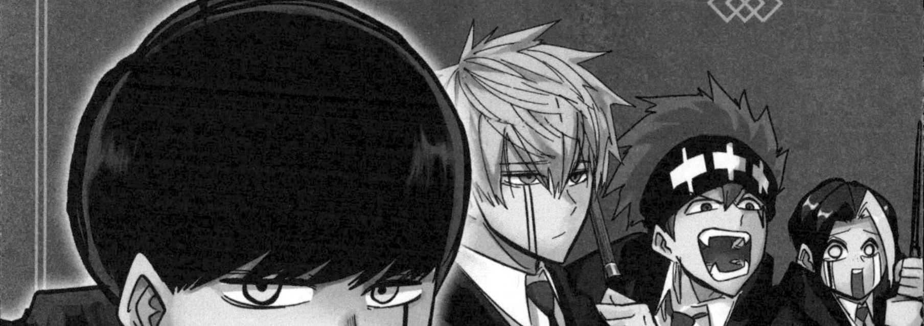

MAGIE IST GUT – MUSKELN SIND BESSER!

Im Reich der Magie wird der soziale Status durch die magischen Fähigkeiten bestimmt. Doch tief im Wald lebt Mash Burnedead, ein junger Mann, der seine gesamte Zeit damit verbringt, seinen Körper zu stählen. Er kann keine Magie benutzen, genießt jedoch ein friedliches Leben mit seinem Vater. Als das herauskommt, geraten beide in Gefahr. Die einzige Lösung: Mash wird in der Magieschule eingeschrieben, wo er die magische Konkurrenz schlagen muss! Wird sich Mash ohne einen Funken Magie und durch reine Muskelkraft einen Weg an die Spitze bahnen können?

CARLSEN MANGA!
www.carlsenmanga.de
carlsen_manga
carlsenmanga

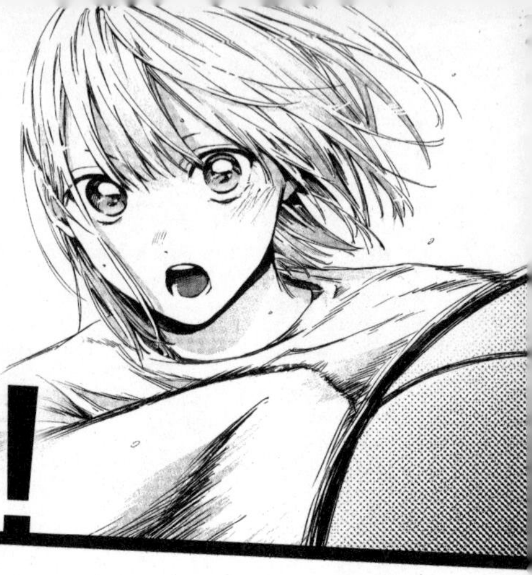

HALT!

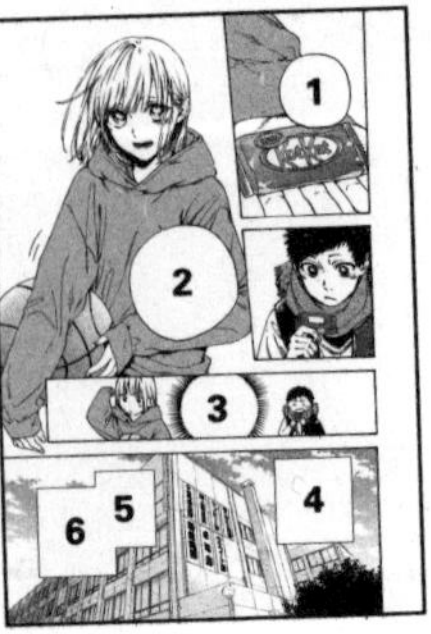

BLUE BOX ist ein japanischer Comic, und in Japan wird von »hinten« nach »vorn« und von rechts nach links gelesen. Man muss diesen Manga also »hinten« aufschlagen und Seite für Seite nach »vorn« weiterblättern. Auch die Bilder auf jeder Seite und die Sprechblasen innerhalb der Bilder werden von rechts oben nach links unten gelesen, so wie in der Grafik gezeigt.

Viel Spaß mit **BLUE BOX**!

Carlsen Manga! News – jeden Monat neu per E-Mail!
carlsenmanga.de
carlsen.de

Bei Fragen zum Produkt: carlsen.de/kontakt

CARLSEN MANGA
Deutsche Ausgabe/German Edition

Aus dem Japanischen von Antje Bockel

First published in Japan in 2021 by SHUEISHA Inc., Tokyo.
German translation rights in Germany, Austria, Luxembourg and German-speaking Switzerland arranged by SHUEISHA Inc. through VME PLB SAS, France.
Redaktion: Philipp Nakata

ISBN: 978-3-551-01554-9